数字中国·数字经济创新规划教材

赵占波　张语涵　杜晓梦　编著

INTELLIGENT
MARKETING

智慧营销

北京大学出版社
PEKING UNIVERSITY PRESS

图书在版编目(CIP)数据

智慧营销 / 赵占波, 张语涵, 杜晓梦编著. ——北京：北京大学出版社, 2025.8. ——(数字中国·数字经济创新规划教材). ——ISBN 978-7-301-36536-6

I. F713.365.2

中国国家版本馆CIP数据核字第2025SS7045号

书　　　名	智慧营销
	ZHIHUI YINGXIAO
著作责任者	赵占波　张语涵　杜晓梦　编著
责 任 编 辑	李沁珂
标 准 书 号	ISBN 978-7-301-36536-6
出 版 发 行	北京大学出版社
地　　　址	北京市海淀区成府路205号　100871
网　　　址	http://www.pup.cn
微信公众号	北京大学经管书苑(pupembook)
电 子 邮 箱	编辑部 em@pup.cn　总编室 zpup@pup.cn
电　　　话	邮购部 010-62752015　发行部 010-62750672
	编辑部 010-62752926
印 刷 者	北京市科星印刷有限责任公司
经 销 者	新华书店
	720毫米×1020毫米　16开本　15.75印张　334千字
	2025年8月第1版　2025年8月第1次印刷
定　　　价	56.00元

未经许可，不得以任何方式复制或抄袭本书之部分或全部内容。
版权所有，侵权必究
举报电话：010-62752024　电子邮箱：fd@pup.cn
图书如有印装质量问题，请与出版部联系，电话：010-62756370

本书资源

数字化资源

※ 课程配套视频

读者关注"博雅学与练"微信公众号后扫描右上方二维码即可获得上述资源。
一书一码,相关资源仅供一人使用。

读者在使用过程中如果遇到技术问题,可发邮件至 yixin2008@163.com 咨询。

教辅资源

※ 教学课件

教辅资源获取方法:

第一步,微信搜索公众号"北京大学经管书苑",并进行关注。

第二步,点击菜单栏"在线申请"—"教辅申请",填写相关信息后提交。

推荐序一 FOREWORD

中国互联网络信息中心（CNNIC）发布的第 54 次《中国互联网络发展状况统计报告》显示，截至 2024 年 6 月，中国网民规模近 11 亿人，较 2023 年 12 月增长 742 万人，互联网普及率达 78.0%。移动上网时间占比亦不断攀升，移动互联网络日益成为人们首选的信息交流与消费平台。

随着移动互联时代的到来，企业所处的营销环境正在发生前所未有的深刻变化。移动互联技术的发展及应用，改变了消费者信息获取、产品评估、品牌选择、体验分享与最终购买等环节，催生了一大批以全天候在线、多渠道运用和高度个性化为特征的新型消费者。面对这样一个全新的环境，如何应对移动互联时代的机遇与挑战，成为许多企业共同面临的问题。为此，北京大学的赵占波教授带领团队对新互联经济时代企业的营销模式变革进行了深入的分析和研究，从理念和工具两方面帮助企业把握营销模式变革的方向和切入点。

本书对传统企业互联网化转型的成功经验进行了广泛且深入的调研，系统归纳和总结了移动互联时代的特征及新型消费者群体的特点，详细描述了传统企业在移动互联时代面临的困惑。结合一些企业营销变革的实践，提出了一套以消费者需求为核心，整合动态沟通、价值传递和数据决策的 4D 营销理论。书中列举了大量各行各业的营销创新实践案例，为企业的转型提供了鲜活的例子和学习的榜样。

我相信，本书的出版将为传统企业的营销创新与变革提供全新的视角和极具价值的实操工具，并对移动互联时代的营销变革与发展产生积极推动作用。

徐 飞

福耀科技大学常务副校长

推荐序二

智慧营销是在传统营销模式面临多重挑战的大背景下提出来的，通过人的创造性、创新力及创意智慧，将大数据、物联网、区块链等新技术融合应用于营销领域的新思维、新理念、新方法和新工具，其本质是运用新兴科技手段提升营销的精准度和转化率。它包括两方面的内涵：一是强调人脑与电脑、创意与技术、感性与理性的结合；二是打造以人为核心、以信息技术为基础、以营销为目的、以创意创新为驱动、以内容为依托的消费者个性化营销体系，实现品牌与实效结合、虚拟与现实融合的数字化商业创新和精准化营销传播。

智慧营销有两个特征：一是平台间、场景间、虚拟与现实的边界正在被打破，甚至消失。二是智能融合成为主流，新技术、新形式带来新体验、新场景。技术上，数据和算法应用更为成熟，广告投放更为智能化；形式上，营销手段日益丰富，图文、视频及互动广告等多种形式正在走向智能融合；体验上，新颖有趣的广告带给消费者更有价值的体验；场景上，以VR（虚拟现实）、AR（增强现实）、OTT（通过互联网直接提供各种应用服务）及智能音箱为代表的新兴广告更深地融入消费者的多元生活场景中。

本书紧跟时代的步伐，针对传统企业在移动互联时代普遍面临的营销成本高、行业边界不清晰、渠道体系混乱三大挑战，提出了4D营销理论，为企业转型提供了清晰的视野。移动互联时代发展、产业转型升级、消费特点改变，要求企业管理人员从新的视角来审视和思考品牌与用户的关系，策划和开展更为有效的移动互联营销活动，本书提出的4D营销理论提供了这种新视角。4D营销理论的构成要素——消费者需求、数据决策、价值传递、动态沟通——可谓智慧营销过程中最重要的四个节点，也是制定与执行营销策略时必须考虑的核心问题。本书在大量调研的基础上,以多个行业的生动案例,透彻地解析了 4D 营销理论的理论基础和实际应用,是对当代营销学的重要贡献,对于在校学生和从业人员都很有价值,非常值得一读。

汪　涛
武汉大学经济与管理学院教授
教育部青年长江学者
中国高等院校市场学研究会会长

前言 PREFACE

当今时代，数字技术正深刻重塑全球商业生态，营销领域也迎来前所未有的范式变革。传统营销理论在数据爆炸、渠道碎片化、消费者行为多元化的背景下亟须升级，而智慧营销——以数据驱动、技术赋能、消费者价值为核心的新模式——正成为学术界与产业界共同关注的焦点。本书立足于高校教学需求，系统构建智慧营销的理论体系与实践框架，旨在为市场营销、电子商务及相关专业师生提供兼具学术深度与教学适用性的教材。

本书以4D智慧营销模型为核心架构，系统阐述智慧营销的理论与实践。开篇从宏观视角切入，深入剖析营销创新所面临的时代环境、技术基础、现实挑战以及发展机遇，为读者构建起对行业变革的整体性认知框架。继而引入智慧营销模式与4D营销理论，通过有代表性的商业案例，将抽象的理论具象化，生动展现智慧营销在实际商业场景中的应用价值与实现路径。后续章节围绕4D营销理论，从消费者需求的获取、预测、引导，到大数据的采集、处理与应用，再到顾客价值的创造、传递与拓展，以及动态沟通体系中的媒介选择、策略制定与渠道优化，各部分内容均紧扣4D智慧营销模型，层层递进、环环相扣，展现出严密的逻辑架构与翔实的知识体系。

作为高校教材，本书特别注重教学适配性。各章均设有"教学背景"和"课后思考题"，便于教师开展案例教学、课堂讨论并实施翻转课堂教学模式。同时，部分章节设有"实训案例"，读者可在线进行数据分析与实训操作。本书实训内容由中央财经大学姚凯教授和见数（Credamo）平台提供，读者可登录教学实训平台获取相关资料。

智慧营销的兴起，标志着营销学科正从经验驱动转向数据驱动，从静态策略转向动态优化。本书的编写，既是对这一趋势的学术回应，亦是对教学需求的实践回应。期待本书能够助力高校培养适应移动互联时代的营销人才，同时为从业者提供可落地的理论指导。

赵占波
2025 年 8 月

目 录
CONTENTS

第1章 营销创新：挑战与机遇 // 1

1.1 营销创新环境 // 4
1.2 营销创新技术 // 9
1.3 营销创新挑战 // 16
1.4 营销创新机遇 // 20

第2章 新营销模式：智慧营销 // 25

2.1 传统营销与智慧营销 // 26
2.2 智慧营销的价值 // 30
2.3 智慧营销模式：4D营销理论 // 33
2.4 智慧营销典型案例：宜家家居 // 40

第3章 智慧营销：获取消费者需求 // 45

3.1 消费者需求的内涵 // 47
3.2 理解消费者需求 // 49
3.3 寻找消费者需求的方法 // 56
3.4 消费者需求管理 // 58

第4章 智慧营销：预测消费者需求 // 65

4.1 预测需求的意义 // 66
4.2 预测需求的思维 // 69
4.3 预测需求的方法 // 70

第 5 章　智慧营销：引导消费者需求 // 81

5.1　创造消费者需求 // 83
5.2　引导消费者需求 // 89

第 6 章　智慧营销：大数据概述 // 95

6.1　移动互联时代的大数据 // 98
6.2　移动互联时代的大数据采集 // 102
6.3　移动互联时代的大数据处理 // 105

第 7 章　智慧营销：大数据应用 // 113

7.1　大数据营销概述 // 115
7.2　大数据营销新思路 // 120
7.3　大数据营销新场景 // 124

第 8 章　智慧营销：顾客价值获取 // 131

8.1　顾客价值传递内涵 // 133
8.2　顾客价值传递方式 // 139
8.3　获取顾客终身价值 // 141

第 9 章　智慧营销：顾客价值传递 // 145

9.1　顾客价值传递概述 // 147
9.2　顾客价值传递渠道 // 150
9.3　顾客价值传递策略 // 153
9.4　顾客价值传递障碍 // 157

第 10 章　智慧营销：顾客价值传递拓展 // 161

10.1　顾客价值传递与营销战略 // 163
10.2　顾客价值传递与 4D 营销理论 // 167
10.3　顾客价值传递与企业文化 // 170

第11章　智慧营销：动态沟通价值 // 174

11.1　顾客价值沟通媒介 // 176
11.2　顾客价值沟通策略 // 178
11.3　顾客价值沟通方式 // 182

第12章　智慧营销：动态沟通信息 // 190

12.1　互联网广告 // 192
12.2　大数据营业推广 // 198
12.3　互联网公共关系 // 202

第13章　智慧营销：动态沟通渠道 // 208

13.1　信息流精准营销 // 210
13.2　社交媒体营销 // 215
13.3　移动营销 // 219

第14章　智慧营销：趋势与展望 // 224

14.1　技术催生营销新时代 // 226
14.2　智慧营销发展趋势 // 234

参考文献 // 241

第1章
营销创新：挑战与机遇

教学背景

党的二十大报告指出，必须坚持科技是第一生产力、人才是第一资源、创新是第一动力，深入实施科教兴国战略、人才强国战略、创新驱动发展战略，开辟发展新领域新赛道，不断塑造发展新动能新优势。坚持创新在我国现代化建设全局中的核心地位。扩大国际科技交流合作，加强国际化科研环境建设，形成具有全球竞争力的开放创新生态。

习近平总书记在中共中央政治局第十一次集体学习时指出：新质生产力是创新起主导作用，摆脱传统经济增长方式、生产力发展路径，具有高科技、高效能、高质量特征，符合新发展理念的先进生产力质态。它由技术革命性突破、生产要素创新性配置、产业深度转型升级而催生，以劳动者、劳动资料、劳动对象及其优化组合的跃升为基本内涵，以全要素生产率大幅提升为核心标志，特点是创新，关键在质优，本质是先进生产力。

"创新"是指在科技、经济、社会等各个领域中，不断探索新的思想、新的方法、新的技术，以推动社会的进步和发展。营销创新是我国经济发展的重要驱动力，也是企业在激烈市场竞争中保持竞争优势的关键。"挑战"是指在达成目标的过程中，可能遇到的困难和问题。"机遇"则是创新带来的必然结果。一方面，创新为营销领域带来机遇。随着科技的发展，特别是互联网技术的应用，营销环境和技术正在发生深刻变革，为企业提供了更多的营销工具和平台。消费者的需求和行为模式也在不断变化，为企业提供了新的市场机遇。我国政府对创新驱动发展战略的重视和支持，更为营销创新提供了良好的政策环境。另一方面，创新也为营销领域带来挑战。在当前复杂多变的市场环境下，企业通过创新营销策略和手段，应对市场竞争，实现可持续发展至关重要。这些议题与我国的经济发展密切相关，体现了企业在新的历史条件下，积极应对市场变化，努力提高自身竞争力的决心。我国将坚持创新驱动发展战略，加快建设创新型国家，激发全社会的创新活力和创造力。

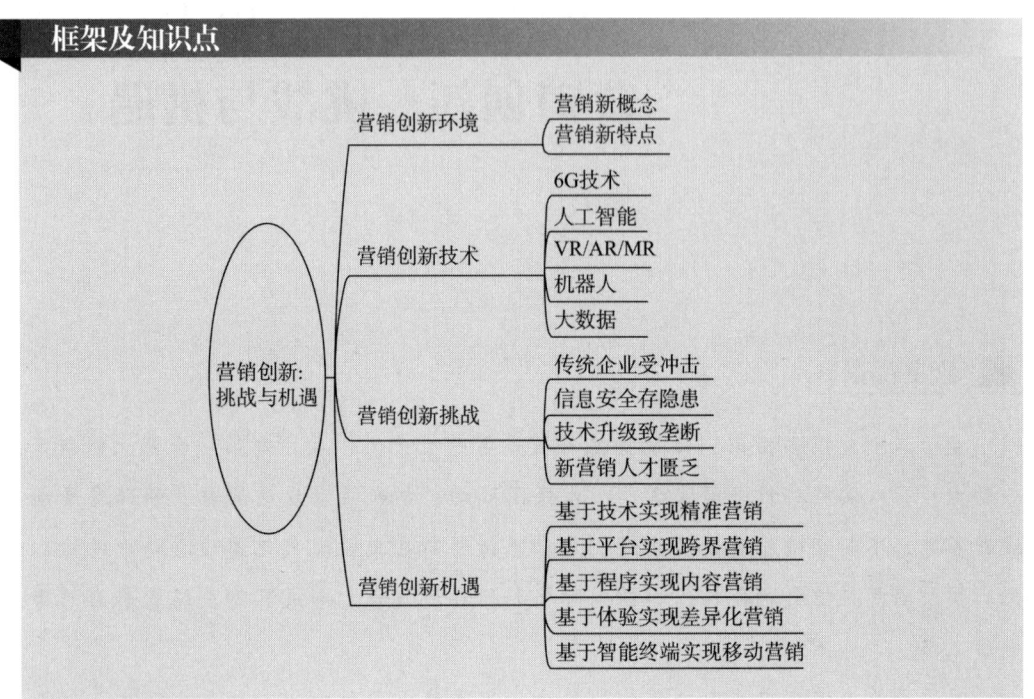

引导案例

小米——互联网创新下的科技品牌崛起

在当今快速变化的时代，营销环境正经历着深刻的变革，消费者需求不断变化、技术持续进步以及市场竞争的格局不断演变。企业要想在这样的环境下脱颖而出，必须不断创新营销策略，以适应新的市场趋势。小米正是通过运用互联网思维和创新的营销方式，成功从一家初创企业成长为全球领先的科技品牌。2024年，小米总营业收入达到约3 659亿元，同比增长35.0%，全球智能手机出货量达到约1.69亿台，同比增长15.7%，市场份额为13.8%，稳居全球前三。这一成绩的背后，离不开小米对市场变化的敏锐洞察和持续的营销创新。

小米的成功首先得益于其对互联网思维的深刻理解和运用。在智能手机市场逐渐饱和的背景下，小米通过高性价比的产品迅速打开了市场。它采用线上直销模式，减少了中间环节，降低了成本，从而能够以极具竞争力的价格提供高质量的产品。小米的第一款智能手机小米1以1 999元的价格发布，远低于当时市场上同等配置的手机价格，迅速吸引了大量消费者。这种模式不仅让小米在短时间内积累了庞大的用户规模，还为其后续的生态布局奠定了基础。

与此同时，小米非常注重与用户的互动，打造了独特的粉丝经济。通过小米社区和社交媒体平台，小米与用户建立了紧密的联系。用户不仅可以参与产品的讨论并提出反馈，还能直接影响产品的设计和改进。这种高度参与感让用户对品牌产生了强烈的归属感和较高的忠诚度，形成了强大的品牌社群。截至2024年9月，小米全球月活用户数达到6.858亿，同比增长10.1%。小米的创始人雷军也通过个人IP的打造，进一步拉近了与年轻消费者的距离。他的亲民形象和幽默风格，尤其是在社交媒体上的活跃表现，为品牌注入了更多的人情味与亲和力。

在营销渠道方面，小米也展现了极强的创新能力。它不仅依赖于传统的线上销售，还通过"小米之家"线下体验店，为消费者提供了全新的购物体验。根据小米2024年第三季度业绩公告，小米之家在全球的门店数量接近14 000家，这些线下门店不仅是产品销售场所，更是品牌展示和用户互动的空间。消费者可以在这里亲身体验小米的产品，感受其智能生态系统的魅力。这种线上线下相融合的模式，不仅提升了品牌的曝光度，还增强了用户的购买信心。

小米的营销创新还体现在其对IoT（物联网）生态系统的布局上。随着智能家居和物联网设备的普及，小米敏锐地捕捉到了这一趋势，并迅速推出了智能音箱、扫地机器人、智能电视等一系列产品。这些产品通过米家App（应用程序）实现了互联互通，为用户提供便捷的智能生活体验。截至2024年年底，小米的AIoT（人工智能物联网）平台已连接的物联网设备数（不包括智能手机、平板及笔记本电脑）增长至9.05亿台，同比增长22.3%，是全球最大的消费级物联网平台之一。小米不仅是在售卖产品，更是在售卖一种生活方式。这种生态系统的构建，不仅增强了用户的黏性，还为品牌开辟了新的业务增长点。

在社交媒体和内容营销方面，小米也表现得非常出色。它通过微博、微信、抖音等平台，发布新品信息、互动活动和用户故事，成功吸引了大量年轻消费者的关注。例如，截至2025年5月，小米在抖音上的官方账号粉丝数已超过1 090万，单条视频的最高播放量超过5 000万次。小米的内容营销并不是单向的宣传，而是通过与用户的互动，形成良性的传播循环。用户自发地分享产品使用体验，进一步扩大了品牌的影响力。

小米的成功印证了，在当今时代，企业必须不断创新营销方式，才能应对快速变化的市场环境。无论是通过互联网思维降低成本，还是通过粉丝经济增强用户黏性，抑或是通过线上线下融合提升用户体验，小米都展现出了极强的适应能力和创新能力。小米的案例为其他企业提供了宝贵的启示：只有不断拥抱变化，才能在激烈的市场竞争中立于不败之地。

资料来源：作者根据相关资料整理。

1.1 营销创新环境

1.1.1 营销新概念

营销是以了解消费者需求、影响消费者想法、打造产品品牌为手段，以吸引目标消费者群体为最终目的的市场活动。营销的技巧及策略均基于确定恰当的产品组合、构建合理的价格体系及通过广告等手段向目标消费者群体传达产品信息。此外，为了完善产品及配套服务，企业应及时获取消费者的购后反馈信息。在营销过程中，企业还应关注差异化品牌形象的建立，以提升产品销售效率。

提到营销和促销这两个概念，人们常常会将它们混为一谈，但两者是有本质区别的。从概念上讲，促销指短期内可以结束的活动，主要任务是推动消费者购买产品，以"结束交易"为目标。被誉为"现代营销学之父"的菲利普·科特勒（Philip Kotler）在《营销管理》一书中，对市场营销作出了如下定义：市场营销就是识别并满足人类和社会的需求。可见，营销是一种以顾客为中心的理念，营销不仅要为产品寻找合适的顾客，还要为顾客打造其所需要的产品。

营销的过程离不开营销策略的制定。其中，营销策略的重点是促成购买，即销售人员通过策划活动让消费者自愿掏出钱包，或者在网购时点击购买按钮，体现的是营销战术。营销还涉及前瞻性战略，即不以消费者购买为最终目标，当营销策略高效实施时，消费者会提升对品牌和企业的信任，更容易主动进入线下商店或网店进行购买，从而更易于后续销售工作的开展。成功的市场营销需要明确目标市场特征，包括用户画像、市场供需状况、产品生命周期阶段、技术发展态势等，为了确保营销策略的成功，企业还需要有效地与实时变动的市场进行沟通，传递特定的品牌宣传内容。[①]

营销策略的实施需要完整的营销计划来推动，在制订营销计划时，可按照"营销五重点"的步骤进行。第一，确定目标市场，即明确目标消费者群体。第二，通过定性、定量等分析方法洞察消费者需求。第三，把握竞争对手在市场中的表现，并将其营销方案与自身的营销方案进行对比。在分析竞争对手的营销策略时，应重点把握其所传递的产品价值。第四，对产品或服务进行定价。降低价格并非赢得市场份额的唯一方法，还可采用成本定价法、价值定价法等来达到精准定价的目的。第五，营销人员在制订营销计划时应关注重大营销节点，如节假日促销、季节性销售等，且应提前

---

① 李阳阳,田英,陈荣群. 移动互联网时代网络营销概念及特点解析[J]. 人力资源管理,2017(10):22-23.

一年制订活动计划。

营销计划的实现，需要以完善的营销方案为纽带，将企业、品牌和消费者紧密连接。营销方案的构成根据活动、企业的不同而有所差别，但大体可提炼为以下五点：数据、内容、场景、整合和社交。数据指覆盖消费者与企业交互的所有环节的数据，对数据进行分析有助于实现精准营销；内容是决定消费者体验的关键因素，企业应探索将消费者所需信息转化为营销内容的途径；场景有助于调动消费者的感官，进而使沟通更顺畅且更有针对性；整合营销是全渠道营销时代的战略选择，应突出品牌独特的个性；社交改变了营销的内容、形式和关系，将营销的边界扩大，使营销不仅限于企业与个人之间，也存在于个人、政府及其他角色之间。

21世纪的市场变革加速，首席执行官（CEO）们面临"变与不变"的战略抉择，驾驭变革的能力成为市场营销的重要竞争力。[①] 从媒介来看，媒体传播越来越社交化、内容化和全球化，微博、微信、抖音等平台重新塑造了社交媒体的营销功能。从产出者的角度来看，广告主逐步向移动端迁移，且广告投放平台更多元化。根据《2024中国数字营销趋势报告》[②]，移动端仍是广告主营销投资的主要选择，55%的广告主表示将增加移动端投入，同时社交、短视频仍是广告投放的重点。作为中间服务商，营销公司会顺应广告主的需求进行营销布局，并进入产业链各环节以建立竞争壁垒。

营销环境的日新月异，促进了营销方式的改变。在新的营销模式下，广告的主要投放渠道及媒体形式如表1-1所示。

表1-1 广告的主要投放渠道及媒体形式

网站类型	网站特点及服务内容	典型代表
综合性网站	为用户提供新闻及综合资讯服务，信息量大，用户覆盖广，使用频率高，浏览量大	新浪、搜狐、网易
垂直网站	业务集中于某些特定细分领域，覆盖特定领域的用户，提供有关这个领域的深度信息服务，信息的专业性、针对性更强	汽车之家、太平洋电脑网、携程旅行网
搜索引擎	运用特定的计算机程序从互联网上搜集信息，在对信息进行组织和处理后，提供检索服务并将用户检索的信息展示给他们；用户使用频率高，浏览量大	百度、谷歌、360搜索
视频网站	为用户提供视频浏览服务，视频内容包括电影、电视剧、动漫、游戏、新闻、综艺等多个方面，用户黏性强，浏览量大	优酷、爱奇艺、腾讯视频、搜狐视频

---

① 符家辉. 互联网+时代中小企业营销策略选择[J]. 现代营销（下旬刊），2017（9）：65.
② 由秒针营销科学院联合全球数字营销峰会GDMS、营销智库M360共同发布。

(续表)

网站类型	网站特点及服务内容	典型代表
电商网站	电子商务企业建立并运营的网站，主要功能是展示商品及交易信息，是进行商品买卖及其他交易的网上平台	京东、苏宁易购、淘宝、唯品会、拼多多
社交网站	利用互联网平台创造用户之间的社会关系网络并提供社交服务的网站，以用户间的互动交流和信息分享为业务特色，用户黏性强，在线时间长	新浪微博、小红书
移动终端应用	互联网服务商将互联网的技术、商业模式和应用与移动通信技术相结合，为智能手机、平板电脑等移动终端用户提供互联网服务，涵盖新闻、生活资讯、音乐、视频、游戏、社交等方面，前景广阔	微信、QQ、各类手机软件

（资料来源：深大通（000038）深度分析：线上线下营销业务同步发展 对赌延长彰显业绩持续增长信心［EB/OL］.（2017-12-06）［2024-10-32］. http：//stock.finance.sina.com.cn/stock/go.php/vReport_Show/kind/search/rptid/565861190874/index.phtml.）

1.1.2　营销新特点

在移动互联时代，营销呈现出以下新特点：

第一，传统媒体广告营销模式逐渐式微，新广告方式层出不穷。传统媒体广告收入降低，数据显示，2023年全球传统媒体广告收入萎缩了4%，其中电视广告收入缩减最为显著，达到6%，降至1 580亿美元，而纯数字媒体广告收入取得了9.4%的增长，达到5 870亿美元（占广告销售总额的69%）。2023年，中国互联网广告市场规模为5 732亿元，与2019年的市场规模4 367亿元相比，增长了约31.26%，四年复合年增长率为7.04%（2019年与2016年相比，三年复合年增长率为23.7%）。[①]

在营销方案中，场景营销愈发受到重视。"场景"一词最初被广泛应用于影视学、传播学、社会学、营销学等多个学科领域，其外延非常广泛。最初，场景仅指电影、戏剧中的情景场面。在传播学领域，美国当代传播学家乔舒亚·梅罗维茨（Joshua Meyrowitz）在欧文·戈夫曼（Erving Goffman）的"拟剧理论"的基础上提出了"媒介场景"的概念，用以强调一种由媒介信息所营造的行为与心理环境氛围。首次将场景与互联网关联到一起的是美国学者罗伯特·斯考伯（Robert Scoble）和谢尔·伊斯雷尔（Shel Israel），他们在《即将到来的场景时代》一书中提出了"5种技术的力量会影响

---

① 《2023中国互联网广告数据报告》发布：人工智能推动互联网广告产业链重塑［EB/OL］.（2024-01-11）［2025-03-31］. https：//baijiahao.baidu.com/s?id=1787779461942100558&wfr.

场景革命",这 5 种技术分别是定位、社交数据、传感器、可穿戴设备和云计算,并预言互联网将在 25 年后步入场景时代。按照一些智库目前的解释,场景营销是指转换产品的使用场景,让产品在新场景中有新作用,如浴帽在厨房中就变成了厨帽,牛奶从早餐奶发展到现在的晚餐奶、安睡奶等。具体来说,场景营销是将用户活动按照各类场景进行梳理和划分,进行差异化营销,根据不同用户的使用习惯和关注点推广不同的业务,最大限度满足消费者需求,增强用户黏性。举例来说,人的某些需求只有在特定的场景下才会被充分激发,找到适当的场景,就找到了营销机会。例如,中国香港地区属于亚热带季风气候,阴雨天较多,容易对居民情绪产生负面影响,而菲律宾的宿务太平洋航空公司想要利用"下雨"的场景,吸引香港地区的民众到天气晴朗的地方旅游,因此策划了名为"雨代码"的营销活动。宿务太平洋航空公司利用特殊喷漆在香港地区的马路上喷绘二维码,晴天的时候这个二维码是隐形的,一旦下雨或遇水就会显现出来,二维码上简洁的文字告诉在阴雨天中烦闷不已的人们:菲律宾现在是大晴天!大家只要拿出手机,扫描"雨代码",就能马上进入宿务太平洋航空公司的官方网站进行购票,来一场说走就走的旅行。这个创意利用了特定的场景,获得了出人意料的营销效果,活动期间,宿务太平洋航空公司官方网站的订票量增长了 37%。可见,在营销中,场景也体现了消费者的痛点,有效解决这些痛点,不仅能强化消费者与企业的情感联结,提升品牌记忆度,更能显著促进销售转化。

第二,随着居民生活水平的提高,消费者需求已从大众化、标准化转为多样化、个性化。企业应重点关注消费者消费理念的转变,并持续优化营销策略,以满足消费者的需求。例如,企业应在产品研发前期进行市场调研,以了解消费者的决策依据及选择标准,并将消费者的偏好融入产品设计之中,使消费者在早期就参与产品研发的过程。若消费者的偏好不一,则可细分市场以满足消费者的个性化需求。在完成产品销售后,企业应注重消费者的购后反馈,实时跟踪消费者的行为数据,以完善用户画像。

第三,网络经济打破了传统营销的时空界限,使其范围不断扩大。从时间角度来看,网络营销打破了传统实体店的营业时间限制,企业可 24 小时为消费者提供服务。从空间角度来看,网络营销具有开放性,并不局限于在某一特定区域开展营销活动,有助于拓展营销活动的范围。

第四,数字经济直接连接了供给、需求两端,省去了生产者和购买者之间的种种中间环节,流通成本的下降大大降低了商品的销售价格。此外,随着网络信息技术的发展,网络交易在支付宝、微信支付的基础上又新增了信用贷款支付手段,如花呗、微粒贷等,有利于消费者更便捷地进行网络购物。

第五，新兴营销模式注重品牌打造。品牌是重要的无形资产，是知识产权的最高商业形式，也是商品使用价值与交换价值的体现。现代营销强调企业需具有深层次的价值，具备持续盈利的能力，因此需要打造品牌形象以提升企业的市场价值，提高消费者的忠诚度。

第六，新消费者群体逐渐崛起。"00后"是"触网"一族，他们的成长与网络息息相关。虽然"80后""90后"仍是目前消费市场的主力军，但"00后"是未来十年的消费主体。新消费者群体的崛起使市场竞争加剧，洞悉消费者需求成为首要大事。例如，新消费者群体的受教育水平普遍提高，愿意为获取新知识付费，知乎、喜马拉雅、得到等付费知识平台近年来受到风险投资者的青睐。

第七，消费升级。国家统计局数据显示，2023年，我国最终消费支出对经济增长的贡献率高达82.5%，消费作为我国经济增长主动力的地位得到进一步巩固。中产阶级收入稳定，极具消费能力，拉动了内需，也促进了消费升级。互联网数据公司QuestMobile发布了《2023新中产人群洞察报告》，其中关于新中产群体的定义如下：25～40岁，身处三线及以上城市，线上消费能力为1 000元及以上，线上消费意愿为中、高的人群。年龄分布上，"90后"已超过"80后"成为主力，线上娱乐成为该群体的核心消费途径之一。中产阶级的崛起使得消费支出在总支出中的结构和层次升级。简言之，以中产阶级为主要群体的消费升级时代已经到来，该类消费者的价格敏感度偏低，对高品质的产品有较强的付费意愿。①

星巴克——从咖啡店到生活方式品牌的升级

在全球消费升级的浪潮中，消费者已不再仅仅满足于产品的功能性需求，而是更加注重品牌带来的情感价值与生活方式体验。星巴克（Starbucks）成功地将"喝咖啡"这一日常行为转变为一种文化符号，成为消费升级的典范。

星巴克通过打造高端化的品牌形象，重新定义了咖啡消费场景。其创始人霍华德·舒尔茨（Howard Schultz）提出的"第三空间"理念，将星巴克定位为家庭和工作场所之外的社交场所，通过精心设计的门店环境、舒适的座椅和轻松的氛围，吸引中高端消费者。此外，星巴克还推出高端门店"臻选咖啡烘焙工坊"（Starbucks Reserve Roastery），提供手工精品咖啡和沉浸式体验，进一步强化品牌的高端定位。

---

① 李雁函. 网络经济时代下的市场营销思维转变[J]. 商场现代化, 2017(10): 50-51.

在个性化消费体验方面，星巴克借助数字化工具增强用户黏性。其会员计划"Starbucks Rewards"允许顾客累积积分兑换专属优惠，同时通过移动端提前点餐和支付功能优化消费流程，尤其受到年轻消费者的青睐。2024 年，星巴克还升级了会员体系，增设"钻星会员"等级，为高净值用户提供优先制作、专属活动等权益，进一步巩固核心客群。

产品创新是星巴克适应消费升级的另一关键策略。为迎合健康与环保趋势，星巴克推出植物基奶（如燕麦奶）和低糖饮品，并强化可持续供应链。同时，星巴克注重本地化创新，如在中国市场推出抹茶拿铁、月饼礼盒等限定产品，增强区域市场吸引力。

社交媒体与品牌文化传播也是星巴克塑造生活方式品牌的重要手段。通过鼓励用户生成内容和讲述品牌故事，星巴克与用户在社交平台上建立了紧密的情感联结。此外，星巴克还通过跨界合作（如与希尔顿酒店会员体系互通）拓展品牌生态，融入消费者的多元生活场景。

星巴克的品牌溢价策略使其从普通咖啡升级为象征身份的高端消费品，支撑了其高定价模式。数字化会员体系提升了用户忠诚度，而全球化与本地化结合的策略则助力其在新兴市场持续扩张。星巴克的成功表明，在消费升级背景下，企业需超越产品功能，通过场景化、个性化和情感化的营销策略提升体验价值。然而，随着市场竞争的加剧，品牌仍需在高端定位与市场适应性之间寻求平衡，以维持长期增长。

资料来源：作者根据相关资料整理。

1.2 营销创新技术

近年来，互联网、大数据、云计算、人工智能、区块链等技术加速创新，日益融入经济社会发展各领域全过程，数字经济正成为重组全球要素资源、重塑全球经济结构、改变全球竞争格局的关键力量。新技术正以几何级数的增速快速发展着，随着大数据、人工智能等新技术的运用，营销模式将进一步更新迭代。

1.2.1 6G 技术

作为新一代的通信技术，6G 的发展将使人们的生活方式发生翻天覆地的变化。

20 世纪 90 年代流行的观念是"要想富先修路"，如今则变为"要想富先触网"。1G 到 4G 是人与人之间的移动通信，1G 实现在移动中进行语音通信，2G 提升了语音通信的质量和普遍性,实现移动通信在全球的大规模应用,同时也开启了短信这种非实时沟通模式;3G 进一步提升了通信的容量,同时促进了宽带通信的萌芽,3G 时代的后期,随着智能手机的出现,高速移动数据通信成为迫切的需求;4G 解决了高速移动数据通信的问题,在通信的质量、容量和效率上取得了巨大的进步,也触发了物联网的应用需求,带来了信息消费的空前繁荣;5G 拓展了移动通信的范畴,实现人、机、物三者的互联,具备超高传输速率、超大网络容量和超低时延的性能;6G 则实现人、机、物,万事万物间的智能互联。①

2019 年是 5G 通信商用元年,据全球移动供应商协会统计,截至 2025 年 2 月,全球 5G 商用网络已覆盖超过 120 个国家和地区,我国 5G 基站总数达 432.5 万个,占全球 5G 基站总量的近 60%,继续保持全球最大 5G 网络规模。② 站在 4G 肩膀上的 5G,传输速率最高将达 10 Gbps,使得高速上传下载、8K 视频实时播放、云技术、VR、AR、MR(混合现实)与生活紧密结合;大容量解决了阻碍物联网技术发展的功耗问题,5G 技术使得万物可以实现高效互联,适用的场景包括物联网、智能家居、无人驾驶、智慧城市等。

2023 年 6 月,国际电信联盟(ITU)完成《IMT 面向 2030 及未来发展的框架和总体目标建议书》(以下简称《建议书》),明确了 6G 发展目标、未来趋势、典型场景、能力指标等内容。在发展目标方面,6G 系统将推动实现包容性、泛在连接、可持续性、创新性、安全性、隐私性和弹性、标准化和互操作、互通性等八大目标。在发展趋势方面,6G 将实现人、机、物的连接,实现物理世界和虚拟世界的连接,有望将感知和人工智能等能力融合到网络中,成为承载新用户、赋能新应用的新型数字基础设施。6G 用户和应用将呈现泛在智能、泛在计算、沉浸式多媒体和多感官通信、数字孪生和扩展世界、智能工业、数字医疗与健康、泛在连接、感知和通信融合、可持续性等九大趋势。在典型场景方面,6G 将在 5G 三大典型场景的基础上持续增强和扩展,包含沉浸式通信、超大规模连接、极高可靠低时延、人工智能与通信融合、感知和通信融合、泛在连接六大场景;在性能指标方面,《建议书》明确了 6G 的 15 个关键能力指标,除传统移动通信的峰值速率、体验速率、频谱效率、区域流量密度、连接密度、覆盖、移动性、时延、可靠性等指标外,6G 还将在安全性/隐私/韧性、定位、感知、智能、可持续发展、互操作等维度新增性能指标。③

---

① 刘光毅,王启星.6G 重塑世界[M].北京:人民邮电出版社,2021.
② 工信部:1—2 月我国电信业务收入累计完成 2 950 亿元 同比增长 0.9%[EB/OL].(2025-03-26)[2025-03-31].https://news.qq.com/rain/a/20250326A033DZ00.
③ 刘光毅.中国移动:前瞻 6G 趋势 牵手"产学研用"协同创新[J].通信世界,2023(13):11-12.

6G势必是多种技术、模态、频谱与场景的融合。在5G的基础上，6G能提供更高的传输速率、更低的时延、更大的连接规模，从而更好地应对复杂的应用场景。无处不在的无线连接、大数据和人工智能技术的应用从生活、生产和社会三个方面催生全新的应用场景。生活方面，全息交互、通感互联、数字孪生人、智能交互等将充分利用脑机交互、人工智能、分子通信等新兴技术，塑造高效学习、便捷购物、协同办公、健康生活等生活新形态。生产方面，通过应用新兴信息技术为现有农业生产、工业生产深度赋能，为生产的健康发展增添强劲动力，为工业互联网和智能工厂等应用场景的实现提供技术基础，创造实现条件。在社会层面，6G网络是融合陆基、空基、天基和海基的"泛在覆盖"通信网络，不仅能极大地提升网络性能以支撑基础设施智能化，更能极大地延展公共服务覆盖面、缩小不同地区的数字鸿沟，切实提升社会治理精细化水平，从而为构建智慧泛在的美好社会打下坚实基础。

2025年政府工作报告明确提出要"培育生物制造、量子科技、具身智能、6G等未来产业"，标志着6G正式上升为国家战略。中国信息通信研究院副院长王志勤表示，2025年6月将正式启动6G技术标准研究，2025—2027年完成技术研究阶段，2029年3月发布首个技术规范。① 目前，我国正联合全球3GPP（第三代合作伙伴计划）伙伴共同推进6G标准的制定，目标是在2030年实现商用。②

1.2.2 人工智能

人工智能是近年来的热点话题。2006年，因深度学习的兴起，人工智能产业进入发展的黄金时代。人工智能技术是这个时代的主导技术，因此谷歌、微软、百度等互联网巨头在这一领域不惜投入重金，百度还提出了"All in AI"（全面投入人工智能建设）的口号。2015年11月，谷歌发布机器学习平台TensorFlow，因其开源属性，受到用户的热捧。2016年，世界顶尖围棋选手李世石与谷歌人工智能AlphaGo展开历史性对决，最终AlphaGo以4∶1的比分获胜，成为首个击败人类职业围棋九段选手的人工智能系统，这一里程碑事件引发了全球对人工智能潜力的深刻思考。2020年，OpenAI发布GPT-3，其凭借1 750亿参数的规模成为当时最强大的自然语言处理模型，大幅提升了机器理解与生成人类语言的能力，标志着人工智能在自然语言领域的重大突破。2023年，以ChatGPT为代表的大模型技术加速落地，推动生成式人工智能

---

① 2025年6月迎接6G时代,技术标准研究即将启动![EB/OL].（2024-11-14）[2025-03-31]. https://www.sohu.com/a/826802229_122066681.

② 专家:6G时代普通手机就能直连卫星,预计2030年商用[EB/OL].（2025-03-11）[2025-03-31]. https://news.qq.com/rain/a/20250311A08ED000.

（AIGC）在多个行业广泛应用，并催生出新的商业模式，为全球数字经济发展注入了强劲动力。

我国人工智能产业持续高速增长，据国家工业信息安全发展研究中心发布的《2023 人工智能基础数据服务产业发展白皮书》，2022 年中国人工智能基础数据服务产业规模已达 45 亿元，2023 年预计增长至 53.5 亿元。① 而最新数据显示，2025 年中国人工智能核心产业规模有望突破 6 000 亿元，并在 2030 年迈向万亿级市场，展现出强劲的发展潜力。与此同时，人工智能算力需求激增，2025 年全球人工智能服务器市场规模预计将达 1 587 亿美元②，中国智能算力规模增速远超通用算力，凸显出人工智能产业的蓬勃发展态势。

随着人们对数字营销认识的加深及对精准营销的追求，人工智能开始逐步与广告行业融合，并用投资回报率作为衡量营销效果的标准。人工智能算法可从繁杂的数据中挖掘出规律，并利用该规律预测未来，该类算法在搜索排序、实时竞价、点击率预估、反作弊诊断等领域均有广泛应用。此外，机器学习算法与传统营销方法结合，可构建多维度用户画像体系，基于消费者需求实现精准营销。

针对在线广告的点击、注册、激活、收藏等行为，可通过人工智能算法进行识别和优化，语音识别、语义理解、语音合成等技术也在移动广告中实现了创新。总的来说，数字营销领域的人工智能应用可概括为 5 个主要方面：精准营销、反作弊、跨屏营销、语音互动广告和 VR 广告。其中，精准营销的应用最为成熟。

人工智能对广告营销的变革给数字营销产业带来了巨大的投资机会。根据《2024 中国互联网广告数据报告》，2024 年中国互联网广告市场规模持续承压增长，市场增速较 2023 年提升了近 1 个百分点，达到 13.55%，收入规模达到 6 508.63 亿元。③ 广告主的目的是将广告传达至目标消费者群体，而人工智能能切实帮助广告主达成其营销的初心。目前，最成熟的人工智能商业化应用领域之一，就是程序化广告行业，精准和高效的投放机制将彻底改变传统广告市场，媒介购买将逐步转变为受众购买。当前，主板和新三板的数字营销板块已经形成了巨大的产业集群，随着电视、报刊等传统媒体的日渐式微，在 PC（电脑）端和移动端的新媒体领域，以及社交媒体营

---

① 《2023 人工智能基础数据服务产业发展白皮书》发布［EB/OL］.（2024-03-19）［2025-03-31］. http：//www.cecc.org.cn/news/202308/572220.html.

② 2025 年全球人工智能服务器市场将突破 1 587 亿美元，潜力巨大！［EB/OL］.（2025-02-13）［2025-03-31］. https：//www.sohu.com/a/858875017_122118475.

③ 《2024 中国互联网广告数据报告》发布［EB/OL］.（2025-01-08）［2025-03-31］. http：//www.ce.cn/xwzx/gnsz/gdxw/202501/08/t20250108_39260053.shtml.

销、电商营销和场景营销等新模式与智能营销浪潮深度融合的背景下，资本市场孕育着巨大的投资机会。

1.2.3 VR/AR/MR

近年来，VR/AR/MR作为实现人与虚拟世界互动的标志性技术，开始受到追捧。VR通过计算机生成三维交互环境，具有场景化、体验化的特点。通过VR设备可将真实或虚拟的体验场景远程传递给消费者，使其沉浸于场景之中，身临其境，真实地了解产品全貌，有助于提升消费者的购物体验。AR能够将虚拟的信息应用到真实世界，将真实的环境和虚拟的物体实时叠加在同一空间。消费者通过装有摄像头的设备，比如智能手机，便可随时随地获得真实的购物感受。同样是强调沉浸式体验，相对于VR的专用设备，AR更加灵活、便捷。MR将现实和虚拟世界合并产生新的可视化环境，实现了物理对象与数字对象的共存和实时互动。结合了AR、VR、现实环境和虚拟环境的MR，将为营销方式带来革命性变革，因此，营销人员应将上述新技术与营销方式完美结合，带给消费者焕然一新的购物体验。

VR/AR/MR最重要的功能之一就是传递及改变场景。中青旅遨游网已经在其位于北京的30余家线下门店中引入VR设备，可为消费者提供几分钟的"爱尔兰之旅"VR体验。贝壳找房等房产中介机构也基于VR技术推出"VR看房"，消费者可在网上查看房屋状况，进行初步筛选。此外，故宫、八达岭长城等传统旅游景点亦紧跟技术趋势，推出景点的"720° VR全景"服务，希望让无法亲临现场的人们在线领略景点壮美景观，感受其深厚的文化底蕴。

受益于医疗、教育等行业对AR需求的增长，AR行业发展迅速。据安信证券报道，其他行业产生的下游需求将带动AR产品消费端需求，未来会出现出货量超预期的爆款应用。[1] IDC的数据显示，2024年全球AR/VR总投资规模达152.2亿美元，并有望在2029年增至397.0亿美元，五年复合增长率将达21.1%。[2] 由此可见，技术革新持续加速，营销人员也应与时俱进，利用科技手段促进消费者的购买。

MR越来越受到企业的青睐，微软曾在2017年10月3日宣布其MR战略，并推出了与三星合作打造的高端头显设备Odyssey，10月17日，其发布了Windows 10 Fall Creators Update系统以普及MR战略。可见，微软正致力于建立一个统一的MR应用与

---

[1] 新材料、新技术、新方案，5G开辟散热市场新天地[EB/OL].(2019-08-20)[2024-10-31]. https://www.hangyan.co/reports/2530132829258384809.

[2] IDC:中国AR/VR市场规模持续扩大，五年复合增长率达41.1%[EB/OL].(2025-05-14)[2025-06-05]. https://my.idc.com/getdoc.jsp?containerId=prCHC53417325.

服务平台。目前，MR 在娱乐领域已有了初步发展，例如，用微软专业头显设备 Hololens 玩 MR 游戏已成为很多游戏爱好者的日常休闲活动之一。另外，MR 技术也已被应用于工业制造、教育、医疗、房产、家居等领域，在购物等消费端场景下也越来越多地被应用。相信在不久的将来，无论是营销方式还是生活方式，都将受到 MR 更多的影响。

1.2.4 机器人

机器人作为集各种高科技于一身的"类人"型产品，自推出便受到了研究者、政府等多方的高度关注，机器人行业一路高歌猛进地发展，相关产品也逐步融入我们的日常生活之中。例如，人在婴幼儿阶段，有保姆机器人；在上学阶段，有教育机器人；成为上班族后，有机器人同事；退休后，有养老机器人照顾日常起居、保障安全。此外，还有可与人类交流、解读人类情感的社交机器人；有帮助人们打扫卫生、清理垃圾的家务机器人；有在危险地带执行搜救任务的搜救机器人；等等。多数人相信，未来的世界将是人类与机器人和谐共存的世界，机器人将从事机械性、重复性的工作，而人类将从事智力性的工作。

世界经济论坛在《2023 年未来就业报告》中提到，预计到 2027 年，全球将有 42% 的工作实现自动化。而根据麦肯锡 2023 年发布的《生成式人工智能的经济潜力：下一个生产力前沿》报告，生成式人工智能及其他科技的发展或将使当前工作的 60%～70% 实现自动化。其中，银行业、高科技行业和生命科学等行业所受的影响最大。另外，人工智能取代人类工作的时间被大幅提前了 10 年，在 2030 年至 2060 年间（中点为 2045 年）50% 的职业逐步被人工智能取代。

提及机器人，想必大家对 Atlas 都不陌生。Atlas 是一款由波士顿动力（Boston Dynamics）打造的仿真人形机器人，在 2013 年首次亮相时，Atlas 便以其独特的设计和高度灵活的运动能力而吸引了无数眼球。在 2019 年 9 月发布的视频中，外形更加逼真的 Atlas 优雅、流畅地完成了一系列体操动作，最后以芭蕾舞式的开腿跳跃进行谢幕，这些常人难以完成的动作给观看者带来了前所未有的震撼。在 2023 年 1 月发布的视频中，Atlas 已经能独立地拿起、放下并扔出任何它能抓住的东西。在 2024 年 1 月发布的视频中，Atlas 已经可以实现跨越障碍+三级跳。2024 年 4 月，波士顿动力通过《再见，液压 Atlas》视频正式宣告其标志性液压驱动双足人形机器人 Atlas 退役。然而，该视频发布不到 24 小时，其全新研发的全电动 Atlas 机器人便重磅亮相。这一从液压驱动到全电动的技术跃迁，标志着 Atlas 向商业化应用迈出关键一步。电动系统不仅能显著提升能效，降低运营成本，还将减少碳足迹。液压 Atlas 的谢幕代表了一个技术时代的终结，而全电动 Atlas 的登场，则让波士顿动力在竞争白热化的全电动机器人赛道中占据了先发优势。

在我国，机器人产业规模正在稳步扩大。2023 年 1—10 月，我国机器人产业营业收入超过 1 300 亿元人民币，同比增长 9.3%，机器人产品进出口总额达 26.6 亿美元，同比增长 23%，工业机器人产量达 35.3 万套，服务机器人产量达 643.6 万套，机器人产业整体呈现旺盛发展势头，潜力巨大。[①]

目前，多数新兴的机器人制造商聚焦于研发门槛较低的服务型机器人，市面上带有互动娱乐性质的机器人较多。2022 年上半年，中国智能音箱市场销量为 1 483 万台，销售额为 42 亿元人民币。这些智能音箱的研发门槛较低，功能偏娱乐性质，但其传递的品牌价值不可忽略。此外，智能音箱可获取大量用户的行为数据，便于勾勒用户画像，洞察消费者需求，实现精准营销。

1.2.5　大数据

随着人们生活的数字化程度提高，通过技术获取的用户行为数据越来越繁杂，如何处理这些数据成为互联网企业需要考虑的重要问题，因此，数据科技（Data Technology，DT）便应运而生。阿里巴巴曾在 2016 年收购了一个关于 DT 的域名"dtplus.com"，其创始人马云也多次指出"未来应该是 DT 时代，而非 IT 时代"，这凸显了阿里巴巴对于大数据的重视。大数据的"大"体现为"3V"，即 Volume（庞大的数据量）、Variety（丰富的多样性）、Velocity（数据增长和处理速度快），但大数据的内涵并不止于此，更包含了对数据进行专业处理的方法，以及从中获取的商业价值。换句话说，若将"大数据"视为一种产业，该产业的盈利关键应是对数据的加工与应用，而非"数据"这个原材料本身。

针对不同对象的大数据营销应用，已逐步解构与重构了整个营销体系。大数据技术在用户数据的搜集、分析、管理与价值挖掘方面实现了对传统模式的革新，主要体现在它影响了媒体生态、消费者行为研究、广告策划与营销效果评估等环节。[②] 大数据时代虽是一个全新的时代，但数据本质上是人的行为轨迹，营销的本质仍然未变，大

---

① 我国机器人产业规模稳步扩张［EB/OL］.（2023-12-10）［2025-03-31］. https://baijiahao.baidu.com/s?id=1784883662826030727&wfr=spider&for=pc.
② 黄升民,刘珊."大数据"背景下营销体系的解构与重构［J］.现代传播（中国传媒大学学报）,2012(11)：13-20.

数据只是改变了营销的路径。在这个时代，营销模式应与时俱进，努力将人与人之间的联系与品牌的社会化营销方案相结合，更有针对性地吸引消费者。

1.3 营销创新挑战

在互联网时代，传统营销模式已无法满足企业的营销需求，传统的 4P① 营销策略已不再适用于随着新技术而不断改变的营销环境。产品不再是企业和消费者唯一关注的因素；产品价格也不再是影响营销模式的关键因素，企业和消费者更加关注产品或服务带来的收益和满足；在电子商务逐渐成为主流销售方式的今天，传统渠道策略对于营销效率的提升有限；随着个性化需求日益增加，广撒网式的促销策略同样无法达到预期。随着新技术和移动互联网新场景的涌现，传统的营销模式需要创新，以满足消费者的个性化需求，进而提升营销效率，达成销售目标。

网络营销模式已然颠覆了传统营销理念，其传播范围广、制造成本低、触达率高的特性，使得其一经产生便很快扩散开来。我国网络营销起步较晚，但发展迅猛，随着网络营销初见成效，国家和企业对网络营销的重视程度显著提高。近年来，国家制定了一系列政策、措施以促进网络营销的发展，例如，国务院于 2015 年出台的《关于积极推进"互联网+"行动的指导意见》指出，鼓励企业利用移动社交、新媒体等新渠道，发展社交电商、"粉丝"经济等网络营销新模式。很多企业也成立了网络营销部门，培养网络营销人才。低成本、高效率的网络营销方式不仅吸引了消费者的注意，还提升了企业的网络营销效果。比较常见的网络营销方式为通过邮件、网页、直播等渠道触达用户。但随着社会的高速发展，新的市场环境中出现了各种问题，互联网不仅在逐渐改变用户的生活方式，也在不断影响其思维方式和价值观念，用户的这些变化给企业营销工作带来了全新的挑战。

1.3.1 传统企业受冲击

传统营销模式越来越难以适应消费者日益增长的个性化需求。在当前多元开放、服务为本的社会大环境下，企业缺乏有效连接用户的平台和渠道，当前的营销策略难以满足消费者和企业双方的需求。在互联网时代，企业必须紧跟时代潮流，以互联网

---

① 4P 指的是 Product（产品）、Price（价格）、Place（渠道）、Promotion（促销）。

思维来指导营销创新,以消费者需求为导向,积极与消费者沟通,获取差异化优势,塑造品牌形象,从而有效提升营销效率。

宇树科技机器人:中国机器人产业的创新先锋

宇树科技(Unitree Robotics)是中国机器人产业快速崛起的代表性企业之一。自2016年成立以来,该企业凭借自主研发的四足机器人和人形机器人,在全球市场占据了重要地位。2025年3月,宇树科技人形机器人G1首次亮相上海时装周秀场,与模特共同走上T台并展示精准步态控制,引发广泛关注。这一事件标志着机器人技术正从工业应用向时尚、娱乐等消费领域拓展。①

在技术创新方面,宇树科技不断突破行业边界。2025年3月,其人形机器人G1成功完成全球首次原地侧空翻,展示了卓越的动态平衡能力。② 该机器人搭载4D超广角激光雷达,具备复杂地形适应能力,定价9.9万元起,远低于国际同类产品。③ 此前,宇树科技已凭借四足机器人Go1系列打开消费市场,其1.6万元的售价大幅降低了机器人的使用门槛。

商业化探索是宇树科技的另一核心优势。其采取"全自研+自制"模式,与中大力德、奥比中光等供应链伙伴合作,确保核心零部件的国产化。2025年年初,宇树科技在深圳成立"天羿科技",加速工业机器人业务布局。市场数据显示,其四足机器人全球市场份额达60%~70%,海外收入占比50%。租赁市场表现尤为亮眼,部分商家仅用几天即可收回成本,单次租赁价格达数千至上万元。④

从行业影响来看,宇树科技的成功体现了中国机器人产业的三大发展趋势:一是技术研发从跟随走向引领,二是应用场景从工业向消费领域延伸,三是商业模式从单一销售向服务生态拓展。高盛的研报指出,虽然人形机器人的通用能力仍需提升,但宇树科技已代表全球尖端技术水平。随着人工智能大模型与机器人技术的融合,宇树科技有望在5~10年内实现更广泛的应用突破。

---

① 当科技遇见时尚!宇树机器人亮相上海时装周秀"猫步"[EB/OL].(2025-03-27)[2025-03-31]. https://news.qq.com/rain/a/20250327A03X4Z00?scene=qqsearch&suid=&media_id=.

② 宇树科技人形机器人G1实现原地侧空翻[EB/OL].(2025-03-19)[2025-03-31]. https://news.qq.com/rain/a/20250319A084HX00.

③ 宇树机器人G1时装周T台走秀,还带着机器狗[EB/OL].(2025-03-26)[2025-03-31]. https://news.qq.com/rain/a/20250326A09P1Q00?scene=qqsearch&suid=&media_id=.

④ 宇树成立深圳公司|CyberRobo Pro[EB/OL].(2025-03-06)[2025-03-31]. https://news.qq.com/rain/a/20250306A08ORN00.

这一案例表明，中国科技企业正通过"技术突破+商业创新"的双轮驱动，在全球高端制造领域赢得话语权。宇树科技的发展路径为国产机器人产业提供了重要参考，也为数字经济时代的产业升级树立了典范。

资料来源：作者根据相关资料整理。

1.3.2 信息安全存隐患

互联网的高速发展导致了用户隐私泄露等信息安全问题，注册域名、线上主机、IP地址、业务系统等互联网资产越来越多地暴露在网络中，加之相关业务复杂度持续提升，网络信息安全事件也越发频繁且复杂，这给个人及企业均带来了不同程度的影响，甚至造成了难以挽回的损失。每个人都是互联网时代的数据贡献者，但也是潜在受害者。病毒木马、伪基站、弱口令攻击等都是在线交易的隐患，并可能会造成重大损失。

在过去的几年里，信息安全隐患的重灾区莫过于信息泄露，虽然互联网整体的安全性有所提升，但还是出现了几次影响力颇大的用户信息被黑客盗取、隐私遭到泄露的事件。2018年6月，某知名快递企业的10亿条快递信息被售卖，这些信息包括收件人与寄件人的姓名、电话、地址等，犯罪团伙将其打包成商品明码标价，100万条信息售价430元。个人隐私信息泄露事件的频发为犯罪分子提供了可乘之机。详细的个人信息是精准诈骗的源头，犯罪团伙通过从各处获取的消费者多维度信息，提取用户画像，分析大众心理，有针对性地进行诈骗，"购物退款""航班取消""发放助学金"等为诈骗者的惯用伎俩，让不少人上当受骗、蒙受损失。

从法律角度来看，刑法修正案、民法总则、网络安全法、消费者权益保护法、电子商务法、广告法等都在保护个人信息。2017年6月1日起实施的《中华人民共和国网络安全法》，有针对性地对网民个人信息安全进行有效保障。2024年，全国公安机关持续开展"净网2024"专项行动，依法严厉打击整治各类网络违法犯罪活动，全年共侦办网络违法犯罪案件11.9万余起，有力维护了网上政治安全、网络空间安全和社会公共安全，不断提高人民群众在网络空间的获得感、幸福感、安全感。①

从个人角度来看，消费者应树立信息安全意识，提高警惕，妥善处理快递信息，同时也不要随意蹭网、扫码或点击来历不明的网站，不要在多个平台使用相同的账号密码，并应养成定期更换密码的习惯。

---

① 依法严打网络违法犯罪"净网2024"取得显著成效[EB/OL].（2025-01-22）[2025-06-05]. https://www.mps.gov.cn/n2254098/n4904352/c9947046/content.html.

1.3.3 技术升级致垄断

互联网降低了一些行业的准入门槛，加剧了市场竞争，在某种意义上推动着企业增加对互联网营销技术研发的投入，使得互联网营销产品日益增多。同时，网络核心技术加速创新，光传送网、移动通信网、数据通信网等技术不断升级，促使网络通信基础设施加速构建，使得市场推陈出新的速度更快。

经过多年的发展，新浪、搜狐、网易、腾讯等商业网站已经形成各具特色的竞争模式。例如，新浪以平台广告、会员增值服务等为主要收入；搜狐、网易主要通过邮箱、游戏等产品营利；腾讯则通过社区、即时通信工具等绑定客户，增强用户黏性。随着营销渠道被垄断，企业之间逐渐拉开差距。我国互联网营销行业的发展历史虽不算悠久，但行业内企业数量较多，总体规模较大，市场竞争激烈，部分企业因先发优势已在行业内处于领头羊位置，具有独特的核心竞争优势。2024年10月，中国互联网协会发布了《中国互联网企业综合实力指数（2024）》报告，上海寻梦信息技术有限公司（旗下品牌：拼多多等）、北京抖音信息服务有限公司（旗下品牌：抖音、今日头条等）、蚂蚁科技集团股份有限公司（旗下品牌：支付宝、蚂蚁链等）、淘天有限公司（旗下品牌：淘宝、天猫等）、深圳市腾讯计算机系统有限公司（旗下品牌：微信、QQ、腾讯云等）位列榜单前五名。① 对于新进入者而言，如果没有差异化的技术优势，很难与这些领先企业展开竞争。

1.3.4 新营销人才匮乏

未来的营销人才应该是具备市场调研能力、掌握网络广告和搜索引擎营销方法、懂得营销型网站策划与落地、了解网络整合推广等的复合型人才。与火爆的网络营销市场形成鲜明对比的是，优秀网络营销人才的稀缺使得企业需求难以得到满足。造成网络营销人才匮乏的主要原因有三点：一是高校缺乏对网络营销人才的专业培养。由于网络营销属于新兴行业，因此专门设立相关专业的高校并不多，大多数高校只开设了相关课程。二是社会培训机构专业度较低。随着网络营销人才需求的缺口越来越大，很多社会培训机构纷纷开设网络营销培训班，但这些以赚取高额培训费为目的的"半路出家"型培训机构大都不够专业。三是企业不注重对网络营销人才的培养。很多企业虽然渴望网络营销人才，但大多依赖于从市场上招聘，而不愿意建立系统的人才培养

---

① 《中国互联网企业综合实力指数（2024）》报告正式发布[EB/OL].（2024-10-17）[2025-06-05]. https://www.isc.org.cn/article/22500319628488704.html.

与储备机制。

未来对营销人才的需求将大大增加，企业应注重对营销人才的培养，完善人才引进、培育、使用、合理流动的工作机制。营销人员应时时关注、学习并应用新技能，以满足时代对营销人才的要求，在提升能力的同时实现社会价值。

1.4　营销创新机遇

在这个挑战与机遇并存的时代，技术的创新与融合会让工具取代越来越多的机械性工作甚至智慧性工作。目前，网络营销工作越来越依赖技术，企业面临着来自内外部的颠覆和变革，网络营销从流量购买时代转为人群购买时代。因此，理论层面的营销创新显得很有必要，营销方式必须顺应时代与技术的发展，以实现多元化的场景营销。比如，基于大数据资源和技术的网络营销会更加精准有效，网络营销的未来不可限量。

1.4.1　基于技术实现精准营销

大数据、云计算和互联网等技术的发展，意味着万物互联的崛起，以人为中心的连接逻辑逐渐凸显，数字时代的品牌营销和传播方式正经历深刻变革。

精准营销通过现代信息技术手段对消费者行为数据进行采集、清洗、存储、挖掘分析，确定细分市场，得到用户画像，预测目标消费者的潜在消费需求，建立消费者数据库，再根据数据建模分析结果，将广告精准投放至目标消费者。现在是一个消费者充分掌握选择权的时代，当企业有能力通过大数据了解并接触消费者时，应制订以满足消费者需求为核心的营销方案。大数据时代的精准营销，真正贯彻了以消费者需求为导向的基本准则，这已成为企业提高利润的利器。精准营销具有以下特点：

第一，精准营销的时效性强。互联网技术的快速发展使信息的迭代加速，大众的消费行为、购买方式和消费欲望很容易在短时间内发生变化，当消费者有需求时，企业应及时对其开展营销活动。基于此，全球领先的大数据营销企业 AdTime 提出了一个全新的概念——时间营销策略，即企业通过技术手段了解消费者需求的变化，及时响应消费者的不同需求，保证其在决定购买的"黄金时间段"内可接收到相应的商品广告。

第二，精准营销可以实现个性化营销。互联网时代的营销理念已从"自我导向"

转为"受众导向"。以往的网络营销活动是以企业本身为导向，机械地选择浏览量大、知名度高的网站来投放营销信息。如今，大数据的出现可以让企业有效定位目标消费者群体、大量获取用户行为及偏好等数据，从而实现对消费者的个性化营销。

第三，对于企业而言，精准营销具有较高的性价比。传统营销模式下，广告多通过户外大屏、电视等媒介进行投放，侧重品牌曝光，难以实现有效的用户转化。精准营销可使企业的广告投放做到有的放矢，向符合品牌定位的用户投放广告，这样既可增加品牌曝光率，又能提高用户购买率。相较于传统的营销模式，精准营销能以更低的成本获得更高的收入，性价比极高。但企业要注意根据实时的营销效果反馈，及时对广告投放策略进行调整。

1.4.2　基于平台实现跨界营销

跨界营销是指根据不同行业、不同产品、不同偏好的消费者之间的共性和联系，将一些原本不相干的元素融合，使其互相渗透，进而彰显一种新的生活态度与审美方式，赢得目标消费者的好感，从而使跨界合作的品牌都能达到良好营销效果的营销思路。各种各样的移动终端正改变着社会生活的方方面面，短视频、海淘平台等新兴社交媒体或购物平台的出现，不断革新着用户的认知。上述平台提供了跨界营销的场景，品牌要积极利用这些平台和场景，开展有效的营销推广活动。

企业必须清晰地认识到这一现状，并根据消费者不断变化的特点，及时更新营销手段，占领网络平台这一营销主阵地。在抖音、微博等平台精准投放广告，是企业应考虑的跨界营销方式。在众多的社交媒体面前，企业要想达到令人满意的营销效果，须充分考虑各种环境因素，结合企业现状，选择适合本企业的营销渠道和手段，并且及时获取用户的反馈信息，掌握消费者动态。

1.4.3　基于程序实现内容营销

程序化营销指营销内容更加贴近消费者，可有效防止广告流量欺诈的营销方式。该类营销有助于打破数据孤岛，可做到精准、有效地识别每个消费者，精准预测不同消费者的不同需求。

程序化营销依托数据分析对消费者实现精准定向，从而对广告资源进行合理分配。相较于传统的广告代理模式，程序化营销省去了烦琐的谈判过程，基于数据分析进行广告投放，从而具有更精准、更高效的特点。程序化营销已成为数字营销行业最重要的发展趋势之一。

程序是"骨架"，内容是"肉"，只有两者结合才能让营销策略栩栩如生、有效可行。内容的选取至关重要。大数据时代，消费者处于信息接收超负荷的状态，他们接触到的信息远多于其愿意了解的信息。信息本身的价值密度越来越低，只有吸引用户注意力的信息，才是有用的信息。随着消费升级，消费者选择有限商品的时代已成为历史，将产品信息强推到消费者面前的传统营销模式逐渐失效，多数时候，缺少特点的产品信息会被消费者直接当成噪声过滤掉。因此，随着时代变迁，硬性广告逐渐没落，软性广告慢慢崛起。广告主要主动创造内容，吸引消费者关注，在消费者不断搜索、犹豫不决时给予必要信息。此外，传统媒体广告成本大幅上升，而企业自己创造内容的成本却在下降，内容营销越来越受到企业重视，不少企业增设了独立的内容营销岗位。但值得注意的是，爆款文案可遇而不可求，不应期待一夜成名，而应耐心耕耘。例如，著名汽车企业沃尔沃的广告语曾为"别赶路，去感受路"，这句话与"旅行的意义不在于目的地，而在于沿途的风景和看风景的心情"有着异曲同工之妙。赶路与感受路更是朗朗上口，更容易给消费者留下深刻印象。再如，近年因走心文案而深受年轻人喜爱的白酒品牌江小白，其文案大多贴近年轻人的心声，如"懂得越多，能懂你的就越少""离别纵有千种理由，相聚只需朋友的酒"等，可让年轻人借酒抒情。

根据最新数据，短视频平台凭借碎片化、沉浸式的特点，持续成为互联网用户获取信息和娱乐休闲的主要渠道。《中国网络视听发展研究报告（2025）》显示，截至2024年12月，我国短视频用户规模为10.40亿人，使用率达93.8%，连续6年保持网络视听应用细分领域第一。国内短视频市场长期由抖音和快手两大平台主导，截至2025年3月，抖音月活用户规模达到10.01亿，同比增长12.3%。快手月活用户规模达5.73亿，同比增长4.8%。此外，微信视频号发展迅猛，2024年日均活跃用户已超5亿，成为短视频领域的重要竞争者。2024年第一季度，微博月活用户已达5.88亿，短视频内容的互动率显著提升。与此同时，哔哩哔哩2024年第一季度月活用户达3.41亿，其"Story Mode"竖屏短视频功能贡献了超过30%的播放量，显示出短视频形态在传统长视频平台的渗透趋势。

作为用户规模较大的独立社交媒体，微博也将短视频营销列为战略重点。如何把广告做得不像广告，成为微博原生视频广告的主要营销思路。软性广告既可减少用户的抵触情绪，又可实现用户的自主二次传播，进而为品牌带来高曝光度。无打扰式的观看体验，让观众感受到了尊重，进而将这份尊重反馈给品牌。所以，微博原生视频广告在给品牌带来好口碑的同时，也增强了用户黏性，成为将流量变现的高效方式之一。虽然在用户转化方面，软性广告比硬性广告更有优势，但软性广告的前期制作难度远远高于硬性广告。软性广告讲究"润物细无声",即将产品恰当地融入故事或场景之中,不刻意凸显产品,而是让观众在故事或场景中了解该产品,进而将观众转化为购买者。其内容的设计及制作备受考验,不仅要表达产品本身的功能,更要传递其背后蕴含的价值观。因此,在新营销时代,内容营销将成为企业的立身之本。内容生产所耗费的财务成本可能在总成本中的占比不是最高的,但其在营销链条中所能产生的作用却是最大的。企业若想形成品牌壁垒,增强用户黏性,则应将营销工作的重点放在高质量内容的生产上,从而进行精准营销。

1.4.4 基于体验实现差异化营销

随着经济的发展,人们的消费观念在不断更新,以前人们在购物时一般仅考虑商品本身,现在则更多地关注服务体验。新的营销体系将是"技术+服务+产品+创意"的智慧营销,商品和服务的一体化程度不断提高。在移动互联时代,消费者不仅是产品购买者,还是信息传播者、"粉丝",更是产品设计研发的参与者。消费者掌握了更大的话语权,他们的体验、反馈和评价是企业在数字时代能否存续的关键。因此,企业应将用户诉求置于首位,尽可能地增强用户黏性、优化用户体验、明晰用户偏好,从而提升用户满意度。企业应不断进行营销创新,在营销策略中践行用户思维,使消费者更广泛地参与其中。

体验式营销以"顾客的体验"为导向,针对每位顾客制定差异化的营销策略。体验式营销使消费者在感官、情感及行动等方面进行沉浸式体验,这一过程贯穿了消费全流程。作为一种新型营销手段,体验式营销可以使消费者更直观地认识产品。具体而言,这种营销方式改变了传统营销模式,通过一系列线上、线下的互动活动,使消费者在体验中获得情感、行为上的满足,从而有效地为产品创造附加值。此时,产品并不仅仅是物品本身,更承载了优质服务与文化属性,与消费者形成情感联结。体验式营销使产品与服务结合起来,这不仅有助于完善消费者对产品及服务的认知,也有助于企业提高产品销量并树立良好的品牌形象。

1.4.5 基于智能终端实现移动营销

如今,企业越来越重视移动营销。第三方移动数据服务平台 TalkingData 发布的《2018 移动广告行业报告》显示,随着移动互联网整体朝健康稳定的方向发展,2018年移动广告行业同样保持稳健姿态,逐渐通过技术、数据等应用努力求变。广告主对于营销推广预算持积极乐观态度,其目标不再仅限于新客获取和老客运营,而转向平台多元化战略布局,加大对移动、OTT①以及线下渠道的投入。艾瑞咨询的数据显示,2021年我国移动广告规模已达8 360亿元人民币。

大数据时代,随着网络信息、自媒体原创内容的逐渐丰富及投放渠道的不断增多,对广告主而言,如何更精准地找到目标群体、输出优质内容,是值得深思的事情。对企业平台而言,不断增多的渠道会导致信息碎片化、分散化,虽然增加了投放费用,但也不可避免地面临转化率偏低、成本过高、失焦等问题,因此,有效结合移动端开展营销活动至关重要。以BAT②为例,三家巨头早已对营销平台有所布局。百度利用百度联盟进行广告推广,阿里巴巴打造数字营销平台阿里妈妈,腾讯则通过腾讯广告连接广告主与创作者。而据媒体披露,近年来成长迅速的字节跳动,2021年广告收入达2 500亿元。字节跳动的逆袭在于其成功的移动营销方式。字节跳动利用大数据分析对用户进行精准分类和标签化,根据用户的年龄、地区进行精准广告投放,其智能推荐算法基于用户的兴趣爱好,为其推荐感兴趣的内容,提高内容资讯的点击率和阅读完成率。

随着数字经济时代的到来,数字营销也面临着前所未有的挑战。2016年9月,二十国集团(G20)领导人杭州峰会通过的《二十国集团数字经济发展与合作倡议》定义了数字经济:数字经济是指以使用数字化的知识和信息作为关键生产要素、以现代信息网络作为重要载体、以信息通信技术的有效使用作为效率提升和经济结构优化的重要推动力的一系列经济活动。

数字经济是信息科技与实体经济深度融合的全新经济形态,激发了数据资源的爆发式、指数化增长及分析应用水平的持续提升,促进了大数据、云计算、物联网、人工智能、VR等新兴技术的迅猛发展及与营销领域的深度融合。

课后思考题

1. 简述营销创新在当前市场竞争中的重要性,并结合实际案例分析其对企业发展的影响。

2. 简述6G技术、人工智能、VR和大数据等在营销创新中的作用,并结合实际案例进行分析。

3. 针对传统企业在营销创新过程中可能面临的挑战(如信息安全存隐患、技术升级致垄断等),提出相应的解决方案。

---

① OTT是"Over The Top"的缩写,是指通过互联网向用户提供各种应用服务。

② 指百度、阿里巴巴、腾讯三家互联网企业。

第 2 章
新营销模式：智慧营销

教学背景

"智慧"这一概念在推动科技进步、提升社会治理水平、优化决策的过程中具有重要意义。"智慧营销"是以大数据、云计算、人工智能等新一代信息技术为驱动，以消费者需求为导向，以提供个性化、精准化的服务为目标的营销模式。智慧营销的发展得益于我国在科技创新方面的突破。近年来，我国政府大力支持科技创新，鼓励企业投入研发，推动产业升级，使我国在人工智能、大数据等领域取得了世界领先的成果。对智慧营销的重视，体现出我国实施创新驱动发展战略的重大部署，对市场经济规律的尊重，以及对企业在市场竞争中发挥作用的支持。在实际工作中，政府也积极推动企业营销模式创新，通过政策引导、资金支持等方式，鼓励企业探索和实践新的营销模式，以适应市场经济的发展需求。因此，关注智慧营销是推动经济社会发展，提升企业竞争力，满足人民群众日益增长的物质文化需要的重要前提。

框架及知识点

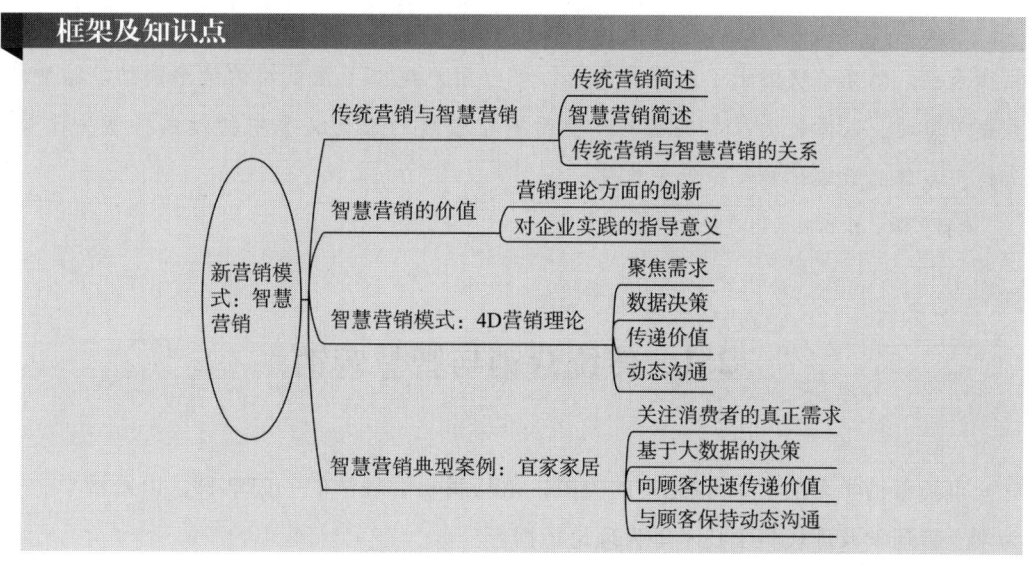

耐克智能营销的创新实践

作为全球领先的运动品牌,耐克始终将技术创新与消费者洞察作为品牌发展的核心驱动力。在数字化转型浪潮中,耐克通过智能营销技术成功建立起以用户体验为中心的数字化生态系统,为行业树立了标杆。

耐克的智能营销体系建立在数据驱动的个性化服务基础上。其自主研发的 Nike Run Club 和 Nike Training Club App,通过人工智能算法分析用户的运动数据,为每个用户提供定制化的训练方案。例如,系统会根据用户的跑步频率、配速和心率等数据,动态调整训练计划,并智能推荐符合其运动特点的产品。这种基于数据分析的个性化服务不仅提升了用户体验,更显著增强了用户黏性。数据显示,使用这些 App 的用户,复购率提升了 35%。

在产品智能化方面,耐克率先将物联网技术应用于运动装备。其推出的 Adapt BB 智能跑鞋搭载了先进的传感器系统,能够实时监测用户的步态特征和运动数据,并通过蓝牙同步至移动终端。这些数据不仅能帮助用户优化运动表现,更为耐克的产品研发提供了宝贵的一线数据支持。据统计,通过 Adapt BB 收集的用户数据使产品迭代效率提升了 40%。

在数字营销领域,耐克运用人工智能技术实现了精准的内容投放。其通过分析用户在社交平台的行为数据,为不同人群定制差异化的广告内容。例如,针对篮球爱好者推送球星故事,为跑步爱好者提供训练技巧,等等。这种精细化运营使得耐克的广告转化率显著提升,同时也大幅降低了获客成本。

耐克智能营销的成功关键在于将技术创新与品牌文化完美融合。通过构建数字化生态系统,耐克不仅强化了品牌影响力,更与用户建立了深层次的情感联结。这种以数据为驱动、以体验为核心的战略,使耐克在激烈的市场竞争中持续保持领先优势,为传统品牌的数字化转型提供了典范。

资料来源:作者根据相关资料整理。

2.1 传统营销与智慧营销

市场营销学诞生于 20 世纪初的美国,是从属于管理学的一门学科,以经济学、行为学、管理学及现代科学技术等为理论依据。

市场指买卖双方实现商品交换的场所,是交换关系的总和,是商品供给者及需求者的统一体。在计算市场容量时,不仅应考虑已有的供给者、需求者,还应考虑潜在的供求关系。

市场由人口、购买力及购买欲望构成。人口是市场的基本要素,其决定了市场的规模和容量。购买力是市场的物质基础,其取决于消费者的可支配收入,并决定了消费者愿意为购买该商品或服务所支出的货币金额。购买欲望是由消费者生理或心理需求引发的购买某商品或服务的欲望、动机或愿望。三者结合起来即一个完整的市场,如图2-1所示。

图2-1 市场的构成

市场营销是指以满足人类各种需要和欲望为目的,通过市场将"潜在交换变为现实交换"的一系列活动和过程。[①] 作为企业的管理活动之一,市场营销的核心在于实现交换。市场瞬息万变,消费者的观念也在不断变化,企业应及时洞察消费者的改变,并以满足消费者需求为出发点来开展市场营销工作。市场营销的具体概念及其所涵盖的实践范畴随时代和市场而变,故企业营销人员不应固守概念,而应关注市场,关注消费者。

市场营销学自诞生以来,经历了萌芽期、规范期、迅速发展期及再次重构期等阶段,国外学者历经多年的研究已形成了大量的理论,并广泛应用于各行各业。相较于国外,我国市场营销学起步较晚,直到20世纪80年代前后才开始引进相关理论并进行研究。但我国的市场营销理论研究发展较快,形成了不少高质量的理论,本书详细阐述的4D营销理论便是其中之一。

---

① 郭国庆,刘凤军,王晓东. 市场营销理论[M]. 北京:中国人民大学出版社,1999.

2.1.1 传统营销简述

传统营销以单向输出、扩散式获取、多层级销售为策略，具有营销效果反馈周期长、用户黏性弱等特点。随着市场竞争加剧和消费者需求升级，企业逐渐意识到传统营销模式的局限性，开始探索更高效的营销策略，由此推动了市场营销管理哲学的演变。市场营销管理哲学指企业在市场营销活动中处理企业自身、消费者和社会三方利益的态度、思想和观念。随着市场的变化，市场营销管理哲学发展至今大致经历了三个阶段，产生了几种不同的理念。

第一阶段是1920年至第二次世界大战末期的"生产观念"时代。"生产观念"时代以产定销，即企业生产什么，消费者就买什么。尤其是在大萧条之前的时代，企业信奉萨伊定律，认为"供给会自行创造需求"，因此经济中不可能存在生产过剩的情况。这一阶段企业的重心是增产，无须进行市场营销，因为只要产品生产出来，消费者自然有购买的需求。

第二阶段是20世纪50年代的"产品观念"时代，即消费者开始基于自己的喜好挑选产品，不再是企业卖什么就买什么。相应地，市场上出现大量的同质化产品，企业再也无法轻易地获得高销量，便产生了"推销"，这是卖方市场向买方市场转化的体现。以消费者对产品的需求为核心的市场营销观念开始被广泛引用，旧时的"以产定销"转为"以销定产"，即什么商品便于售卖，就生产什么商品。这是市场营销管理哲学的一次根本性变革。

第三阶段，企业为了提升购买转化率，对营销的精准度越发关心，不断加强对顾客信息的获取，从而产生了"客户观念"。在这一观念的指导下，企业不仅需要获取顾客的交易信息，还希望获取其心理活动、媒体使用习惯、分销渠道偏好等信息，并确定不同的顾客终身价值（Customer Lifetime Value，CLV），以便开展精准营销。20世纪70年代后，由于美国市场环境的改变，市场营销理论从原有的企业、消费者双主体形式演变为企业、消费者、社会三主体形式，指出市场营销应注重企业收益、消费者满意度及社会利益。这是市场营销管理哲学的又一次变革，企业具有了一定的社会责任感，不再只专注于自身的利益。该观念被视为现代营销观念，并一直沿用至今。例如，众所周知的4P模型、4C[①]模型以及4R[②]模型都源于现代营销观念的发展。

---

① 4C指的是Consumer(顾客)、Cost(成本)、Convenience(便利)、Communication(沟通)。
② 4R指的是Relevance(关联)、Reaction(反应)、Relationship(关系)、Reward(回报)。

2.1.2 智慧营销简述

智慧营销是在传统营销模式面临多重挑战的大背景下提出来的,通过人的创造性、创新力及创意智慧,将大数据、物联网、区块链、VR等新技术融合应用于营销领域的新思维、新理念、新方法和新工具,其本质是运用新兴科技手段提升营销的精准度和转化率。

智慧营销一方面强调人脑与电脑、创意与技术、企业文化与企业业务、感性与理性的结合;另一方面构建以人为核心、以信息技术为基础、以营销为目的、以创意创新为驱动、以内容为依托的个性化营销体系,实现品牌与实效结合、虚拟与现实融合的数字化商业创新与精准化营销传播。

智慧营销主要有两大特征:

第一,平台间、场景间、虚拟与现实的边界正在被打破,甚至消失。首先,不同类型平台的边界逐渐消失。过去,不同的平台提供不同的服务,满足用户的不同需求,而当下,互联网作为核心平台提供了完善的基础设施,并通过生态协同实现平台服务边界的消融与价值重构,传统平台的定义被打破。其次,不同场景的边界逐渐消失。一方面,用户的线上使用场景更加多元化,用户不需要在某一特定场景下使用特定的互联网服务,而是可以在多元场景下自由切换;另一方面,互联网不断向线下渗透,线上和线下的场景边界也更加模糊。最后,虚拟与现实的边界逐渐消失。目前,虚拟与现实的界限仍然明显,尽管已经有了大量VR/AR的应用,但仍停留在初级阶段。随着技术的发展和全面智能感知时代的到来,更多的互联网营销机会将被创造出来。

第二,市场营销经过多年的发展,智能融合成为主流,新技术、新形式带来新体验、新场景。技术上,数据和算法应用更为成熟,广告投放更为智能;体验上,新颖有趣的广告带给消费者更有价值的体验;形式上,营销手段日益丰富,图文、视频及互动广告等多种形式呈现智能融合的趋势;场景上,以VR、AR、OTT为代表的新兴广告技术更广泛地融入消费者的多元生活场景中。

2.1.3 传统营销与智慧营销的关系

新一代信息技术与传统营销深度融合,既提升了传统营销效率,又为数字经济时代的营销智慧化转型提供了强大的科技基础,新技术驱动着营销各个环节的升级和转变。与传统营销相比,智慧营销通过流程优化,实现了端到端的闭环运营。通过大数据、人工智能等技术对营销产业的不断渗透,智慧营销在用户分析、内容创作、广告投放及效果监测四个环节加入了用户筛选和渠道选择，为不同的消费者群体打造定制化内容，并在获得效果监测结果后及时调整投放策略，形成快速响应的模式，有效改善营销效果，提高营销效率。而随着新技术在营销各环节应用的不断深化，各个环节之间的有机协同性也将不断提高，营销效率在传统营销和智慧营销的基础上还有很大的提升空间。

在移动互联时代，传统营销模式的核心要素正经历系统性重构，最终实现从量变到质变的革新。第一个质变，传统营销的本质是以产品为中心，而智慧营销的本质是沟通，是以人为核心的。第二个质变，传统营销注重的是规模效益，卖得越多越好，而智慧营销强调的是社群经济，即将产品卖给对的人，而不是所有人，不求大而全，但求小而美。第三个质变，在传统营销体系中，消费者只能使用和消费产品，而在移动互联时代，消费者个体的智慧得到发挥，其"创造和分享"的能力得以无限释放。

传统的 4P、4C、4R 营销理论建立起的体系并没有坍塌，也没有过时，只是在移动互联时代，在互联网的影响下，人们的信息沟通认知和沟通行为逐渐改变，例如，媒体的多元化，信息的碎片化，活动的社群化，行为的网络化、社交化及视频化。相对于传统营销时代，移动互联时代信息的不对称状态被逐渐打破，消费者的话语权在回归，消费意识在觉醒。传统营销模式被互联网思维逐步颠覆。首先，企业的信息化经营已从蓝海时期最基本的财务信息化初级阶段，进入如今超级红海时期的全域营销数字化阶段。其次，电子商务兴起，传统营销模式原有的销售渠道受到严重冲击，企业销售渠道呈现多样化。最后，虽然商业的本质并没有发生变化，但在时代巨变的背景下，商业重心发生了剧变。在移动互联时代，企业营销实践的核心在于深入理解并满足消费者需求。随着移动网络的普及，信息不对称现象显著减少，消费者主权时代已然到来。这一转变要求企业通过更高效、更便捷的方式建立与消费者的紧密联系，其关键在于准确把握消费者的行为习惯和偏好，这已成为现代企业商业策略的重心。

2.2 智慧营销的价值

随着移动互联时代的到来，企业所处的营销环境正发生前所未有的巨变。移动互联技术的发展及应用，改变了消费者的行为，催生了一大批以全天候在线、多渠道运用和高度个性化为特征的新消费者群体。面对这种全新的市场环境，如何应对移动互联时代的机遇与挑战，成为许多企业共同面临的难题。

随着 5G 时代的到来，智慧营销将迎来更广阔的发展空间。新意互动的前联席总裁姚东曾表示，在移动智能营销领域，目前没有国家能够超过我国的发展速度。5G 的落地，意味着我们的每一个营销触点、每一个硬件设备都会成为内容传播的输入口和输出口，也会成为采集用户行为数据的工具。而这些行为数据经过建模迭代、持续优化，以及各种定量分析，最终能够助力营销效率进一步提升。

2.2.1 营销理论方面的创新

新技术融合下的智慧营销不仅实现了数据的高效采集、打通和分析，更通过实际营销场景，实现了对消费者和业务的精准洞察，以及资源的精准匹配与价值的高效转化。将企业在触达目标消费者过程中产生的多元数据转变为新的生产力，通过技术赋能，形成有预见性的营销策略，从而建立实时交互的智慧营销体系，将成为企业把握时代机遇的重要战略。本书紧跟时代脉搏，针对传统企业在移动互联时代普遍面临的营销成本高、行业边界不清晰和渠道体系混乱等三大挑战，提出了 4D 营销理论，为企业转型提供了清晰的视野和逻辑。该理论针对移动互联时代的特征及新型消费的特点，详细描述了传统企业面临的困境，结合一些领先企业营销变革的实践，构建了以消费者需求为核心，以数据为决策基础，以价值传递为手段，以动态沟通为保障的转型范式。

2.2.2 对企业实践的指导意义

在移动互联时代，不少消费品行业显现出快速发展的态势，这种快速发展使消费者的观念也在不断改变，企业营销策略应紧跟消费者观念的变化，不断进行变革。

20 世纪 90 年代，一部板砖般的"大哥大"手机需花费上万元，对于当时人均月收入仅百余元的中国市场而言，这绝对是一种奢侈品。但如今，手机已从耐用消费品逐渐转变为"快消品"。Strategy Analytics[①] 的报告显示，苹果手机用户的换机周期为 18 个月，三星手机用户则为 16.5 个月。一个设计亮点或一个新增功能均可能触发用户的换新动机。5G 技术的正式商业落地在 2020—2021 年引发了 5G 手机购买热潮。"科技快消化"的背后，体现了消费者对高科技产品的尝鲜需求，以及对产品体验的重视。企业应把握住消费者的"弄潮"心理，将产品玩出花样。不少小家电企业就把握住了这种心理，在传统家电中融入"黑科技"，收获了一批愿为尝鲜付出产品溢价的用户。如英国创新科技企业戴森，其吹风机采用无扇叶式的轻奢设计，赢得了大量都市女性

---

① Strategy Analytics 是全球著名的信息技术、通信行业和消费科技市场研究机构。

的心,引发了产品在中国市场的热销。2017年,戴森的系列产品在中国市场的销量增速高达159%,将其创始人詹姆斯·戴森推上了英国首富的宝座。2021年上半年中国吹风机市场零售数据显示,戴森HD03款吹风机以36.8%的份额高居市场首位。

人们对产品的需求日益越多样化,同时希望购买产品的渠道和方式更简洁高效。"618""双十一"等各种节日大促不断打出价格战,店家优惠、平台优惠及各种平行折扣所带来的数学计算题令消费者身心俱疲。有些电商平台注意到用户购买意愿降低,便将竞争焦点从价格转向产品品质、营销等方面。例如,京东的品牌理念从"多快好省"转变为"只为品质生活",再转变为"不负每一份热爱",天猫将宣传语从"上天猫就够了"转变为"理想生活上天猫"。此外,淘宝、网易等电商均推出了自有的"严选"平台,以传达平台对品质的重视。此外,平台为提高销量,推出了分期付款方式。这种方式类似于信用卡,相较于信用卡较高的开卡门槛,分期付款的流程更加便捷、受众范围更广。一些年轻人虽有超前的消费意识,但却不满足信用卡申请资质,而"购物平台金融化"恰恰解决了他们的痛点。

此外,在具有高频刚需的衣食住行等领域,消费者行为也发生了质的变化。比如,从服饰方面来看,运费险的出现使人们愿意网购衣服回家试穿,将不喜欢的退掉,从而减少了在实体店试衣服的排队等待时间;从饮食方面来看,人们愿意为喜茶、鲍师傅等"网红食品"付出品牌溢价,不论是30分钟排队的时间成本还是30元的高昂定价,消费者都会出于好奇心而心甘情愿地买单;从居住方面来看,民宿等共享经济将私有资源共享化,一个人的住所不再仅仅是个人的小天地,还可作为非标准住宿商品,满足旅客对新鲜感的追求;从出行方面来看,共享模式精准匹配了供需两端,提高了双方的效率,乘客愿意为减少打车的等待时间付出溢价,司机愿意为减少空载时间接受价格调整,平台有了用户黏性,并可获得稳定的收入。

在2017年12月召开的第四届世界互联网大会上,马云曾说:未必每家企业都要转型,但是每家企业都要升级,因为未来变了,市场变了,规模变了,所以不变是不可能的事情。阿里巴巴就曾经历了无数次痛苦的转型,因此今天的阿里巴巴绝不是曾经的阿里巴巴。

总之,企业要转型,首先就要对消费者需求进行深入研究。依据消费者的需求和期望进行产品或服务创新;基于大数据手段对用户行为数据进行分析、预测;脱繁向简、高效向消费者传递价值;与消费者保持动态沟通,积极地对消费者的问题作出响应,只有这样,企业才能在移动互联时代实现可持续发展。

2.3　智慧营销模式：4D 营销理论

1984 年，美国营销专家尼尔·博登（Neil Borden）提出了市场营销组合的概念，即市场营销人员综合运用并优化组合多种可控因素，以达到其营销目的的总称。[①] 随着时代的发展，市场营销理论经历了 4P、4C、4R 到 4D 的发展历程。其中，最经典的 4P 营销理论由营销学大师杰罗姆·麦卡锡（Jerome McCarthy）于 20 世纪 50 年代末提出，并由科特勒发展为营销经典理论。该理论认为完整的市场营销活动应当是将商品或服务以合理的价格、通过恰当的渠道和促销手段，投放至指定市场的行为过程。

1990 年，罗伯特·劳特朋（Robert Lauterborn）等营销学者针对 4P 营销理论存在的问题，从消费者需求的角度出发重构了市场营销理论，提出了与 4P 营销理论相对应的 4C 营销理论，即将市场营销过程概括为消费者（Consumer）、消费者愿意付出的成本（Cost）、购买商品的便利（Convenience）和企业与消费者之间的沟通（Communication）。该理论强调企业应以消费者和市场为中心，而非以企业自身为中心。

1996 年，美国著名学者唐·舒尔茨（Don Schultz）顺应营销实践的发展提出了基于关系营销的 4R 营销理论。该理论以市场竞争为导向，着眼于企业与顾客的合作共赢，认为企业应主动为大众创造需求、提供价值，方可获得理想的回报。4R 营销理论重新阐释了市场营销活动的四个要素：紧密联系消费者（Relevance）、提高对市场及消费者变化的反应速度（Reaction）、重视与消费者的互动关系（Relationship），以及获得回报（Reward）。

可见，市场营销理论随着时代的变化而变化，从以产品为中心转变为以人为核心；从注重规模经济转变为重视社群经济，力求小而美；消费者从被动地使用商品转变为主动参与商品的创造与分享。但这并不意味着经典的营销理论体系已经失效，它们仍对今日的营销实践有着巨大影响。只是在移动互联时代，人们的认知与行为变化加速，信息不对称状态逐渐被打破，从而使消费者获得了更大的话语权。不可否认的是，互联网思维对传统的营销体系提出了挑战，但万变不离其宗，企业管理者应顺应时代潮流，在传统营销管理理念的基础上进行有针对性的变革，寻求新发展。

企业数字化转型的首要阶段，应是从财务信息化向数据化立体营销的升级。另外，

---

① BORDEN N H. The concept of the marketing mix[J]. Journal of advertising research, 1984, 2: 7−12.

电子商务的兴起使产品营销的渠道逐渐多样化，企业应紧跟时代发展，丰富营销方式。当下，虽然商业的重心有所变化，但其本质并未改变。商业重心的变化，大多是因为企业和消费者之间的信息鸿沟被缩小，信息不对称问题得到缓解，使得企业与消费者的距离越来越近，从而使企业逐步以消费者为核心，关注与消费者的接触点以及消费者的需求、消费习惯、消费场景等，拓展营销模式的内涵与边界，构建新消费者模型，如图2-2所示。

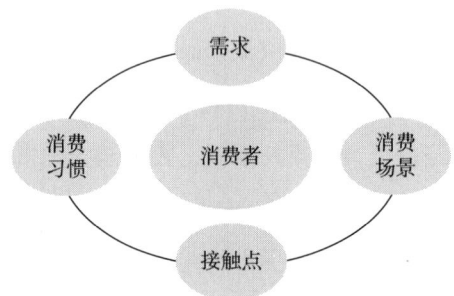

图2-2 互联网思维下的新消费者模型

企业的商业模式和营销模式是不断发展的，互联网的出现改变了企业的商业模式，互联网思维也对传统营销模式提出了挑战，这意味着传统的理论体系已经不适应新时代的发展。在移动互联时代，技术应用、消费模式、消费者思维均发生了重大转变，本书通过对传统营销理论的探讨和对移动互联时代的敏锐洞察，提出了以消费者需求为基础，以互联网思维为灵魂的4D营销理论，该模型涵盖了四个关键要素：需求、数据、传递、动态，如图2-3所示。

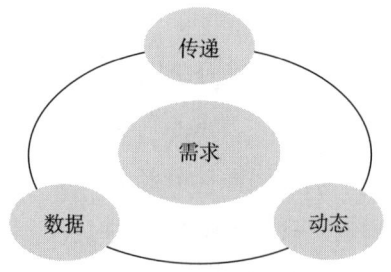

图2-3 4D智慧营销模型

需求：企业在了解了消费者的具体需求后，不仅要对满足消费者需求的产品或服务进行重点推广，还要用超出消费者预期的方式来满足这些需求。

数据：在互联网普及的当下，大数据及云计算技术使得网民的网络行为能够被追踪、分析等，而这些数据是海量的，也是不断变化的，企业的营销部门或第三方服务机构可以借助这些数据为企业提供营销咨询、策略优化和广告精准投放等方面的服务。

传递：企业在进行营销策略选择时，应优先考虑如何将产品的各项价值——由产品的功能、特性、品质、品种式样、品牌等所产生的价值——更加高效地传递给客户，而非只考虑企业自身生产、销售的方便程度。

动态：随着新技术的兴起，尤其是社交网络的出现，企业与消费者的沟通已经不再是一对一、点对点的静态机制，而是演变成多对多、立体化的动态沟通机制。

2.3.1 聚焦需求

作为市场营销理论的研究基础，人们对需求的认识历经了产品本位、消费者本位到聚焦消费者需求的演变过程。

产品本位是指从企业角度出发，以产品为导向，关注效用、外观、包装和规格等基本产品要素。产品本位策略产生于短缺经济时代，那时产品种类少，消费者没有选择的余地。因而不论企业推出何种产品，向消费者宣传何种产品，均易被消费者接受。通俗地讲，产品本位策略即"消费者请注意"。

消费者本位是指将企业产品或服务的研发和交付与目标消费人群当前及未来的需求挂钩，尽可能提高消费者的长期经济价值。消费者本位策略的本质就是本书多次详述的"以消费者为中心"理念，即"请注意消费者"。

聚焦消费者需求是指收集、整理和分析消费者信息，从而了解、预测并创造消费者需求，即"我了解消费者"。当前，购买的决定权掌握在消费者手中，消费者会持续评估自身的购买力与需求变化，从而动态调整消费行为。企业若想迎合消费者，就必须追踪并适应其需求的变化。如果企业真正了解目标消费者，就能及时调整营销活动所传达的信息，改变所提供的产品或触达消费者的渠道。

2.3.2 数据决策

在移动互联时代，人们时刻沉浸在网络之中，从而使得大量的数据被网络记录，形成企业重点关注和分析的行为数据，如地理位置、交易记录、搜索记录等。这些数据维度众多，且在不断更新变化，为分析用户行为和特征提供了充足的资源。例如，作为领先的企业服务商，用友集团通过多渠道获取客户信息，并进行多维度分析，如图2-4所示。若缺乏精确且具有前瞻性的数据分析作为支撑，企业的管理方案制定、经营模式创新、成本优化等诸多决策就将失去科学依据。

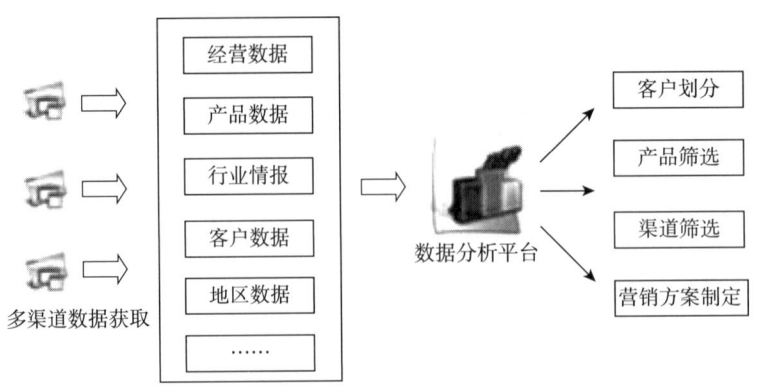

图 2-4 用友集团数据分析流程

(资料来源：作者根据用友集团相关资料整理。)

大数据技术的发展，使传统商业模式正潜移默化地发生着变化。随着社交网络的全球化，"数据大爆炸"正逐步改写营销规则。例如，社交网络的实名制使企业注意到了"人际关系链"，在现实中互相认识的人之间有着基本的信任关系，企业可以利用这一点大大提升营销转化率。换句话说，社交网络的营销价值类似于品牌口碑效应，但互联网的出现使得"口口相传"变得更加容易，使这种高转化率的传统营销方式不再仅限于线下场合。企业应合理使用这种高效的营销方式，将用户交易数据与交互数据相结合，以验证该方法的适用性。

大数据已成为当前营销实践和理论研究的焦点，在营销管理、品牌管理、活动管理、客户关系管理等领域逐渐得到应用，并积累了丰富的实践案例，如图2-5所示。

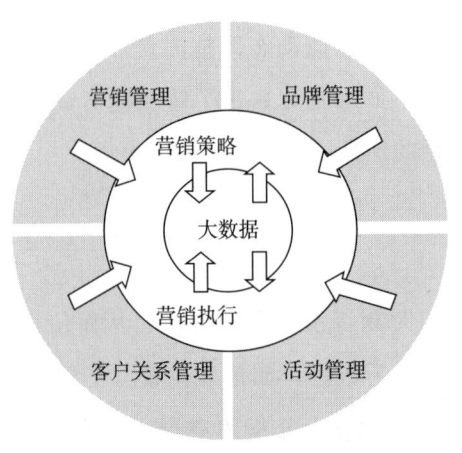

图 2-5 大数据营销应用实践

(资料来源：秒针系统. 大数据解读下的数字化营销 [EB/OL]. (2013-05-22) [2024-10-31]. https://www.doc88.com/p-3773900405691.html.)

2.3.3 传递价值

营销活动传递方式的选择标准经历了由渠道原则、便利原则到价值传递原则的变化。渠道原则注重分销渠道的扩张,希望消费者可以在更多的场景接触并了解产品,但并未考虑消费者的购买习惯。便利原则在渠道原则的基础上增加了对服务环节的考量,如重视顾客的购后信息反馈,及时处理问题商品等。该原则虽然考虑了顾客的留存,希望提高顾客的品牌忠诚度,但并未考虑"拉新",即新顾客的获取。

在移动互联时代,营销渠道向"移动化"升级,消费者触网率越来越高,在网络上留下的行为数据越来越多,企业应对相关数据进行分析,预测消费者的关注点,把握住每个触达并吸引消费者的机会。若想快速促成交易,企业需利用恰当的营销手段传达有价值的信息,并确保消费者能够感知到这些价值。以 O2O[①] 模式为例,价值传递原则希望企业在零售商品的"五流"(客流、商品流、信息流、资金流和物流)中,积极传递有效的、正向的产品价值信息。在传递信息时,应注重传递消费者感兴趣且有助于消费者判断是否应购买该产品的信息,如产品的功能、品质、价值等,同时鼓励消费者通过购后反馈或其他方式表达对产品的建议与意见,从而参与到产品的核心运作过程中。消费者参与的环节越多,产品的用户属性就越强,产品就越符合市场需求。

2.3.4 动态沟通

在 4P 营销理论中,促销是指企业利用各种信息载体向目标市场进行价值传递的活动,包括线上广告、线下地推等方式。在由 4P 营销理论向 4C 营销理论演变的过程中,促销这一概念演变为以消费者为核心的沟通。4C 营销理论认为,企业促销活动的目的是在企业和消费者之间建立良好的沟通机制,从而维护好企业与消费者之间的关系。而科技进步使得沟通已经不再是企业与消费者之间一对一、点对点的静态沟通,而是动态多点沟通,即多对多、立体化的动态沟通。

根据美国营销专家安东尼·梅菲尔德(Antony Mayfield)的定义:社交网络是一种新型的在线媒体,给予了用户极大的创作空间,让用户能通过网络充分表达自己的观点。[②] 中国学者史亚光、袁毅根据社交网络理论,总结出了如图 2-6 所示的社交网络传播模式,描述了信息在社交网络上的传播过程。[③]

---

① 即 Online to Offline,是指将线下的商务机会与互联网结合,让互联网成为线下交易的平台。
② MAYFIELD A. What is social media[M/OL]. London: icrossing,(2008-01-08)[2024-10-31]. http://crmxchange.com/uploadedFiles/White_Papers/PDF/What_is_Social_Media_iCrossing_ebook.pdf.
③ 史亚光,袁毅. 基于社交网络的信息传播模式探微[J]. 图书馆论坛,2009(6):220-223.

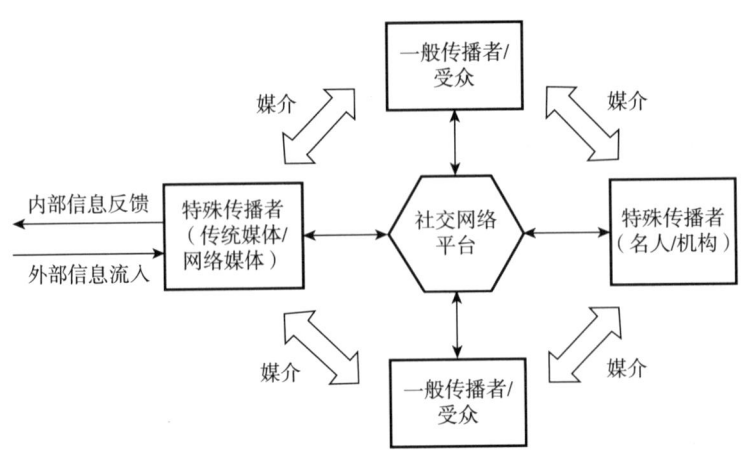

图 2-6　社交网络传播模式

德国学者索斯藤·亨尼希-图劳（Thorsten Hennig-Thurau）等的研究指出，随着互联网的逐渐普及，用户可以通过评价类网络平台与其他用户分享其对于产品、服务和体验的看法，从而形成网络口碑。[①] 美国学者罗伯特·欣德勒（Robert Schindler）和巴巴拉·比卡特（Barbara Bickart）研究了网络口碑对于用户决策的影响，发现网络口碑会通过消除不一致认知等手段，帮助用户决定购买何种商品。[②] 口碑营销可以低成本快速传播、触达用户，同时，类似于软性广告的方式会减少用户的抵触情绪。一些评价类网络平台，不仅为用户提供了表达观点的机会，更为商家带来了机遇，促使商家充分运用网络口碑进行营销。企业不仅可以从网络上获取用户对于产品的实时评价，还可以自己写软文，对产品进行营销宣传，把握网络口碑的实时动向。

中国学者杨学成和钱明辉的研究说明了网络口碑对于用户决策过程的影响，如图 2-7 所示。[③]

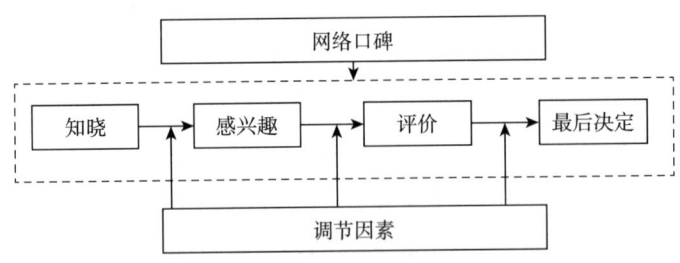

图 2-7　网络口碑对用户决策过程的影响

---

① THORSTEN H T. Konsumentenverhalten im internet: konzepte, erfahrungen, methoden[M]. Wiesbaden: Gabler, 2004: 171-193.

② SCHINDLER R M, BICKART B. Published word of mouth: referable, consumer-generated information on the internet[M]//CURTIS P H, et al. Online consumer psychology: understanding and influencing consumer behavior in the virtual world. NY: Psychology Press, 2005: 35-62.

③ 杨学成, 钱明辉. 网上口碑对消费者决策的影响及启示[J]. 当代经济管理, 2006(3): 27-31.

中国学者夏雨禾的研究表明,绝大部分的微博互动属于群体性互动,主要有三种扩散模式:链状、环状和树状,其中,微博互动的链状模式如图 2-8 所示。①

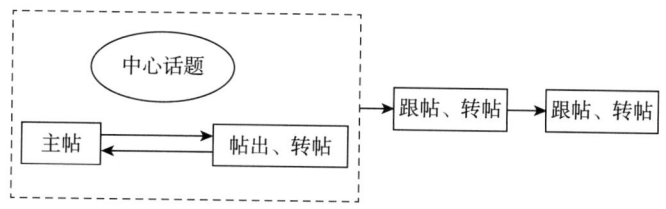

图 2-8 微博互动的链状模式

随着消费者对社交网络等新兴平台的频繁使用,消费者对于品牌的感知和购买决策在很大程度上受到网络和社交媒体的影响。同时,企业在与目标消费者沟通时,需重视 KOL②的影响力。企业与消费者的沟通方式应从一对一转变为动态多点传播的方式,如图 2-9 所示,通过线上线下营销闭环实现多渠道整合传播,通过 KOL 等有影响力的人群实现病毒式口碑传播,做到实时响应、全面覆盖。

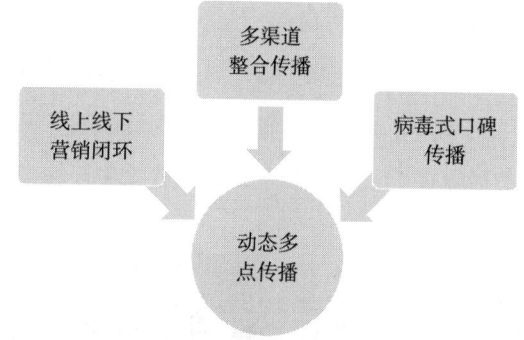

图 2-9 动态多点传播方式

在营销经典理论模型的基础上,综合以上论述,本书构建了一个新的营销理论——4D 营销理论,其演变过程如图 2-10 所示。

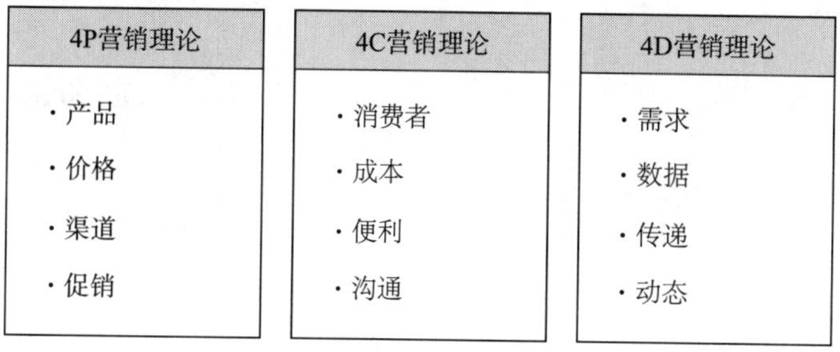

4P营销理论	4C营销理论	4D营销理论
·产品	·消费者	·需求
·价格	·成本	·数据
·渠道	·便利	·传递
·促销	·沟通	·动态

图 2-10 4D 营销理论模型演变过程

---

① 夏雨禾. 微博互动的结构与机制:基于对新浪微博的实证研究[J]. 新闻与传播研究,2010(4):60-69.
② 全称为 Key Opinion Leader,意思是关键意见领袖。

2.4 智慧营销典型案例：宜家家居[①]

智慧营销模式使宜家家居（以下简称"宜家"）在互联网经济盛行的今天仍然能够保持高速增长，它在全球拥有超过 400 家门店，常年雄踞家居行业第一的位置。作为消费者，置身宜家总能获得家一般的感觉。宜家对自己的评价是"我们是价值驱动型公司，对居家生活满怀热情。我们打造的每款产品，都体现了我们创造更美好的居家生活的理念"。

2.4.1 关注消费者的真正需求

互联网时代营销的关键在于把握消费者的需求。宜家对消费者需求的解读体现在其产品、实体店环境、员工服务等方方面面。

2023 年 12 月，宜家发布了《2023 居家生活报告》。该报告基于其 2014 至 2023 年间对全球 40 个国家/地区 25 万人的调研，通过定量研究、深度访谈和专家咨询等多种方法，系统分析了世界各地消费者的居家需求，旨在探索如何打造更美好的家居生活（见图 2-11）。

图 2-11 宜家十年消费者调研发现

通过调研分析，宜家总结了消费者居家生活的八项重要需求，将其分为四类，分别是日常基本需求（掌控感、舒适感、安全感）、定期的联系（呵护感、归属感）、富

---

① 作者根据宜家官网的资料等整理。

有意义的时刻（愉悦感、成就感）和未来规划（期待感），并对每一项需求的重要性赋分（见图 2-12）。

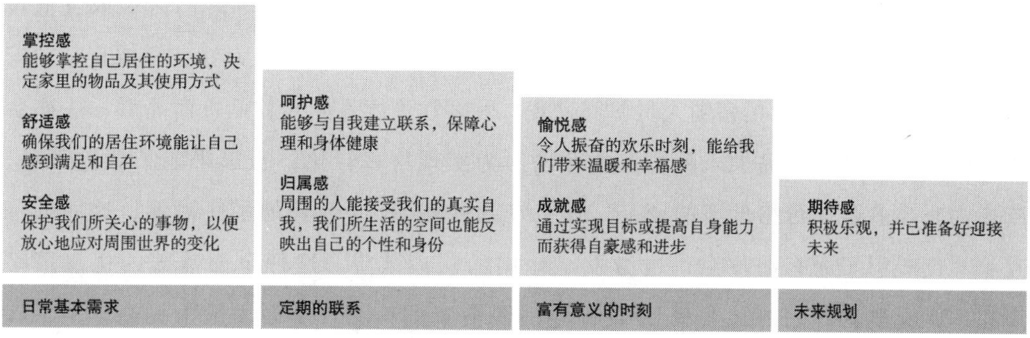

图 2-12 宜家关于消费者居家生活的八项重要需求

在对消费者的八项需求进行分析的基础上，宜家基于全球的消费者调研数据，进一步提出 2023 年有三大矛盾阻碍了消费者通过满足八项需求来获得更美好的居家生活，分别是"多做"和"少做"之间的矛盾、"共处"和"隐私"之间的矛盾以及"追求生活品质"和"量入为出"之间的矛盾。宜家认为，了解这些矛盾产生的原因有助于采取更多措施来满足人们的需求，帮助他们实现梦想。基于三大矛盾，宜家分别提出了对消费者的建议和解决方案。宜家以消费者为核心，从消费者的真实需求出发，并将洞察到的细微变化体现在点滴细节里，用心感受、洞察消费者的需求。

2.4.2　基于大数据的决策

宜家在开店之初便运用大数据技术提升销售转化率和销售额。

宜家的会员制度不仅提升了顾客的忠诚度，更重要的是，通过分析会员数据，宜家了解了消费者的家庭生命周期阶段和收入情况，并据此进行精准的商品推荐。首先，宜家通过分析顾客购买的产品来推断其处于家庭生命周期的哪个阶段。人们在家庭生命周期的每个阶段都会购买具有代表性的物品，如准父母一般会购买健康无污染、安全结实的婴儿床，并且在母婴类商品上不吝花费。宜家在保证健康和安全的基础上略微提升价格，即可获取更高的收益。其次，宜家可根据顾客所购买产品的价格、质量、数量等推断顾客的家庭收入情况及所需产品，并进行有针对性的推荐。

宜家商场的每款产品和展示空间搭配方案，都综合了市场调查结果、数据分析结论和店长及团队的经验，旨在打造出最具吸引力的场景。许多光顾宜家的人并没有实际的购物需求，只是被宜家精心设计的环境所吸引。宜家通过记录顾客在商场内的购物全过程，深入分析顾客的购物习惯和偏好，据此优化商品布局。如将商场划分为超热区、热区和冷区,从其商品矩阵中挑选出最为畅销的产品,将其布置在超热区,提高销售额和利润,在靠近宜家餐厅的位置摆放其经典商品,设置9.9元低价区。冷区放置让顾客感到惊喜的商品来提升热度,如在商场门口、扶梯间等冷门区域放置低价的毛刷、衣架或小毛巾。可以说,从进入宜家开始,顾客的消费行为就已经被宜家"安排"好了。最后,宜家的营销人员研究发现,顾客在连续看到几款低价商品后,往往会产生将下一款低价商品加入购物车的冲动。为实现这一转化,宜家采取了低价策略,商场内充斥着各类价格低廉的商品,如2.9元的杯子、7.9元的平底锅等,这些低价商品不仅吸引了顾客的注意,也激发了他们的购买欲望。这种全面覆盖的优惠策略为原本并无购物计划的顾客提供了进行小额消费的机会,从而无形中提高了销售转化率。

总的来说,宜家通过市场调研、数据分析、会员制度和大数据应用等手段,成功地将潜在顾客转化为实际顾客,提升了顾客忠诚度,并实现了商品布局的优化和销售额的增长。

2.4.3 向顾客快速传递价值

宜家的核心价值观立足于"益于人类 益于地球"的愿景,并力求在业务实践中贯彻这一理念。为实现可持续发展,宜家不断革新工作模式,从传统的线性生产消费模式转向循环经济模式。作为对自然资源与人力资源极为依赖的企业,此种转变不仅保障了宜家的可持续发展,同时也维护了公司价值链的稳固。

宜家还将这样的价值理念传递给了顾客。在产品设计方面,一个典型的案例是,宜家商场逐步淘汰了白炽灯泡,转而推广更为节能的LED灯。宜家宣称其照明产品100%采用LED光源,在同等亮度下,相较于白炽灯,这种光源能够节约高达85%的能源,且使用寿命更长。通过消费者在商场中的反馈,宜家发现他们普遍对于这种高效节能的照明产品持接受态度。多数消费者在了解到LED光源的环保特性及其节能优势后,愿意支付更高的价格购买这些商品。在产品材料方面,宜家致力于使用可持续来源的材料,如经认证的可持续森林木材、有机棉和回收塑料等。这些材料的使用减轻了生产环节对环境的负担,同时也向顾客传达了宜家对环境保护的承诺。

宜家经常举办与可持续生活方式相关的教育活动并发出倡议,如提供家居节能小贴士、推广垃圾分类和回收理念等。这些活动能帮助顾客了解可持续生活方式的重要性,并鼓励他们在日常生活中进行实践。宜家定期发布可持续性报告并更新进展,向顾客展示其在可持续发展方面取得的成就和面临的挑战。这种公开透明的方式赢得了顾客信任，并证明了其对可持续发展的承诺。

2.4.4 与顾客保持动态沟通

在移动互联时代的营销中，保持与消费者的沟通渠道畅通是极为重要的，这要求企业动态地获取消费者的真实需求信息，从而调整产品设计方案。

宜家的线上沟通渠道有官方网站、微博、微信公众号及会员俱乐部等。其中国官方网站提供了在线客服、电话服务、电子邮件等多种沟通渠道，如图2-13所示。

联系我们

敬请提问或咨询，我们将竭诚为您服务。联系宜家客户服务部或在下面寻找答案。

联系我们的方式

在我们常见的问题中没有找到你要找的东西？请与我们联系。以下是不同的联系方式：

在线客服

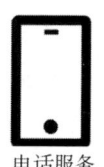
电话服务

电子邮件

图 2-13　宜家官方网站页面

在宜家与消费者的沟通渠道中，最重要的是会员俱乐部。会员俱乐部通过一系列的增值服务，如每月特惠、免费咖啡等，鼓励会员到店消费，实时收集消费者购物信息，了解消费者真实需求，及时调整商品方案。

宜家把握住每一个线上和线下接触顾客的渠道，并与顾客进行全渠道沟通互动，从而获得其对商品的反馈、对企业价值观的看法等一手信息，进而促使企业向顾客更满意的方向发展。

课后思考题

1. 智慧营销与传统营销的区别是什么？
2. 智慧营销的价值体现在哪些方面？举例说明。
3. 基于4D营销理论，设计一个针对某款产品或服务的智慧营销方案，包括目标市场、定位策略、传播渠道等方面的内容。

实训案例

消费者需求分析与价值营销——基于 Z 品牌的推广分析

> 案例概要

随着培育钻石技术的不断发展,许多独立品牌涌现出来。Z 品牌以其独特的民族品牌特色和深厚的中国传统文化底蕴脱颖而出,旨在彰显中华传统工艺与现代科技的完美融合。该品牌计划推出一个全新的子品牌,以"古法金镶嵌培育钻石"为核心产品,充分展现中国传统文化在珠宝设计和制作中的独特魅力。本案例将通过 4D 营销理论(聚焦用户需求、数据决策、价值传递、动态沟通),深入分析该品牌的营销策略。

> 实训知识点

用户需求与数据决策

通过前期对黄金钻石珠宝行业的深入了解,调研团队识别出 Z 品牌面临四大需求:建立全新品牌、设计三个系列产品、制定全渠道营销策略、巩固央企形象。通过线上集中访谈和两项问卷调查,调研团队了解了年轻消费者对黄金钻石珠宝的认知,加深了他们对古法金和培育钻石的认识,为延伸品牌的成功创立奠定了一定的基础。

价值传递与动态沟通

通过品牌定位、理念识别、视觉设计、产品设计等方面的优化策略,研究团队提出了"轻奢古法,璀钻耀人"的品牌定位。在品牌传播方面,重点关注有特定意义的节日、与消费者的沟通以及线下渠道创新建设。通过多平台联动计划提高品牌曝光度,通过线下门店分类运营增加与消费者的互动,整合多方资源以提高品牌价值。品牌维护方面,通过年轻化建设、价值观构建以及可持续发展策划,确保品牌长期稳健发展。

> 数据分析与实训操作

本案例将利用教学实训平台分享的数据进行分析与实训操作练习,通过问卷调查数据,深入了解品牌形象、消费者认知以及市场反馈,为数据驱动的决策提供支持。学生将有机会通过实际数据操作,掌握数据分析技能,从而在实际业务中更好地应用数据进行战略性决策,达成业务目标。实训项目 PPT、实训项目报告、数据建模分析可登录教学实训平台(edu.credamo.com),加入"智慧营销"课程(在学生端点击"加入课程",输入加课码:jkm_6229750854424576;教师可以在课程库中搜索该课程并直接导入),在相关章节的实训项目中获取。

第 3 章
智慧营销：获取消费者需求

教学背景

目前，我国以消费为主导的内需发展格局基本形成，2023年7月国家发展改革委发布《关于恢复和扩大消费的措施》，围绕"稳定大宗消费、扩大服务消费、促进农村消费、拓展新型消费、完善消费设施、优化消费环境"六大方面进行改革。扩大内需的关键是扩大消费需求，前提是了解消费者并获取其需求。随着互联网的普及和社交媒体的兴起，了解消费者的途径变得越来越多，然而这也带来信息过载的问题。此外，消费者需求不断变化，对行业和企业也提出了新要求，如何深刻理解和洞察消费者，筛选出有价值的需求信息成为一大挑战。

框架及知识点

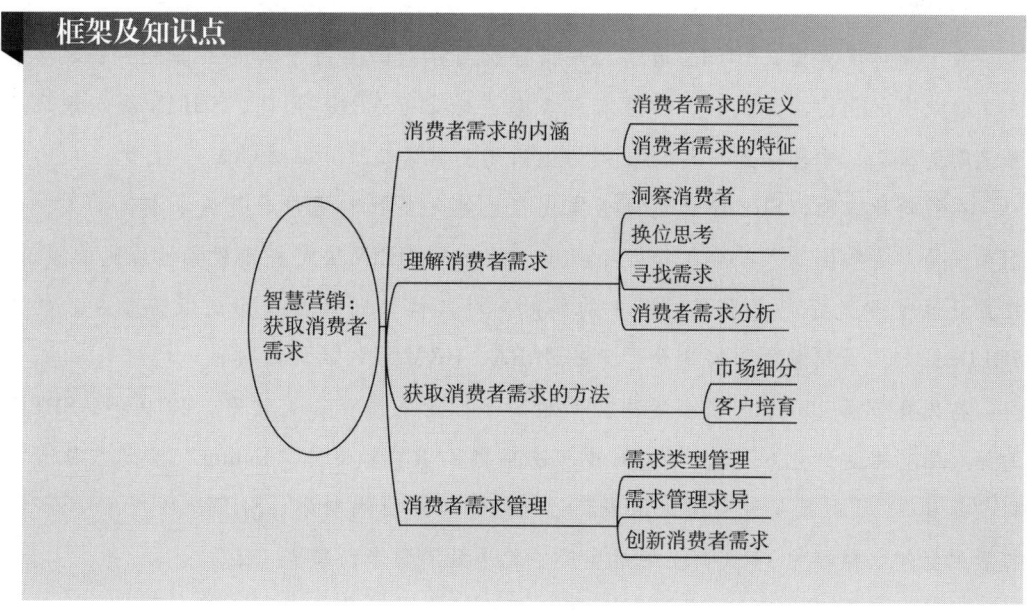

引导案例

智慧营销助力 SHEIN 获取消费者需求

近几年,"Z 世代"作为消费市场上的生力军,已经成长为众多企业重点关注的消费群体。"Z 世代"是指出生于 1995—2010 年的青年群体。他们是数字技术的原住民,不仅谙熟数字科技,受互联网、即时通信、社交媒体的影响极大,而且是第一代自小同时生活在电子虚拟世界与现实世界的原生世代。"快时尚"因提供了当下时装市场上流行的款式和元素,并以价低、款多、量少的特点,激发了"Z 世代"消费者的兴趣。

2008 年成立于广州市的 SHEIN(希音),致力于为全球消费者提供高性价比的时尚产品。SHEIN 从 2008 年起就一直在摸索经营模式,直到 2012 年才确立了自主品牌。自那以后,平台的快时尚品类开始进入高速成长期。目前,SHEIN 主要经营女装,但也提供男装、童装、首饰、鞋包等品类的产品。根据胡润研究院发布的"2022 年中全球独角兽榜",SHEIN 以 4 000 亿元人民币的价值位列全球第五大独角兽企业。

其实,在快时尚行业一直存在着"不可能三角",即上新速度、性价比、库存三者间存在冲突。"不可能三角"的主要限制因素为库存周转。具体而言就是满足极快的产品上新速度需要较高成本投入生产环节进行多批次生产,满足高性价比意味着低毛利让利于消费者,在较高成本且低毛利的情况下,服装企业可能面临产品短缺或库存过剩带来的降价和利润下降,企业要想盈利,就必须拥有灵活库存,在供不应求和降价间保持平衡。

在上新速度方面,SHEIN 通过大数据分析用户的购买习惯和购买偏好,发现年轻人更喜欢多元化的服装风格,希望有更多潮流样式可选择。因此,SHEIN 决定采取每日上新的模式,平均 4 万~5 万件/周的上新速度远远超过竞品 ZARA。

在性价比方面,SHEIN 通过分析发现自己绝大多数的用户都是追求潮流的人,他们往往是学生和刚步入社会工作的年轻人,因此,SHEIN 决定打造极具性价比的服饰,在更好地服务消费能力不强的用户的同时,对其他快时尚品牌形成低价壁垒。其中 SHEIN 最热门畅销款的价格也处于竞品 ZARA、H&M 等的低价区间。

在库存方面,SHEIN 的存货周转率远高于行业平均存货周转率。2019 年,SHEIN 的库存周转率达到 4.62 次,超过周转率较高的 ZARA 母公司"Inditex"和优衣库母公司"迅销",同时也超过中国休闲服装行业的平均存货周转率。SHEIN 的产品从设计、打版到上架仅需要约 14 天,上架后生产、配送至消费者仅需要 7 天。

SHEIN 凭借以上三个方面的核心优势完美解决了服装业效率之痛,另外,内部组织的高效配合也是其获得成功的关键。SHEIN 对用户属性、购买力以及用户行为的分析能力，以及对供应链生态的智能决策支持，都依托于企业中台大数据团队的"IT框架+大数据分析"技术体系。比如，利用Google Trends（谷歌趋势）来迅速判断当前的潮流趋势，打造爆款吸引用户，从而产生复购；快速了解新兴市场及抓住重点市场，了解新兴市场用户的购买偏好，从而有针对性地设计、制造并进行创意营销。SHEIN通过大数据分析发现，欧美、中东地区消费者的购买力较强，市场空间很大，且欧美地区已经拥有成熟的电商履约网络体系以及稳定的线上消费群体，有利于SHEIN依靠互联网进行有针对性的精准品牌推广和商业运营。

企业根据营销系统数据，可快速分析竞争对手的动态和销售数据，从而制定应对策略，保障自己的领先地位。在供应链方面，SHEIN的IT（信息技术）团队开发了给货系统，可以更好地判断库存水平，以便合理决定补货量，最小化库存压力。

IT研发中心、数字智能中心、商品中心和供应链中心环环相扣，构成了SHEIN的供应链生态。

由此可见，企业如果想在市场上立于不败之地，必须从传统的营销方式中走出来，不能盲目地扩大生产或盲目营销而忽视用户内心最真实的需求。用户是一个个鲜活的个体，他们有思想有追求，购买偏好更是千差万别。在当前的数字化时代，利用大数据分析用户行为和购买力，智能调控供应链和库存，利用智慧营销策略为企业保驾护航，企业才有可能从竞争白热化的市场中脱颖而出。

资料来源：作者根据公开资料整理。

3.1 消费者需求的内涵

3.1.1 消费者需求的定义

商品经济的基本逻辑是企业生产满足消费者需求的商品，并与消费者进行交换以获取利润。但什么是消费者需求？英国经济学家约翰·梅纳德·凯恩斯（John Maynard Keynes）认为，需求是人们对商品和服务的欲望，通过提供一般购买力而达到相应的目的。英国经济学家约翰·穆勒（John Mill）认为需求是指需求的数量，这个数量随价格的变化而变化。在此基础之上，美国心理学家亚伯拉罕·马斯洛（Abraham Maslow）提出了需求层次理论，将需求划分为有着丰富场景和价值逻辑的五个层次，这说明消费者的需求往往是动态变化的。除了消费者内部心理驱动需求的变化，外部宏观环境（如社会文化、社会环境、气候变化、政策导向等）及微观环境（如家庭生命周期阶段的变化、参照群体的意见、主流媒体的宣传）也会为消费者需求变化增添驱动力。

在大数据时代，商品市场琳琅满目，消费者的购买力强大，消费者需求的变化速度以指数级增长，企业需要对获取的消费者数据和用户行为数据进行细致分析才能得到精准的用户画像，进而实现精准营销。

3.1.2　消费者需求的特征

从传统市场中可以窥探出，需求具有多样性、迭代性和弹性三个特征。需求多样性是指由于消费者基本信息，包括个人年龄、收入、受教育水平、生活习惯等因素的不同，消费者的需求也各不相同。随着产品的更新换代和个人收入的增长，消费者对产品的需求也会不断更新，一般而言，随着收入的提高，消费者对产品质量、功能、包装的要求也会相应提高，这体现了一定的迭代性。针对不同类型的产品，消费者需求的弹性也不相同。首先，商品的需求受自身价格的影响，在其他因素不变的情况下，一般商品的价格越高，消费者对它的需求量就会越小，若需求量变动的程度高于价格变化的程度，即价格弹性大于 1，则称该商品富有弹性；反之，则缺乏弹性。其次，消费者对商品的需求量受消费者收入的影响，这被称为收入弹性。收入弹性衡量的是消费者的收入变化引起的需求数量变化，对于正常商品，消费者收入越高，对某种商品的需求量就越大。最后，消费者对商品的需求量受替代品的影响。在商品 A 价格不变的情况下，替代品 B 的价格越高，消费者对于商品 A 的需求量就越大。因此，消费者购买商品的数量、品质等均会随商品自身价格、消费者收入水平及替代品价格的变化而变化。而在大数据时代，除了以上特征，消费者需求还具备可预测性和可创造性两个特征。

需求的可预测性是指电商及零售商平台会从各个方面记录用户行为，互联网平台账号的背后是消费者，企业会记录每个账号的交易数据、行为数据（如主动搜索产生的关键字），将上述数据汇总形成连续数据，通过分析消费者的行为习惯推断消费者偏好，从而预测消费者需求，为消费者推荐合心意甚至超预期的商品。目前来看，很多电商平台都在通过这种方式向消费者推荐商品，当我们打开手机淘宝时，首页上会出现"猜你喜欢"的模块，这一模块呈现的商品便是后台根据用户搜索关键字和消费行为，为每个用户精心推荐的商品。

需求的可创造性指在消费者意识到自己的需求前推出产品，将消费者的潜在需求转化为真实需求。对于消费者而言，这是一种被动的需求，和过去主动提出需求后再满足需求有着很大差别。在被动需求下，消费者还没有意识到或无法用语言表达需求，但这并不代表他们没有需求；相反，企业创造需求比挖掘需求更有价值。但创造需求需要企业深入了解消费者的想法和经历，只有真正理解消费者才有可能实现需求的创造。企业与顾客建立紧密的联系，不断倾听其心声，可以提升企业创造需求的能力。企业应坚持稳中求进工作总基调，完整、准确、全面贯彻新发展理念，着力推动高质量发展，把恢复和扩大消费摆在优先位置，结合自身情况助力消费条件改善，创新消费场景，实现需求创造，充分挖掘超大规模市场优势，更好满足人民群众对高品质生活的需要。

3.2　理解消费者需求

不论技术如何进步、营销方式如何创新，营销工作的重点依然是洞察消费者的真正需求。只有理解消费者的痛点，并精准掌握消费者的需求，才能使产品获得成功。消费者进行消费的原因在于需求没有得到充分满足，例如生理上的口渴、饥饿、寒冷，以及各种心理上的失调，而通过消费满足需求，可被理解为一个再平衡的过程。但有些需求是消费者自身没有意识到的，因此，在消费者进行消费以前企业就要刺激其需求，企业可以通过对产品或服务的创新提供全新的价值，或通过广告创意的更新展现不同的价值，在确定物质需求得到基本满足后，逐渐引导消费者关注更高层次的需求。

每个消费者都是社会的一分子，同时也作为独立的个体生活在不同的社会文化或经济环境之中，消费者因为个人的性格、经济条件与受教育水平等因素存在差异，在进行消费时会产生不同的偏好。而企业经营活动的核心就是消费者，企业要以满足消费者的需求为出发点，寻找消费者复杂多变的购买动机，根据需求变化规律开发能够吸引消费者、满足消费者需求的产品。

过去，企业无须也难以通过量身定制个性化的产品或服务迎合消费者，消费者也愿意迁就于所面对的有限选择，这在一定程度上抑制了消费者需求。然而在移动互联时代，人们可选择的产品或服务突破了地域、时间的限制，种类显著增多，在这样的背景下，企业必须提高产品或服务带给消费者的价值，利用合理的方式获得消费者的相关信息，最后以市场为导向满足消费者的个性化需求。

当下，互联网的产品创新思维由产品导向转变为消费者需求导向，比起产品本身的优劣，消费者更注重产品能否解决自身的痛点，因此，企业必须精准评估目标群体的需求，包括消费者群体本身还未意识到的潜在需求。理解消费者需求的过程有三个阶段：洞察消费者、换位思考、寻找需求。

3.2.1 洞察消费者

由于消费者可能并不了解自己真正的需求且企业调研样本的选择具有局限性，调研结果往往有偏差，因此，投入时间及成本观察消费者就显得非常有必要。洞察消费者的真正需求依赖大量对消费者行为的观察及对人性的分析。虽然互联网使得消费者行为能够被轻易地采集和量化，但这些依据历史行为数据进行的预测并不一定精准。消费者的需求往往瞬息万变且难以预测，因此，企业更应关注的是消费者行为模式及其背后的心理动机。

消费者并非真的了解自己

我们常常说要创新产品，以满足消费者的多样化需求。这里的需求有两个层面的意义：一个是在已有的需求上提升产品或服务的质量，让消费者有更好的体验；另一个是创造消费者的需求，即"从0到1"的创新。这种创新方式不仅能开辟全新的消费场景，更可能成为企业实现跨越式增长的引擎。

例如，苹果手机之所以能创造巨大的消费需求并保持市场领先地位，关键在于其始终坚持"需求创造"而非单纯"需求满足"的战略理念。与三星等竞争对手不同，苹果通过持续的产品创新和服务升级，不断重新定义消费者需求层次，建立超越产品功能的品牌情感价值。这种创新驱动力源自其独特的企业文化，即全公司贯彻"设计师思维"，从用户视角出发开发产品，追求极致的产品细节和用户体验。此外，苹果还不断提升产品或服务的品质，培养忠实的粉丝群体，构建了独特的品牌情感联结。相比之下，三星虽然也能很好地满足消费者对手机基础功能和身份象征的需求，但在需求创造和品牌建设方面始终未能突破"需求追随者"的定位。苹果这种全方位的创新策略和以用户为中心的产品设计理念，最终造就了其在智能手机市场上难以撼动的领导地位。其创始人乔布斯有一段经典的自问自答，身着紧身牛仔裤的乔布斯指着自己的窄小裤兜说："如果我们想在裤兜里塞进一个产品，那它应该是什么？"紧接着，乔布斯拿出了苹果手机："没错，就是它！""消费者并不知道自己需要什么，直到我们拿出自己的产品，他才发现，这就是他要的东西！"这体现了他对消费者需求的引导：苹果手机产品小而精致，可以塞进窄小的裤兜，所以说消费者并非真的了解自己，消者的需求是可以被创造出来的。

再如,耐克宣称"能提供一双世界上独一无二的运动鞋",消费者只要进入耐克官方网站的专属定制页面,轻点鼠标挑选鞋型、底色、内衬、钩形标志等一系列"制鞋零件",就能很快收到耐克邮寄过来的一双由消费者本人设计的、世界上独一无二的运动鞋!而耐克只是将一双完整的鞋子拆分为各种散件,并且允许消费者在线进行自由搭配组合,满足消费者个性化需求的产品就制作完成了。

我们常常听到消费者说,"要是有这样的产品就好了",这就是消费者的潜在需求,把它转换成企业管理者的语言,就是乔布斯所提出的"消费者的裤兜里,应该装进怎样的产品"。洞察消费者始终是企业的制胜秘诀。

资料来源:作者根据相关资料整理。

3.2.2 换位思考

何谓换位思考?简单来说,就是站在别人的角度去思考问题。"换位"不只是简单地换个位置而已,而是真正深入他人所处的情境中。每个人都有自己固有的知识信念系统,对事物都有自己的看法,正如国学大师王国维说过的:"有我之境,以我观物,故物我皆著我之色彩。"真正的换位思考需要超越个人认知局限,深度沉浸于他人的生活场景中,洞察其世界观。营销的本质就是一个需求交换的过程,只有真正换位思考,才能准确把握消费者的真实需求,而不是企业自以为是的消费者需求。

K12在线教育用户路径优化案例:从数据驱动到体验驱动的营销转型

在在线教育行业的数字化转型过程中,某K12(从幼儿园到高中的教育阶段)在线教育公司经历了一次深刻的营销策略调整。最初,该公司完全依赖数据驱动决策,其基于用户行为数据分析发现,使用在线点读课本的学生数量显著多于购买教材的家长数量。基于这一发现,该公司决定在点读课本界面植入广告,但实际转化效果令人失望。深入分析后该公司才发现,虽然学生是主要的使用者,但他们既没有购买决策权,也缺乏对广告的关注度。

面对首次尝试的失败,该公司调整策略将广告投放到教材购买页面,希望直接触达具有决策权的家长群体。然而,新的问题随之出现:家长在选购教材时目的性极强,注意力完全集中在对书籍的选择上,对其他信息几乎视而不见。这一阶段的广告投放同样收效甚微,促使该公司不得不重新思考其营销策略。

经过深入的用户调研和场景分析，该公司终于找到了突破口。他们发现在家长完成教材购买后的场景中植入广告可能转化效果更好：此时家长处于相对放松的状态，对新信息的接受度较高。基于这一洞察，该公司在购买确认页面设计了加入家长社群的引导，承诺提供学习资料、升学资讯等有价值的内容。这一调整立即见效，用户转化率显著提升，因为这种营销方式完全契合家长的需求逻辑和使用场景。

这个案例生动展示了从单纯的数据驱动到体验驱动的营销思维转变。数据只有结合真实的用户场景和需求，才能发挥出最大价值。该公司最终认识到，成功的营销不仅需要知道用户"做什么"，更需要理解他们"为什么这样做"。这种换位思考的能力，正是数字时代营销策略优化的关键驱动力。该案例为在线教育行业提供了一个有价值的参考：在追求数据和技术的同时，永远不要忽视对用户真实需求的深入理解。

资料来源：作者根据相关资料整理。

3.2.3　寻找需求

一切商业机会，都来自消费者需求。研究消费者的"隐性需求"非常重要，但将其引导、转化成"显性需求"更为关键。隐性需求，又被称为"无意识需求""潜在需求"，是消费者尚未意识到的、朦胧抽象的、没有具体载体的潜在消费需求。如果消费者的需求是他们能够清楚表述的，即产品的基本功能需求，那么这就是显性需求。相对而言，"隐性需求"是消费者在潜意识中产生且难以清楚表达的，期望产品能满足享受、愉悦、尊重、自我表达等更高层次的心理诉求。

消费者可能无法明确表达自己的需求，但企业有义务洞察消费者的需求，并提供将需求具象化、清晰化、显性化的解决方案。当这样的解决方案出现时，产品就能快速得到消费者的认同。

随着社会生产力的迅速发展，消费需求日益呈现出多样化、个性化的特征。企业应当与时俱进地转变营销理念，建立基于个性化消费需求的定制化营销理念。消费者隐性需求的特征与其心理因素密切相关，企业应深入洞察消费者隐性需求的特征及驱动其演化的内在机制，并通过变革营销策略的方式有效开发消费者的隐性需求。

洞察消费者真实需求：奶昔营销与"工作待完成"理论实践

哈佛商学院的克莱顿·克里斯滕森（Clayton Christensen）教授提出的"工作待完成"（Jobs-to-be-Done）理论为市场研究提供了革命性的视角。该理论突破传统人口统计学的细分方式,主张消费者购买行为本质上是"雇用"产品来完成特定任务。这一理论在快餐连锁店的奶昔销量提升案例中得到了完美诠释。

本案例中的企业最初采用常规营销手段,试图通过调整口味、价格和促销策略提升奶昔销量,但收效甚微。该企业研究团队转而运用"工作待完成"理论,通过实地观察和深度访谈,发现了两个截然不同的消费场景:清晨通勤时段,约40%的奶昔被开车通勤的上班族购买,他们需要的是一款能单手食用、不易洒落且能提供持续饱腹感的早餐替代品;另一个主要消费群体则是带孩子购物的家长,他们期望通过奶昔让孩子保持较长时间的安静状态。

基于这些洞察,该企业实施了精准的产品改进:调整奶昔的黏稠度以延长饮用时间,添加果粒以丰富口感,同时优化购买流程以提升便捷性。这些改变并非基于主观判断的产品改良,而是直击不同消费场景下消费者的核心需求,最终该企业实现了销量的显著提升。

本案例揭示了三个关键营销启示:首先,消费者行为背后的真实动机往往超越表面的人口统计学特征;其次,对产品使用场景的深入理解比单纯对产品属性进行优化更为重要;最后,成功的产品创新应当聚焦于帮助消费者更好地完成"任务",而非简单地迎合企业所假设的消费偏好。这一经典案例至今仍为市场研究者提供着宝贵的思维范式。

资料来源:作者根据相关资料整理。

3.2.4 消费者需求分析

进行消费者需求分析就是要从众多需求中找出能促成消费者购买的需求,而需求的重要性,或者说需求能带来的价值,则取决于消费者对于满足这项需求所愿意支付的价格。若人们需要付出极大的代价才能解决问题,说明该需求背后可能有巨大的市场空间。分析消费者需求的常用理论有马斯洛需求层次理论、Kano 模型[①]等。多数人熟知的马斯洛需求层次理论是把人的需求按层次高低分为五种,分别为生理需求、安全需求、社交需求、尊重需求及自我实现的需求,该理论仅能从宏观层面把握消费者需求且只关注产品本身能满足的消费者需求。而 Kano 模型则认为消费者的需求是多方面、多层次的,但资源和条件的限制使得单个产品不可能满足消费者的所有需求,因

---

① Kano 模型是东京理工大学教授狩野纪昭(Noriaki Kano)发明的对消费者需求进行分类和排序的有用工具,以分析消费者需求对用户满意度的影响为基础,体现了产品性能和用户满意度之间的非线性关系。

此，需要对消费者的需求进行排序。

1. Kano 模型的五种消费者需求

根据不同的需求与用户满意度之间的关系，Kano 模型将消费者的需求分为五种：基本型、期望型、兴奋型、无差异型与反向型。

基本型需求指的是产品功能必须满足的消费者需求。当该需求得不到充分满足时，消费者会很不满意；但当该需求被充分满足时，消费者的满意度也不会显著提升。人们对生活必需品的需求就属于基本型需求。再比如，身处互联网时代，人们对网络信号的需求是典型的基本型需求，稳定、快速、便捷的上网体验成为日常生活的一部分。倘若人们去一个偏僻的地方，既没有 Wi-Fi 也没有移动流量，完全处于断网状态，那么人们便会产生强烈的不满；反过来，若人们时时刻刻都拥有很好的上网体验，上网需求被很好地满足，人们的满意度也不会因此提升。

用户满意度随着此类需求的满足程度而线性提升或下降，需求得到满足的程度越高，用户满意度越高；反之则越低。这类需求的典型代表之一是电子产品的新功能。例如，在购买某新款智能手机时，消费者不仅关注基本的功能（如接打电话、播放音频和视频等），还期待其能满足如高清拍照等进阶需求。当手机具备人们所期待的功能时，用户满意度会直线提升；若手机不具备人们所期待的功能，用户满意度会下降。

兴奋型需求指的是完全出乎用户意料的产品属性或功能所激发的需求。如果此类需求被有效激发，用户会感到惊喜，满意度也会大幅提升；但如果此类需求未被激发，用户满意度也不会降低。与期望型需求不同的是，兴奋型需求是消费者未提前感知到的。例如，在推出蓝牙无线耳机之前，若不使用声音外放功能，人们打电话只能通过手持的方式，听音乐则需要插入有线耳机，而无线蓝牙耳机将蓝牙功能和无线耳机完美结合，给很多消费者带来了惊喜，让他们告别了杂乱的耳机线。对于大多数没有预想过可以通过无线方式听音乐的消费者来说，这是意外的惊喜，满意度会大大提升；反过来，若没有这个新产品，也不会使消费者对现有产品的满意度下降。

无差异型需求可理解为可有可无的需求，消费者并不会过多关注这类需求，该需求也不会为企业带来额外收益。这类需求被满足与否，用户满意度都不会受到影响。换句话说，企业是否满足无差异型需求并不会影响用户的体验，不会导致用户更满意或者更不满意。比如，理发店里通常会准备一些时尚杂志，供等候接受理发服务的顾客翻阅，但很少有顾客会真正拿起杂志阅读，理发店提不提供时尚杂志都不会对其业务造成正面或负面的影响，提供时尚杂志反而会增加购买成本。企业应尽量避免满足此类需求。

反向型需求指的是消费者没有此类需求，该类需求被满足后反而会导致消费者满意度下降。企业在了解消费者需求后，应该投其所好，生产出消费者需要的产品，而不是令消费者不满的产品。这种现象产生的原因在于企业存在需求认知偏差，以为小部分客户的需求就是多数客户的需求，导致新产品引发更多客户的不满，现实中不乏此类事件的例子。例如，一家提供 SaaS（软件即服务）模式 OA（办公自动化）系统的企业 A，在拜访客户企业收集产品使用反馈的时候，客户企业多次表示，希望员工在打卡的时候能填写当日的工作内容。于是，A 企业便片面地认为这个需求是所有客户的痛点需求，并进行了后续的产品改进。令 A 企业始料未及的是，其改进的新产品引发了大量其他客户企业员工的强烈不满，也因此，在这些员工的消极反馈下，很多原来的客户企业转而选择使用其他企业的产品。A 企业对消费者需求的错误判断导致大量客户流失。

2. Kano 模型的局限性和需求定位流程

Kano 模型的局限性在于，它并非直接测量用户满意度的定量工具，而是通过对消费者的不同需求进行区分来间接评估，这就需要引入干系人进行判断，以分析消费者的主观意图。对于某些产品来说，期望型需求优先于基本型需求；需求类型的划分会随着时间的推移而不断变化。Kano 模型更适用于和最终用户直接相关的需求分析。通过 Kano 模型对需求进行细分，可以制定出一种结构化的分析方法，若再通过量化分析对结果进行汇总，便可得到需求优先级排序。

Kano 模型，可以最大限度地帮助企业了解并识别消费者不同层次的需求。

需求定位包含一系列的流程。用户跟踪调研是一种研究时间较长且交互过程较为复杂的定性/定量研究方式，由于可能造成用户厌倦等负面影响，一般还是应以种子用户或其他忠实用户为调研对象，考察目标消费者的需求是否改变，或者消费者对于产品迭代的看法，等等。不过，调研问卷的结果容易受消费者主观认知差异的影响，不同消费者的经济条件、文化水平、社会层次差异甚至调研时的环境因素或情绪的状态都可能导致结果偏误。然而，各项数据变化的过程是客观且易于比较的，通过对主观因素和客观数据进行交叉分析，能够更准确地定位消费者的核心需求。当量化数据与调研结果出现较大偏差时，就需要对样本用户进行深度访谈，访谈的样本数无须太多，但要具有代表性，最好是典型的种子用户。也可以借助特定指标进行样本筛选，了解样本用户的核心需求，结合数据反馈还原用户操作行为，探寻其行为背后的真实动机，从而全面把握用户的使用细节。最后，综合历史经验与未来规划构建产品或服务的使用场景，预测可能产生的各种结果，并借助深度访谈层层剖析，精准挖掘用户核心需求。

3.3 寻找消费者需求的方法

互联网最大的特点是能够突破二八法则的限制，为长尾市场的用户提供定制化的服务，更好地实现利润最大化。二八法则是由意大利经济学家维尔弗雷多·帕累托（Vilfredo Pareto）在19世纪末提出的，最早用于描述英国社会财富分配的现象，即80%的社会财富集中在20%的人手中。通俗地说，20%的头部是最重要的，剩余80%的尾端是次要的。现实中，企业若在把握好最重要的前20%消费者的基础上，抓住剩余80%的消费者，对消费者进行充分分析后精准归类，则能提高目标市场占有率，实现企业增值。

3.3.1 市场细分

市场细分是美国市场营销学家温德尔·史密斯（Wendell Smith）于20世纪50年代提出的概念，是指营销者通过市场调研，根据消费者需求、购买行为或习惯等差异性特征，将总体市场划分为诸多消费者群体，每个消费者群体便是一个细分市场，这一概念此后得到广泛应用。企业在制定营销战略时可以细分市场作为切入点，先按照一定标准划分出多个细分市场（Segmenting），评估企业自身的能力与吸引力，选定目标市场（Targeting），最后确定产品或服务的市场定位（Positioning），这一流程即STP战略，是企业营销的核心战略。

由于受到资金、人力等资源的限制，企业难以满足所有的市场需求，这一现象在消费者追求个性化需求的当下越发明显。为了避免市场的激烈竞争，企业需根据自身优势，选定特定细分市场来更好地满足部分消费者的需求，这是一种能够有效适应消费者需求差异化的方法。以蒙牛的特仑苏品牌为例，"不是所有牛奶都叫特仑苏"这句广告语家喻户晓，凸显了特仑苏牛奶与普通牛奶的明显差异，明确了品牌定位。针对消费者理念、需求和动机的改变，特仑苏以"更好"为核心不断进行创新与升级，推出了低脂奶、有机奶、谷粒牛奶、M-PLUS高蛋白牛奶等，满足不同细分市场的需求。

3.3.2 客户培育

在完成市场细分与定位后,企业需通过开发新市场来建立客户关系。主要的开发渠道包括电话拜访、网络推广等,挖掘、分析客户数据则是培育客户的重要前提。常规的客户培育需要考虑以下几点:

第一,在客户培育过程中,企业须具备强大的洞察力,从而发现消费者的潜在需求并予以满足。企业要洞察各类消费者的不同潜在需求,找出共性,即发现消费者的共同痛点所在,并尽最大努力解决痛点,满足大部分消费者共同的潜在需求。例如,宜家在设计产品之前,会研究消费者生活中的细节,观察不同消费者在同一生活场景中的行为差异,并根据这些洞察进行产品的研发与改进。

第二,企业须具备换位思考的能力,站在消费者的角度体会消费者的感受,而不是一味推销自家产品或服务。这种换位思考需要企业及员工有较强的共情能力,从消费者的视角来考虑问题。在这一点上,亚马逊是值得众多企业学习的。早在2015年,亚马逊就率先推出了可"一键下单"的Dash按钮,如图3-1所示。设计这个按钮的目的在于满足人们生活中消耗性必需品的"临时购买需求",其操作原理为:消费者在网上购买某种生活必需品对应的Dash按钮,将按钮连上Wi-Fi,设定好每次购买的物品种类和数量,并贴在对应的物品上,在需要购买时按下按钮即可。作为Dash按钮的升级版,亚马逊于2016年推出了AWS IoT(亚马逊云计算物联网)按钮,其可以与智能家电相结合,在缺少某样生活必需品时自动进行网上订购,这避免了消费者在使用时才发现生活必需品已被用光的尴尬情况的发生。亚马逊这项服务的核心理念在于采用用户思维,站在用户的角度思考问题,通过预判性服务设计解决消费者痛点。

图 3-1 亚马逊推出的 Dash 按钮

第三,强化专业技能,了解竞争者的状态与行业现状也非常重要。"知己知彼,百战不殆",企业应了解竞争对手,包括竞争对手的优劣势、未来规划、主要客户群体、产品体系，以及是否掌握定价权等。

第四，创造消费者需要的产品，并在恰当的时间以合理的方式推出，让消费者深入、全面地了解产品的价值，进而成为企业的忠实顾客。所谓营销，就是在对的时间、对的地点、将对的产品卖给对的人。寻找对的人就是向潜在顾客推广营销理念。企业需要一定的资源投入才能将潜在顾客转化为有效顾客，提供优质产品是一方面，另一方面，大多数消费者的购买决策都会受到营销活动的影响，因此，如何有效引导消费者成为企业重点关注的问题。例如，优惠券对于消费者的诱惑是很大的，大多数消费者面对优惠券时会产生一种"不买即吃亏"的心理，因此，优惠券也是众多企业在开展市场营销活动时愿意采用的手段。

第五，售后电话回访不仅能维系企业与消费者的关系，还能了解消费者的产品使用情况，以及对产品的建议等。企业应及时了解消费者的反馈，并将其作为产品未来迭代的依据，条件允许时甚至可以进行定期拜访。企业越为消费者着想，消费者越有可能成为企业的忠实用户。以亚马逊为例，其 Dash 按钮与自动下单服务不仅有效维系了企业与用户的关系，还显著提升了用户的忠诚度。

综上所述，企业可以培养、发展自己的潜在用户，不断提升用户的忠诚度，培养出一批属于自己的用户。

3.4 消费者需求管理

3.4.1 需求类型管理

需求类型管理要求企业根据市场需求的不同状况，采取有差别的营销策略来进行营销任务分配。市场需求的状况主要可以分为八种类型：负需求、无需求、潜在需求、需求下降、不规则需求、饱和需求、过剩需求和有害需求。

负需求是指消费者不仅对产品或服务没有需求，甚至愿意花钱回避此类产品或服务。消费者对于那些带来负面影响大于正面影响的产品或服务会产生负需求。此时企业应采取扭转需求的营销策略，分析市场排斥此类产品或服务的原因，并进行设计改良、正面促销。

无需求是指消费者对于产品或服务不感兴趣，没有需求。一般可分为三种情形：产品或服务无价值、市场饱和及新产品或服务出现。以可乐市场为例，可乐作为一种碳酸饮料，并不被部分消费者所接受，他们认为，可乐属于高糖分、没营养的饮品，对他们来说属于无价值的产品。随着可乐市场逐渐饱和,可口可乐通过推出零热量、零含糖量的零度可乐成功开辟了新细分市场,但也面临产品线之间的内部竞争。面对这种情况时,企业应采取激发需求的营销策略,寻求结合企业利益、消费者兴趣的方案,以刺激消费者需求。对于可口可乐来说,则要建立产品差异化定位,平衡经典款可乐与零度可乐之间的关系,还要构建动态评估机制,持续监测两款产品对市场份额和企业利润的综合影响,实现企业的整体利益最大化。

潜在需求是指多数消费者对某种产品或服务有强烈需求并且有足够的购买力,但由于时机不成熟而没有进行消费,此时企业应采取开发性营销策略,即开发有效产品或服务来满足消费者的需求。例如,AR眼镜对于很多消费者来说就属于潜在需求,之所以目前没有转化为实际需求,是因为AR技术普及率目前还相对较低,因此大多数消费者持观望态度,等到时机成熟,人们对AR眼镜的潜在需求就将转变为实际需求。

需求下降是指消费者对产品或服务的需求呈下降趋势,一般是因为消费者对产品或服务感到疲倦或是在寻找新的产品或服务。此时企业应采取恢复性营销策略,通过改变产品或服务特色等方式刺激需求以扭转需求下降趋势。例如,2018年,苹果手机的销售情况未达预期,这与其推出没有太多亮点的iPhone XR有很大关系。随后几年,苹果聚焦产品本身,优化产品各项性能并拓宽产品线,又通过各种营销策略刺激需求,挽回了iPhone机型的销售颓势。

不规则需求是指消费者对产品或服务的需求随着一定周期而变化。此时企业应采取同步性营销策略,通过优惠定价或其他刺激方法实现供给与需求的平衡。目前,市场上很多产品或服务的需求弹性较大,易受经济周期的影响。例如,在经济衰退期,人们的收入预期并不乐观,对于很多产品的需求会随之减少。对于电子产品,很多消费者持观望态度,以往的"发烧友"变得相对理智,会在综合评估自我需求与购买能力之后,再做出购买决策。对于此类产品,企业应及时调整策略,根据消费者心理预估销量,进而开始生产。

饱和需求是一种理想状态,表示消费者对产品或服务的需求与企业的预期一致。在这种状态下,产品需求进入高峰期,此时企业应采取维持性营销策略,由于消费者偏好可能改变且竞争对手也在改进其产品或服务,企业需不断进行产品迭代及服务优化,以防止需求水平下降。

过剩需求是指企业的产品或服务供不应求,此时企业应采取限制性营销策略,提高价格、减少促销活动,使市场需求回归到企业能供给的水平。这类需求通常发生在企业成长期，此时企业的市场认可度逐渐提升，消费者需求增加的速度远远超过企业产品供给的增速。例如，小米手机的横空出世，给智能手机市场带来很大震动，主打高性价比的小米手机，迅速得到市场的普遍认可。然而，在市场需求持续增长的同时，小米还采用了饥饿营销策略，使得需求水平进一步提高。这一策略在产品上市初期极为有效，因为它精准把握了消费者"物以稀为贵"的心理，使得供不应求的产品更显价值。因此，在最初几年，小米手机的市场份额增长迅速。但随着小米高端产品线的推出和市场回归理性，市场供需关系逐渐趋于平衡。

有害需求是指消费者对某些会对个体或社会产生负面影响的产品或服务有需求，此时企业应采取抵制性营销策略，宣扬使用这类产品或服务的后果，或是提高价格使有需求的消费者减少甚至放弃需求等，目的是反营销甚至拒售。例如，对香烟的需求就属于有害需求，它在满足部分烟民的需求时，产生的二手烟侵害了其他人的健康，因此每包香烟的外包装上都印有"吸烟有害健康"的字样，香烟的高税率也提高了其价格，同时公益广告等也在不断引导消费者正视香烟产生的危害。

企业在发展过程中，难免会面临需求管理的问题，应仔细分析自己的产品对应的需求类型，制定相应的营销策略，从而实现长远和可持续发展。

3.4.2 需求管理求异

逆向营销指别具一格的自嘲式营销，这种营销方式利用逆向思维，通过接地气的、自我调侃的方式，成为最新出现的有效营销手段。近年来，年轻人中流行一种"丧"文化，他们常把"好丧啊""什么都不想做"挂在嘴边。与"70后""80后"喜欢"鸡汤"不同，"90后""00后"更喜欢用自嘲的方式来宣泄负面情绪。随着"丧"文化的流行，逆向营销正被企业越来越多地运用到品牌营销中，这种契合年轻人心理的营销方式在让企业品牌形象更加丰满的同时，也进一步拉近了企业与消费者的距离。

逆向营销需要做到生活化、场景化、真实化，且能够戳中消费者心中的槽点与痛点，与大众的真实心理不谋而合。逆向营销从本质上来说属于情绪营销，深刻、准确的情感洞察能够激发消费者对品牌强烈的情感共鸣，帮助品牌有效地建立起与消费者之间的情感联结。"丧"文化的主流人群是"90后"和"00后"，他们大多面临着巨大的升学和就业压力，他们"丧"情绪的来源主要是由单身状态、高房价压力、职场竞争等引发的持续焦虑。随着年龄日渐增长，他们要面对巨大的经济压力，以及生活困境所带来的焦虑和无力感，于是，一部分新一代的年轻人选择了这样的表达方式来宣泄精神上的空虚和不满。

与此同时,"丧茶"开始走红微博,一名网友称想在"喜茶"对面开一家"丧茶",菜单如下:一事无成奶绿、碌碌无为红茶、依旧单身绿茶、没钱整容奶昔、瘦不下去果茶、前男友越活越好奶茶等。随着网友自制的"丧茶"文案走红微博,2017年,网易新闻联合"饿了么"跨界打造了一家"丧茶"快闪店,尽管活动只持续了4天,却在整个五一假期成为自媒体圈中的热门话题。

互联网带动人们的思维方式发生转变,在思维方式的转变下新的需求迸发出来,营销者要在思维跃迁后大胆创新,好的营销创新能为市场带来活力,也能让企业更加成功。

3.4.3 创新消费者需求

企业的创新来源主要分为三种:由科学技术发展所带来的创新、由营利模式改变所带来的创新和由"人"的需求改变所带来的创新。前两种创新都非常好理解,第一种创新,如触控屏幕的技术成熟催生了触屏手机和平板电脑;第二种创新,如原本打印机厂商赚取的是销售打印机的利润,但因为市场竞争,打印机的售价越来越低,于是打印机厂商便依靠销售其他周边耗材,如墨盒等来维持营收。而更为基础也最为重要的第三种创新则强调顾客至上,将"顾客是企业的衣食父母"当作座右铭,尽可能地满足消费者的各种需求,许多风靡一时的产品的创新根源便属于此类。

创新的基础在于消费者需求,企业要把消费者需求放在首位。开放式创新正是这样一种高效的策略,企业通过与外界合作转嫁创新的部分成本及风险,并加速创新成果的落地进程,提高创新成功率。创新成果不仅由企业独享,从更广泛的维度看,消费者既是创新链条的起点也是终点。构建开放式创新体系,吸引多方要素参与创新,将显著促进企业发展。创新本身是复杂且高风险的过程,而开放式创新能有效提升创新的成功率与质量。开放,是与过去企业专注于内部创新而未过多考虑外部情形的一种对比(在封闭式创新模式下,企业只有通过雇用最好的技术人员,才有机会从创新中获利)。一些采用开放式创新战略的企业获得了阶段性成功,如宝洁、3M等。一家企业的创新优势与其所处的生态系统有关。在此系统中,既有核心企业也有外围企业,核心企业(通常是大企业)希望主导知识创造的过程,定义创新网络关系以进行知识创造和交换,所以核心企业通常在创新网络演化中扮演重要的角色。创新知识向外围企业流动时会被外围企业精炼和优化,之后再由外围企业反馈给核心企业。这种循环上升式的知识流动有利于核心企业进行开放式创新,而对于外围企业来说,在与大企业合作的过程中也获得了关键性知识。同时,创新人才的培养需要企业与个体的双向赋能，除了个体的智力、体力和创新精神，企业给予的支持也是必不可少的，企业应设立明确的激励机制，并营造接受失败、勇于承担、不过于计较商业利益的工作氛围。

正如习近平总书记在党的二十大报告中所指出的，强化企业科技创新主体地位，发挥科技型骨干企业引领支撑作用，营造有利于科技型中小微企业成长的良好环境，推动创新链产业链资金链人才链深度融合。

开放式创新

特斯拉在其成立的短短二十余年时间里，以颠覆传统的创新思维不断对汽车行业造成冲击，迅速成长为"汽车界的'苹果'"，它的成功有目共睹。特斯拉的CEO埃隆·马斯克（Elon Musk）曾于2014年宣布"All our patent are belong to you"（我们的所有专利属于你），首次宣告特斯拉将开放所有专利给外部使用，试图把特斯拉打造成电动汽车行业的Linux①。马斯克开放专利之举，正体现了互联网"自由、平等、开放、共享"的精神。那么，他为什么要这样做呢？

特斯拉开放所有专利的目的就在于——让更多的人或企业，只需跨过较低的门槛就可以站在巨人的肩膀上，以便有更多的人才投入电动汽车发展和普及的浪潮当中。开放专利看似削弱了竞争优势，但却无形中提高了特斯拉技术的普适性，使它在未来的标准制定中抢占了有利的位置。从更深层次来说，当特斯拉的专利开放达到一定的规模、其技术盟友增长到一定数量时，它们就不得不兼容特斯拉制定的标准。更有甚者，如果特斯拉建立了一个以其技术为支撑的产业联盟，那么我们有理由相信，超级电池工厂的富余产能将被特斯拉的盟友消化，彼时的特斯拉将不仅是电动汽车的制造者，更是上游核心电池资源的掌控者与行业充电标准的制定者。因此，特斯拉欢迎其他汽车企业进入电动汽车行业，是想打造"电动汽车的矩阵"，促使整个电动汽车行业产生更大的势能，在市场培育、政策突破、技术积累、电动汽车产业链打造等方面，形成群体的生态效应，增大电动汽车市场体量。通过开放与合作，企业可以整合产业链资源，建立企业技术创新联盟，从而带动整个行业的创新。事实上，继特斯拉开放专利后，丰田汽车也开放了其电动汽车相关专利，越来越多的传统汽车企业开始涉足

---

① Linux是著名的开源软件平台，向全球开发者开放代码，使用户在微软和苹果的电脑操作系统之外有了第三个免费的选择。

电动汽车领域。而除了一些传统的车企，还有很多拥有大量资金支持的新创企业进入这一领域，进一步提升了产业的创新活力。

资料来源：作者根据相关资料整理。

课后思考题

1. 在智慧营销中，为什么获取消费者需求是一个重要的步骤？谈谈你的看法。

2. 你认为有哪些方法可以帮助企业获取消费者的需求信息？列举并解释其中一种方法。

3. 以实际的企业或品牌为例，分析它们是如何通过获取消费者需求来制定营销策略的。提供具体的案例并进行分析。

实训案例

Y品牌用户需求与市场地位分析实训

> 案例概要

在本案例中，Y品牌通过科技创新的方式提出了"空调肌"的概念，并通过玻尿酸补水喷雾为"空调肌"问题提供解决方案。尽管Y品牌在推广方面取得了一些成果，但仍面临市场挑战和销量未达预期的问题。为了解决这些问题，本案例通过深入访谈、文本挖掘、调查问卷等手段，深入了解国内消费者对"空调肌"概念和Y品牌的认知水平及态度。通过对销售网点、线上评论的调研，调研团队发现Y品牌仍面临多项发展挑战，如价格上涨、线上销售增量不足、线下布局进程较慢、客户流失等。

> 实训知识点

消费者需求与市场细分

在这一背景下，Y品牌需要寻找创新的营销策略，培养消费者的购买习惯，促进购买行为的发生。调研团队通过对Y品牌销售网点的深入访谈，对Y品牌淘宝官方旗舰店和抖音商城在线评论的文本挖掘，并使用见数平台设计的调查问卷，深入了解国内消费者对"空调肌"概念和Y品牌的认知水平及态度。通过这些手段，调研团队旨在帮助Y品牌形成空调场景与品牌之间的联想，细化目标市场。

需求管理与分析

调研团队运用数据调研平台与数据分析工具，进行描述性分析、信度和效度分析、相关性检验、差异性检验和回归分析，从而保证后续调研报告和商业策划书的专业性和准确性。

> 数据分析与实训操作

通过深入调查和分析,学生将有机会了解市场细分、洞察消费者需求,以及有效进行需求管理与分析的方法。此过程将为学生提供实际操作经验,使其在实际业务中能够灵活运用数据分析技能,为 Y 品牌提供切实可行的营销策略和品牌推广建议。实训项目 PPT、实训项目报告、数据建模分析可登录教学实训平台(edu.credamo.com),加入"智慧营销"课程(在学生端点击"加入课程",输入加课码:jkm_6229750854424576;教师可以在课程库中搜索该课程并直接导入),在相关章节的实训项目中获取。

第 4 章
智慧营销：预测消费者需求

教学背景

我国深入实施扩大内需战略，充分发挥消费对经济发展的基础性作用，不断增强高质量发展的持久动力。这要求企业在获取消费者需求的基础上进行精准预测。智慧营销通过大数据、人工智能等技术，对消费者的行为、需求、偏好等进行深度分析，有助于加快线上线下消费有机融合，扩大升级信息消费，提供更加个性化、定制化的产品或服务，提高消费者的满意度和忠诚度。通过智能预测消费者需求，企业可以更准确地进行市场定位和产品创新，吸引更多的消费者，更好地满足消费者的需求，从而促进消费增长，扩大市场份额；同时，企业还可以优化供应链管理，提高产品的供应能力和效率，降低产品成本，提供更具竞争力的价格。此外，宏观经济政策制定者可以根据预测结果来调整相应的经济政策，促进内需增长。

框架及知识点

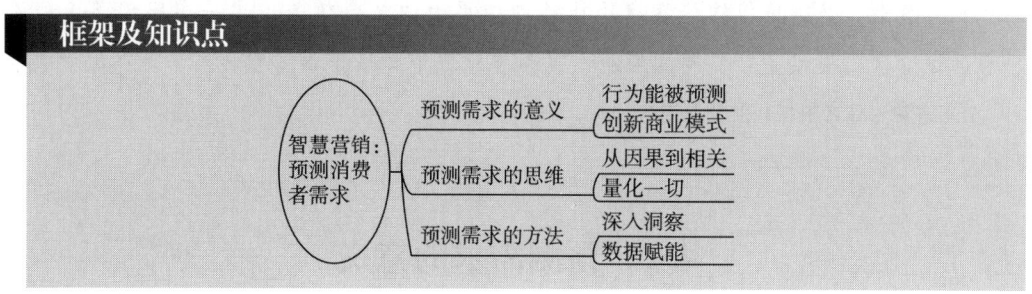

引导案例

智能出行时代的供需预测创新：滴滴出行的数据驱动实践

在共享经济快速发展的背景下，滴滴出行通过大数据和人工智能技术重构了传统出行服务的供需匹配模式。区别于依赖经验判断的行业惯例，滴滴出行建立了基于实时数据分析的智能预测系统，实现了从被动响应到主动预测的服务升级。这一创新不仅提升了平台运营效率，更重塑了城市交通服务的标准范式。

滴滴出行的智能预测系统建立在海量数据采集与分析的基础之上。平台每日处理数百万条出行记录，整合了用户叫车行为、司机响应速度、行驶路径、天气状况以及节假日特征等多维数据。通过机器学习算法，系统能够精准预测特定时空维度的出行需求。例如，在通勤晚高峰时段，算法可以识别出写字楼集中区域的需求激增，提前进行运力调度。数据显示，这种预测性调度使乘客平均等待时间缩短了30%，显著提升了用户体验。

滴滴出行的创新实践还延伸至城市智慧交通建设领域。平台与全国20余个城市开展政企合作，将出行大数据应用于交通信号灯优化。传统固定时长的信号灯控制系统被人工智能动态调节模式取代，系统通过分析实时车流，自动调整红绿灯时长。在济南等试点城市，这一举措使高峰时段交通拥堵时间平均减少15%，创造了企业数据赋能城市治理的典范。

在用户服务层面，滴滴人工智能实验室开发的智能推荐系统实现了需求预测的个性化升级。系统通过分析用户历史出行数据，结合实时路况信息，能够主动提供行程建议。例如，在演唱会散场等特殊场景下，系统会提前推送拼车或预约选项；针对商务用户则智能匹配高端车型。这种预测性服务不仅优化了资源配置，更开创了"未叫先服务"的新型出行体验。

滴滴出行的案例揭示了数字经济时代服务创新的三个关键要素：首先，实时数据获取和处理能力是智能预测的基础；其次，算法模型的持续优化是实现精准预测的技术保障；最后，数据价值的跨界应用能够创造更大的社会效益。这一实践为共享经济平台的运营优化提供了可复制的经验，也为智慧城市建设提供了重要参考。

资料来源：作者根据相关资料整理。

4.1 预测需求的意义

4.1.1 行为能被预测

人们往往认为自己的行为具有独特性。当他人准确预测自己的选择时（如中午会去哪家餐厅或周末会看哪场电影），也可能只当成是巧合而不以为意。然而，当数据量足够大的时候，可以发现个体的行为很多时候是趋同的，呈现出高度可预测性。

麻省理工学院一个致力于大数据研究的实验室曾做过如下实验：研究人员向参与

实验的大学生和市民免费发放智能手机，但要求实验参与者将手机上的数据信息提供给研究者。研究者基于这些海量真实数据来洞察每个参与者的日常生活行为。结果发现，其实绝大多数人的生活并没有想象中那么丰富多彩，事实上，大家平日总是在家和单位（学校）之间往返，经常光顾某几家餐厅（食堂），常联络的好友也是固定的几个人。由此可见，借助大数据技术预测一个人的生活轨迹和行为并非难事。

4.1.2 创新商业模式

如何转型是近年来诸多企业面临的首要难题。随着我国经济的发展，人民的生活水平不断提高，衣食住行、休闲娱乐、教育医疗等各方面的需求也在发生变化。不能洞察消费者需求及行为变化的企业将在激烈的市场竞争中处于不利地位，因为不够重视互联网发展而受到电商冲击，进而导致衰败的众多实体店品牌便是典型的例子。

近年来，我国互联网及移动互联网不断普及，据第 54 次《中国互联网络发展状况统计报告》，截至 2024 年 6 月，我国网民规模已近 11 亿人，互联网普及率达 78.0%，我国手机网民规模达 10.96 亿人，网民使用手机上网的比例达 99.7%。互联网的发展也已改变了人们衣食住行方面的诸多习惯。用支付宝缴水电费，打开美团外卖订一份午餐，到丰巢取不能即时签收的快递，刷微博关注明星的最新动态，在携程上预订机票，在微信朋友圈分享出游的照片，一边用网易云音乐播放歌曲一边浏览评论等，已是大家日常生活的缩影。

与此同时，B2B（企业间的）、B2C（商家对个人）、C2C（个人对个人）、O2O（线上到线下）等随互联网而兴起的商业模式也是大家耳熟能详的。在 20 世纪 90 年代之前，"商业模式"一词的使用者寥寥无几，而随着互联网的普及和互联网经济的发展，"商业模式"一词逐渐被用来解释电子商务。这一术语并未随着 2001 年互联网泡沫的破灭而退出众人的视线，反而越来越多地被用于系统解释企业的竞争优势和创新能力。

商业模式是为了拓展企业经营战略框架而生成的概念，旨在更清晰地应对现代商业分析的多样化、网络化和复杂化。从某种程度上来说，商业模式中的利益相关者都是广义的顾客。以消费者为中心，从消费者需求的角度出发始终是寻求商业模式创新的途径。

过去，消费者到实体书店买书有诸多不便之处，且实体书店折扣较少、价格偏高，B2C 电商当当网等便应运而生。如今，人们已经习惯在当当网、京东等电商平台上购买图书，但这并不意味着线上售书的商业机会已消失殆尽。成立于 2017 年年初的二手书交易平台"多抓鱼",成功构造了 C2B2C(消费者到企业再到消费者)的交易模式,满足消费者对二手书的需求。平台从用户手里收购闲置的二手书,统一进行清理、翻新、消毒和包装,然后出售给对书的新旧程度并不敏感、乐意以较低的价格购买二手书的用户。

传统商业模式下,许多产品的设计往往是"闭门造车",最终导致市场对产品的反应与企业的预期有一定差距。在物质条件匮乏的年代,大规模生产只具有基本功能的产品也许尚有出路。而随着我国经济的发展,人们的生活条件逐渐改善,中产阶级不断壮大,开始追求消费升级;年轻一代需要别具特色的产品来满足他们的个性化需求。在互联网时代,企业要顺应宏观趋势,利用大数据把握细分市场的风口,力求精准投放广告。在移动互联时代,企业必然要以顾客为中心,致力于满足消费者需求,产品本位的传统营销思维已无法跟上时代发展的步伐。

以运动品牌阿迪达斯为例,其通过与经销商开展合作,收集到了更为确切可靠的终端消费数据,从而得以在恰当的时间、在不同的区域推出受消费者欢迎的产品。在阿迪达斯从"批发型"企业转向"零售驱动型"企业的过程中,与经销商的密切合作使得经销商的库存减少,在降低成本的同时提高了单店销售率。其他企业也可以借鉴阿迪达斯的经验,利用大数据合理预测产品销量,减少商品库存堆积或脱销的情况。

互联网时代,消费者不仅是产品的驱动者,更是市场的参与者。卡奥斯(COSMOPlat)是海尔推出的全球首家引入消费者全流程参与体验的工业互联网平台,通过这一平台,消费者可以全面参与产品设计、采购、制造、物流和迭代升级等诸多环节。另外,小米也通过采集和分析消费者在社交平台上对手机产品的需求,发现女性消费者对手机的颜色有偏好,于是推出了小米粉色款手机,深受女性消费者的欢迎,这也是消费者反向推动生产(Consumer to Manufacturer,C2M)的典型案例之一。消费者参与设计,不知不觉将自己的需求与想法融入产品中,使得最终的产品直接反映了消费者的真切需求。

移动互联时代,线上与线下融为一体。越来越多的消费者在线下购物时选择移动支付,也有人在门店了解心仪的商品之后在电商平台下单,滴滴出行、美团等 O2O App 已成为众多消费者日常生活的一部分。随着消费者行为的重构,企业也应顺应趋势随之调整。对于大型企业和平台而言,打通线上线下的数据能构建更为准确立体的用户画像,不仅有助于把握消费者群体的共性,还能洞察特定人群的偏好,同时为交叉销售创造有利条件。而对于小型企业来说,以数据为起点预测需求有利于企业找到潜在的利基点,提供更加个性化的产品或服务,发展成"小而美"的企业。

互联网和大数据的发展使企业能够更精准地洞察消费者需求,从而提高产品研发投入的回报率，促进业务流程的优化和商业模式的创新。这种创新驱动的能力不仅有助于提升企业的竞争力，更促进了行业内的良性竞争，同时为企业的转型提供了新的路径。

4.2 预测需求的思维

4.2.1 从因果到相关

传统分析思维强调因果关系，注重"知因求果"和"执果索因"。然而，在大数据时代，思维模式正从因果思维转向相关思维。这意味着不需要像科学研究那样严格验证因果关系，只需要知道，当甲事件发生时，乙事件大概率也会发生即可，先后发生、伴随发生并不能说明两个事件有因果联系，但也暗示了两者的相关性。对于企业而言，把握这种相关性并作出相应决策，能把握更多的商业机遇。

基于关联规则的推荐系统现已成为各大电商的必备利器。例如，沃尔玛通过分析销售记录和天气记录，注意到每当飓风季节临近，不仅应急手电筒的销量攀升，蛋挞的销量也在增长。基于此，沃尔玛在飓风季节把蛋挞陈列在飓风用品旁，最终实现了两种产品销量的共同提升。无独有偶，赛百味近年发现店内在售的 20 种不同三明治之间存在销量关联，便抓住这一机会扩大顾客食品清单。基于关联规则的推荐系统的优势在于，它善于发现用户的潜在需求且不依赖特定领域的专业知识。但是，关联规则的提取难度较大，且可解释性较差，比如，人们无法解释为何应急手电筒与蛋挞这两个既不是互补品也不是替代品的商品，在飓风季节的销量变化成正比。企业可以通过数据挖掘从大量的历史交易数据中获取规则，包括同时购买的商品之间的关联规则和按时间顺序购买的商品的序列模型。

现实世界的复杂性往往超出了我们的认知范畴，但在多数应用场景中，掌握"是什么"的即时认知比深究"为什么"更具实用价值。在这个快速变迁的时代，对许多商业决策而言，把握显著的相关性比执着于因果验证更为高效，因为过度追求因果关系可能导致决策滞后，错失时机。需要强调的是，侧重相关性分析并非否定因果关系的基础性作用，而是企业在信息化浪潮中，为实现实时预测和快速响应所采取的必要策略调整。正如 2015 年 1 月习近平总书记在十八届中央政治局第二十次集体学习时所指出的："我们一方面要加强调查研究，准确把握客观实际，真正掌握规律；另一方面要坚持发展地而不是静止地、全面地而不是片面地、系统地而不是零散地、普遍联系地而不是单一孤立地观察事物,妥善处理各种重大关系。"企业应通过大数据分析进行调查研究,并准确把握客观实际的相关性,通过相应的营销措施来处理相关关系,以实现经营效率的提升。

4.2.2 量化一切

信息的价值在于能为决策提供支持,而量化或者说数据化的信息则具有应用价值。许多被人忽视或误以为不能量化的信息,在数据化之后,均有较大的商业价值潜力。譬如坐姿,如果仅用文字来描述,很少有人能将它与商用价值联系在一起,而事实上,身形、坐姿及重量分布均可以被量化。迈尔-舍恩伯格和库克耶在《大数据时代:生活、工作与思维的大变革》一书中提到过这样一个案例,日本先进工业技术研究所的越水重臣教授团队在汽车座椅下安装了360个压力传感器,用于测量驾驶员对椅子施加压力的方式,并按0~256的数值范围对其进行量化,生成每个驾驶员的精细数据。基于该项技术,汽车能够识别驾驶者是否为司机本人,该研究结果可应用于汽车防盗等领域。进一步地,我们还可以基于这些数据,研究驾驶员坐姿与行驶安全间的关系,甚至可以判断出司机是否处于疲劳驾驶状态,进而给予警示以保障行车安全。

营销一直以来都是"艺术"和"科学"的结合。随着大数据技术、机器学习算法、人工智能技术在营销领域中的广泛应用,营销中科学部分的比例正在不断提升。例如,互联网广告技术的应用,使得原本无法被量化的广告效果可以得到很好的测量,对于广告主来说,广告的投资回报率不再是一个"未解之谜"了。

4.3 预测需求的方法

4.3.1 深入洞察

科特勒在《营销十宗罪:如何避免企业营销的致命错误》一书中提到,多数企业产生营销缺陷有两个原因:一是企业没有洞察市场的机会;二是企业没有很好地将自身的资源组织起来为目标顾客服务,满足他们的需求,达到他们的期望。事实上,这两个问题是相互联系的,而以顾客为中心的杰出企业总是能精准洞察消费者需求、把握市场先机并超出顾客的预期。

科特勒曾把营销定义为识别目前尚未满足的需要与欲望,估计并最终确定需求量的大小,选择和确定企业关注的目标市场,并且提供适当的产品、劳务和计划,以便为目标市场服务。可以说，一切营销活动都是围绕消费者需求展开的，清晰地定义细分市场和深度分析目标顾客特征有助于预测需求，把握先机。

科特勒曾问过连锁零售巨头西尔斯的高管一个问题："你们试图把东西卖给谁？"然而得到的回答却是："我们卖给每个人，每个人都能在我们店里买点儿东西，如衣服、器械……"在随后的交谈中，西尔斯的高管坦言道，对西尔斯来说，其实并不是每个群体都是有力的购买者。在科特勒看来，与其试图让每个人都走进店内，不如把焦点放在那些喜欢西尔斯商品和服务的顾客身上。

"所有顾客"是一个抽象而空洞的宽泛概念，对于大多数企业而言缺乏实际的指导意义。事实上，着眼于具体的目标消费者群体更能让企业脱颖而出。百事可乐定位于年轻人群体，得以缩小与行业巨头可口可乐差距的故事已成为经典案例。雪花啤酒在中国市场的策略与之类似，它定位于20~35岁的年轻人群体，并成功占据啤酒市场的部分江山。在众人眼里，白酒行业早已被茅台、五粮液等巨头占据，后来者机会寥寥，然而近年来，后起之秀江小白凭借独特的营销策略取得出色业绩，令人刮目相看。江小白同样将目标顾客定位于年轻人群体，通过别具一格的小瓶包装、引发年轻人共鸣的走心文案，成功占领年轻人市场，在竞争激烈的白酒行业赢得了一片属于自己的天地。

美国学者马克·佩恩在其经典之作《小趋势：决定未来大变革的潜藏力量》一书中描述了75类小群体，从办公室恋人到退而不休的老人，从通勤路途遥远的职场人士到热爱电子游戏的成年人……这些正在成长的群体均有尚未被满足的需求，企业应注意把握相应的商业机遇。艾瑞咨询的数据显示，2020年的中国电竞用户规模达到5亿人，市场整体规模接近1 500亿元且仍保持高速的增长，增长主要来自移动电竞游戏市场和电竞生态市场的快速扩张。电竞产业生态包括腾讯、英雄互娱等游戏内容提供商，各电竞赛事及运营商、赞助商，电竞俱乐部，斗鱼、虎牙等直播平台及主播。相关调查显示，超过70%的用户在观赛过程中对电子竞技赛事的合作品牌印象深刻。基于此，硬件设备、快消品和功能软件等行业越来越多的赞助商争相加大投入，力图扩大品牌影响力。

根据相关统计，截至2021年，我国单身人数已逾2亿。为洞察这一人群的消费习惯，国金证券消费研究中心向1985—1995年出生的未婚人群发放约2 000份问卷进行调研，总结出四大消费趋势：第一，单身群体倾向于花钱买方便，外卖经常是其就餐首选，临近社区的便利店也是单身群体频繁购物的场所。第二，单身群体在追求"好看的皮囊"和"有趣的灵魂"上毫不吝啬，化妆品、旅游、电影等产品或服务均备受青睐，而能显著提高单身群体生活质量的公寓租赁、"高颜值"小家电市场也前景可观。第三，单身群体乐于"花钱买寄托"，游戏行业在向社交化发展，宠物经济也迅速

增长。第四,单身群体还乐于在非学历教育方面进行投入,以提升自身在职场上的竞争力。企业应把握这一群体的消费趋势,满足其消费需求。

深入洞察消费者,意味着从细节入手也大有可为。科特勒在《水平营销》一书中讲述了许多例子,如基于包装的营销创新。雀巢在超市推出家庭装的巧克力以满足家庭的消费需要;采用圆形金属罐盛装巧克力,作为礼品在点心店内出售;配上印有著名画家绘图作品的高档金属盒包装,可作为礼物赠予友人。再比如,增加或减少一种产品或服务的基本特性也属于一种营销创新,就拿常见的果汁来说,企业可以提供低糖、多果肉或无添加剂等诸多种类的果汁来实现创新。

换个角度来看,雀巢巧克力包装的例子也是对不同场景下消费者需求的洞察。与之类似,由于中国南北气候有差异,优衣库的 HEATTECH 系列特地推出了轻舒暖、多舒暖和高舒暖三种厚度的产品,以满足消费者的差异化需求。

消费者有时不会主动谈论自己关于产品的看法和需求,因此,企业需要自主思考,深入洞察,以改进自己的产品或服务。比如,宝洁旗下帮宝适的使用者——婴儿——无法直言自己对产品的感受,但宝洁洞察到纸尿裤的购买者——母亲——晚上常常因要为孩子更换尿布而醒来,十分疲惫。更重要的是,婴儿的良好睡眠对其发育至关重要。因此,能让婴儿臀部整夜保持干爽,从而获得"金质睡眠"的帮宝适便得到年轻母亲的青睐。再比如,并非所有的年轻人都愿意公开讨论吸引异性这个话题,然而事实上,相当份额的美容护理市场都受该需求驱动。吉列剃须刀在中国市场面临的一个难题是,许多年轻消费者认为手动湿剃不如电动干剃方便和新潮,所以,只支持手动湿剃的产品销量平平。吉列另辟蹊径,调研了女性对男性使用剃须刀的观点。研究结果发现,在大多数女性眼中,选择手动湿剃的男人更为性感。基于这一深入洞察,吉列开展了主题为性感剃须的营销活动,并收获了湿剃业务的增长。

消费者的需求多种多样,突破原有产品功能的局限,尝试用一种产品去满足消费者的多种需求也是创新之举。巧克力只能作为甜食来满足消费者吗?事实并非如此,健达品牌的"奇趣蛋"便是玩具和巧克力的融合,其不仅是食品还可以满足消费者"玩"的需求。"好孩子"有一款童车产品,外出的时候作为童车使用,在家的时候则可以稍作变形成为木马,供孩童娱乐。

这一点在互联网时代体现得更为突出,一款能满足消费者多种需求的产品可以飞速成长,备受赞誉。始终坚持以用户为中心的网易云音乐便是一个例子。不同于之前仅作为播放音乐的工具型 App,网易云音乐认识到音乐是人与人心灵沟通的渠道,于是抛弃陈旧的曲库模式,通过歌单、乐评等功能率先定义移动互联时代的"音乐社交"。此外,网易云音乐基于大数据算法,还能满足用户对音乐的个性化需求。网易云音乐对原创音乐也提供了很大支持,使得其产品赢得了音乐爱好者更广泛的支持。

优衣库——以顾客为中心

中国市场已成为快消巨头优衣库的全球第二大市场。截至2019年8月,优衣库在中国150多个城市拥有逾700家门店。近年来,优衣库母公司迅销集团施行"有明计划",旨在顺应数字化浪潮,变革未来服装零售的营销模式,以便更好地满足消费者需求。

2018年11月,优衣库推出"掌上旗舰店 一键随心购"服务,打通官方网站、官方App、微信小程序和门店等多种渠道,融合了线上线下多个场景。人们既可以在线上看到新品资讯、优惠信息和穿搭建议,第一时间预购设计师款,随时随地一键购买,也可以在线下门店通过"扫码购"了解产品详情,查看门店、网店全渠道的同款商品库存信息。网购的顾客既可以到线下门店换货,也可以选择线上下单、线下门店提货或者A地下单、B地取货;在微信朋友圈,顾客可以与朋友相互分享自己心仪的商品。

优衣库打通了线上线下各种渠道,聚合数据并进行分析,建立精准的用户画像,与顾客之间的关系也随之改变——从单向流量触达转向立体的"数字触达"。此外,门店导购人员也与"掌上旗舰店"相互配合,比如,门店可以最快1小时内完成线下备货,为顾客提供当场试穿、更换颜色或尺码、免费修改裤长等服务。

"服适人生"(Life Wear)是优衣库一直秉承的价值理念,贯穿于优衣库"智慧零售"的整个实践过程。在优衣库看来,技术和数据固然重要,提升商品服务和顾客体验才是根本。优衣库在2018年进行零售市场调研时发现,消费者需求呈现全新趋势,过半顾客购物时会参考朋友或KOL的意见,社交和口碑成为重要的决策参考;不论是在线上还是在线下,顾客都希望获得全面的信息。为满足这些新的需求,优衣库"掌上旗舰店"进行了相应的设计和调整:查货功能在线上线下都能提供商品详细信息;分享功能方便顾客转发朋友圈,并获得更多好友评价;渠道统一是为了提供无差异的产品或服务;预购服务是为了让"潮人"第一时间买到设计师款。"掌上旗舰店"让顾客可以选择不同的穿衣场景,然后根据季节进行穿搭推荐,顾客还可以直接点击、预约"门店试穿"服务。

优衣库在应用数字化和转型智慧零售的过程中,始终坚持技术和数据只是外在,优质的产品和顾客体验才是本质,并用实践为服装零售企业转型提供了一个范例:深耕消费者需求才是最为实用的方法。

资料来源:作者根据相关资料整理。

4.3.2 数据赋能

为洞察消费者需求，企业需要进行详尽的营销调研。营销调研是一个以改进企业营销活动为目的，收集、分析和解释数据的过程。传统的顾客资料搜集不仅耗时耗力，而且有一定局限性。移动互联时代，智能手机俨然已成为用户生活中的重要组成部分，用户身份更易被识别，用户行为越来越数字化，企业可以收集关于用户的海量数据，构建出更为全面、立体的用户画像，并据此作出决策。

用户画像是用于描述用户的数据，指真实用户的虚拟代表，是建立在一系列属性数据之上的目标用户模型，是对消费者需求的形象化描述，它来源于现实，又高于现实。企业通过对存储在服务器中的海量日志和数据库里的大量数据进行分析和挖掘，给用户贴"标签"。"标签"是能表示用户某一维度特征的标识，通过"标签"所描述的用户特征可以得到用户画像。因此，可以说用户画像既来源于数据，又高于数据。

用"贴标签"的方法构建用户画像时，一方面应化整为零，因为每个标签都定义了企业描述用户的一个维度；另一方面又要集零为整，将多维标签有机整合成完整的用户画像。这是基于用户人口统计学特征、网络浏览记录、网络社交活动记录和消费行为记录等信息而抽象出的标签化用户模型，年龄、性别等人口细分变量固然可以作为标签，但用户行为数据标签更具有移动互联时代的特征。

借助大数据，企业可以知晓顾客购买的产品、购买时间和地点，也能了解顾客的收入和消费习惯，并可以预测消费者需求，进而作出个性化推荐、产品更新迭代等众多决策，以满足消费者需求。交通银行便是银行业的先行者，其打造了大数据用户画像平台"买单联盟"，创新性地将大数据营销从"用户数据级"升级为"用户画像级"，为其信用卡业务的个性化营销及客户管理提供助力。

在互联网时代，顾客在作出购买决策前，常会在网上搜索和浏览产品信息，通过社交平台关注感兴趣的企业或商品，甚至在完成购买后仍会在线发表使用评价。近年兴起的"什么值得买"、小红书等UGC（User Generated Content，用户生成内容）类社区网站及App更是为消费者提供了分享商品使用感受的平台。消费者的购买行为、购买评价和口碑推荐等都能反映他们的真实需求，可以为企业的各种决策提供更有效的信息支持。

社交化营销越来越成为当下主流的营销模式。相对于陌生人的直接推销，在熟人的分享与推荐下，消费者的购买转化率会大大提升，这是因为人们对熟人的信任度很高，认为陌生人的推销是有特殊目的的行为，而熟人推荐的商品要么是性价比很高的、要么是对自己很有用的。成立于2015年、专注于C2B（个人到企业）拼团购物模式的拼多多正是抓住了消费者的这一心理，伴随"病毒式传播"的拼团活动，其市场占有率在短时间内迅速提升。对于拼单发起人，其发起拼单会得到额外的好处，因此，大部分用户愿意发起拼单并通过微信等社交软件分享自己的拼单信息，向亲朋好友广泛扩散，促成每一次的拼单。

"什么值得买"平台集导购、媒体、工具、社区于一体，以UGC为主要方式向用户推荐优质商品及优惠信息，为用户提供专业的消费决策支持，其数据传递模式如图4-1所示。此外，"什么值得买"也是阿里巴巴、京东、亚马逊等电商和耐克、戴森、松下等众多品牌商获取顾客、提高品牌影响力的重要渠道。

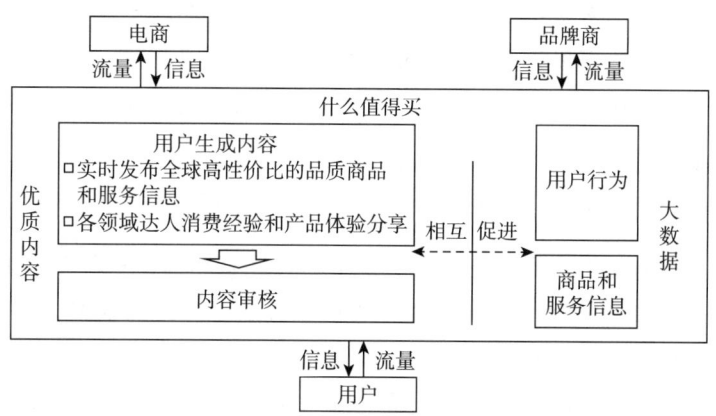

图4-1 "什么值得买"网站数据传递模式

值得一提的是，"什么值得买"在其招股说明书中还提到，经过多年的经营积累，"什么值得买"已拥有一批消费能力强、忠诚度高、活跃度高的用户。他们既是UGC的来源，也从"什么值得买"处获得消费决策支持，已成为"什么值得买"核心竞争力的一部分。

在以上有关"什么值得买"的例子中，企业与消费者、消费者与消费者之间共享了信息和数据，在经济利益上实现了共赢。

智慧营销既是艺术，也是科学。在大数据的支持下，智慧营销越来越趋向于科学化和精确化。大数据预测模型主要包括数据收集、数据集成、数据分析和数据解释四个阶段。收集到的数据经集成后，转换成统一标准的数据格式；企业采用数据挖掘、机器学习、智能算法和统计分析等方法进行数据分析处理，最后还可以利用可视化技术呈现结果，使其更加直观形象，便于理解。

大数据对商业模式的影响是革命性的。企业可以通过分析海量的供应链信息，做到实时计算配额，实时展现供需情况并作出反应。2019年，耐克收购了一家由麻省理工学院终身教授创立的人工智能预测分析企业Celect，旨在通过Celect的技术更好地预测顾客偏好的运动鞋服款式和希望购买的时间、地点。Celect对消费者的预测分析有利于耐克合理控制库存，既降低缺货率，又防止商品积压，有利于企业利润的提升。

分析信息数据不仅可以优化供应链，更可以帮助品牌打造"定制化"产品，加强品牌与消费者的互动。2017年，海尔在德国汉诺威工业博览会上大显身手：顾客可在平板电脑上勾选自己对冰箱的需求并输入信息（如家庭成员数量、做饭频率等），系统在收到这些信息的几分钟之后便能输出一台数字模拟的"样机"，如果顾客满意，该方案可以立即下单，约12天之后，顾客便可在家中收到这款定制冰箱。通过与消费者交互，海尔记录了消费者的个性化需求，因此也无须遵循传统的"大规模生产—压货—销售"的模式。而由消费者根据自身需求定制的产品，自然不愁销路。海尔还可以通过预定、预售等方式合理预估市场需求量，从而使得高效生产成为海尔的核心工作。

企业可以根据消费者的购买历史、个人喜好、运动习惯等信息，预测消费者需求，进而改进、定制产品，最终提高消费者的满意度。有效地利用历史数据能更好地预测消费者需求，并在消费者需要时将产品或服务提供给他们。

电商巨头亚马逊在预测消费者需求方面表现得尤为出色。2013年年底，亚马逊获得了一项名为"预测式发货"的新专利，通过分析顾客的各类数据，在顾客提交订单前便提前发出包裹。亚马逊在专利文件中提到，等待收货的时间较长可能使消费者的购买意愿下降，甚至放弃网上购物。因此，亚马逊可根据消费者的历史消费记录及其他数据，了解消费者的购物习惯，从而在他们实际提交订单前便将包裹发出。根据该专利文件，虽然包裹会提前从亚马逊发出，但在消费者正式下单前，这些包裹仍会暂存在快递公司的仓储中心。在正式收到订单后，亚马逊再通过仓储中心将商品打包，经由UPS（联合包裹服务公司）等快递公司将商品送至消费者家里。亚马逊的这一专利反映了一大趋势——企业在利用各种技术通过多元化方式提前预测消费者需求。

利用数据分析来预测需求，可以帮助企业从被动适应消费者需求转向主动挖掘消费者需求，为消费者提供超预期的产品或服务。例如，智慧出行生态平台T3出行利用大数据分析发现，2023年五一假期期间，游客的出游、娱乐等需求集中爆发。2023年4月29日至5月3日，平台呼叫量峰值同比增长超179%，用户整体打车出行量较当年春节期间增长超159%，打卡三、四线城市，"特种兵式"出游，短途旅游，交换旅游等出行方式火爆。结合年轻人出行的特点和需求，T3出行打造了服务于年轻人出行的超级App，陆续推出"一键吃喝玩乐""定制车厢""预约单派车"等功能，为年轻用户提供定制化出行服务。另外，对于人们普遍关注的安全问题，T3出行与华为云开展全面合作，对于司机服务过程中疲劳驾驶、分神等行为进行监测，双方制订了端云协同方案，使得算法准确率达到90%以上，有效保障了司乘的出行安全。T3出行推出各种技术与服务，以顾客为中心进行优化，洞察消费者需求，借助大数据给予顾客超预期的服务。

由此可见，数据赋能对智慧营销来说尤为重要。数据作为新型生产要素，是数字化、网络化、智能化的基础，已快速融入生产、分配、流通、消费和社会服务管理等各个环节，深刻改变着人们的生产方式、生活方式和社会治理方式。企业要在维护国家数据安全、保护用户信息和商业秘密的前提下，促进数据高效流通使用、赋能实体经济。

零售即数据

有着"中国内衣第一股"之称的"都市丽人"成立于1998年，并于2014年在香港交易所上市，全国有近8 000家门店。在"都市丽人"看来，中国零售业分销商和加盟店众多，供应商、渠道商和销售终端分别掌握一部分消费者数据，导致生产厂商难以全面了解消费者需求。为改变这一状况，"都市丽人"建立起以数据驱动商业的价值链，开创出独具竞争力的发展路径。

"都市丽人"早在转型之前便对数据较为重视，其旗下加盟店装有统一的POS销售终端系统，使得加盟店数据可以及时汇聚到数据库中。基于此，"都市丽人"便能为加盟商提供销售较快的产品，使得加盟商资金充裕，能够进一步扩展店面。

转型之后的"都市丽人"有效地整合了线上线下资源，打造ToB（面向企业用户）和ToC（面向个人用户）的整体电子商务服务平台，同时为门店和5 500万会员服务。近年来，许多企业备受线上、线下渠道冲突的困扰，"都市丽人"则将电商平台清晰定位为对零售渠道的补充，以便更好地实施全渠道会员营销战略。具体而言，"都市丽人"将扣除运营成本后的所有利润都分配给会员所注册的门店，电商平台只进行维持性运营，这一措施有效地降低了门店的库存压力和资金压力，保证加盟商全身心投入新开门店和发展会员的工作中。

在洞察消费者需求方面，"都市丽人"的创新做法体现为通过网络数据来分析顾客的决策过程，并根据顾客的典型浏览模式对他们进行分类，提供细分市场标准。"都市丽人"还通过对会员消费数据的分析，甄别出哪些顾客可能流失及其流失的原因，确定顾客流失前的行为模式，并对症下药制定出提升顾客体验的市场战略。在对企业经营业绩至关重要的门店管理上，"都市丽人"借助IBM ILOG业务管理系统，对门店的补货系统、排班系统和产品信息、库存信息进行管理。此外,"都市丽人"还创建了零售监控系统,为每家门店设置 KPI(关键绩效指标),并在平台上针对 KPI 设置预警模型。每家门店都可以登录零售监控系统,一览供应流程和库存状况,并适时作出相应调整。

"都市丽人"还通过直营店与加盟店共享数据来确定哪类顾客是最佳的业务来源,并针对不同地区门店的营业数据,结合近期销售趋势、宏观经济形势、促销手段及力度等多方面因素,预测未来销售路径,并将预测结果与所有营销部门和加盟商共享,以求合力取得卓越业绩。

大数据时代,各行各业都致力于挖掘海量数据的商业价值。然而,大数据的意义并不只是"大",只有明晰数据背后的商业逻辑并有的放矢,才能在市场上取得优势。显然,"都市丽人"已对数据与零售的关系了然于心,并借力大数据打出了一套漂亮的组合拳。

毋庸置疑,大数据使企业运营更有"预见性"。微博会向用户推荐可能感兴趣的博主;抖音、头条会推荐符合用户偏好的短视频、新闻;淘宝基于"千人千面"的理念,为用户提供个性化商品推荐。而在它们背后,有一个共同的"幕后推手"——协同过滤算法。协同过滤是一个利用集体智慧的典型方法。基于用户的协同过滤算法可依据用户对商品的偏好找到偏好相似的"邻居"用户,然后将"邻居"用户喜欢的商品推荐给当前用户;基于商品的协同过滤算法则依据用户对商品的偏好找到相似的商品,然后根据用户的历史偏好,推荐相似的商品给用户。这种协同过滤算法的优势是:它总能生成一些令消费者感到惊喜的推荐;这种算法只依赖用户行为,无须对内容进行深入了解,适用范围广泛。然而,协同过滤算法也存在着一些无法改善的劣势,例如,冷启动问题①无法解决,对于推荐的可解释性较差等。

市场充满了未知,大数据技术有助于企业从市场的不确定性中寻找大概率的确定性。无论是洞察潮流趋势、进行产品的迭代与创新,还是优化供应链和库存、提供个性化商品推荐,大数据都对预测需求起到了关键作用。

然而,大数据也有其局限性。例如,在美国波士顿生活的居民曾被当地政府推荐使用一款名为"Street Bump"(颠簸的街道)的 App,只要市民在行车途中打开该 App,这款 App 便可以利用手机内置的加速度传感器判断街道是否颠簸。市政人员的工作量因此下降,他们无须亲自巡查道路,只需打开电脑便能一览道路状况,判断道路是否需要维修。这一案例一度作为众包模式的典范被媒体争相报道。然而遗憾的是,该产品的设计本身是有缺陷的。该 App 的使用者多为年轻的有车一族,而且他们还需要在

---

① 指推荐系统无法对那些评分信息较少的用户和项目、新用户和新项目进行推荐。

开车时记得打开这个 App 才能使它检查出道路颠簸点。该 App 的理念在于，它可以提供 "$n = All$" 个颠簸地点的信息，但实际上这里的 "$n = All$" 也仅仅是满足上述条件的用户才会记录的数据。在一些道路交通状况较差的街区，可能因为有车且记得打开这个 App 的用户偏少，所以即使路面存在较多不平之处，也未能全数检测出来。显然，大数据看似包罗万象，但 "$n = All$" 这一理论其实并没有听上去那么完美。大数据在商业领域的应用也是同样的道理。比如，当我们沉迷于分析顾客的线上行为数据时，还应意识到我国未曾接触过网购的人群仍以亿计。

再如，潮流是时尚界的"流感"，时常来势汹汹。当企业试图通过某个"网红产品"及所属品类的浏览量、搜索量，社区内相关内容的发帖数量、评论数量，或者社交媒体上的转发数量、点赞数量来判断潮流趋势，进而据此来预测需求量时，也应意识到，媒体曝光和新闻报道一时吸引了过多顾客的浏览、搜索和评论，可能过分放大了实际有购买意向的顾客的数量。一旦企业及至行业对产品需求量过于高估，并据此制订生产计划，很可能导致利润不如预期，甚至因为行业范围内同款产品供给过多而使价格不得不降低，最后导致企业利润锐减甚至亏损。

此外，数据终归只是工具，数据分析仍需要以符合商业逻辑为前提。比如，某企业某年 10 月，产品销售额同比下滑明显，未必是顾客流失造成的，也可能是因为节日对该产品销量影响较大，因为上一年中秋节在 10 月，这一年则在 9 月。基于近两年甚至近五年中秋节前后的销售情况进行数据分析，得到的结果才更可信。

最后，尽管大数据在洞察消费者需求、预测消费者需求方面有较大作用，但企业要意识到，隐私保护也是消费者极为重要的需求。近年来，由消费者信息泄露而导致的案件频发，企业在加强对消费者信息保护的重视之外，更应坚守法律底线，既不能为谋取利益而将消费者的隐私数据用于其他用途甚至出售给第三方，也不可通过非法途径或灰色手段来获取消费者的隐私数据资料。在大数据时代，消费者也应该增强隐私保护意识，不可因小失大，牺牲自己的隐私去换取一时的便利。

资料来源：作者根据相关资料整理。

课后思考题

1. 预测需求的意义是什么？
2. 创新商业模式的含义是什么？
3. 预测消费者需求的方法有哪些？如何通过数据赋能达到预测需求的目的？

实训案例

消费者需求预测与分析——以某手机品牌为例

> 案例概要

在当今的数字化时代,消费者对广告的感知会在很大程度上影响其购买意愿。本案例旨在通过数据分析,特别是运用一元回归和多元回归等方法,深入研究消费者观看广告后的效果,以预测其需求。本案例通过分析感知对消费者购买意愿的影响,旨在揭示广告在引导消费者需求方面的关键作用,为企业制定精准的市场营销策略提供科学依据。

> 实训知识点

数据收集与清理:收集消费者观看广告后的反馈数据,包括感知评分、购买意愿等指标。数据清理包括处理缺失值、异常值,以及删除无效数据等,以确保后续分析的准确性。

一元回归分析:运用一元回归模型,研究单一因素(例如广告感知趣味性评分)对购买意愿的影响。通过回归系数的解释,揭示感知对消费者购买意愿的直接影响程度。

多元回归分析:引入多个因素,如广告趣味性、信息性、说服力等,构建多元回归模型,全面探讨各因素对消费者购买意愿的综合影响,实现更精确的预测。

模型评估与优化:通过评估模型的拟合度、预测准确性等指标,优化模型,确保其在实际应用中的稳健性和有效性。

> 数据分析与实训操作

本案例可通过数据平台分享的真实广告效果数据进行实训操作。学生将能够在实际业务场景中运用数据分析方法,为企业提供更精准的市场预测和决策支持。实训项目PPT、实训项目报告、数据建模分析可登录教学实训平台(edu.credamo.com),加入"智慧营销"课程(在学生端点击"加入课程",输入加课码:jkm_6229750854424576;教师可以在课程库中搜索该课程并直接导入),在相关章节的实训项目中获取。

第 5 章
智慧营销：引导消费者需求

教学背景

扩大内需首先需要创造需求，2022年12月的中央经济工作会议提出要"增强消费能力，改善消费条件，创新消费场景"。智慧创造和引导消费者需求具有重要意义：首先，二者促进了新型消费，培育壮大了智慧产品和智慧零售、智慧旅游、智慧广电、智慧养老、智慧家政、数字文化、智能体育等新业态，推动产业数字化转型；其次，从生活、工作、娱乐等场景挖掘并创造消费场景，从而智慧地引导消费者需求产生；最后，拓宽了居民的消费渠道，改变了居民的消费模式和消费习惯，在一定程度上缩小了城乡居民消费差距，展现出其在打通国内大循环、拉动内需、促进消费方面的重要作用。

框架及知识点

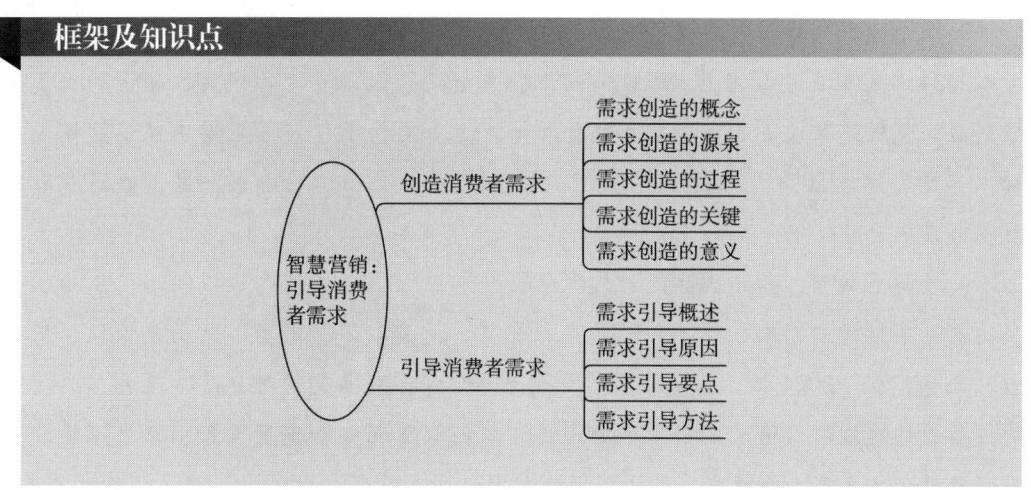

引导案例

霸王茶姬——从健康理念到消费需求的创新引导

在竞争激烈的新茶饮市场，霸王茶姬凭借对消费者需求的深度洞察与主动引导，成功从众多品牌中脱颖而出。不同于传统企业被动迎合市场，霸王茶姬通过产品创新、品牌文化塑造和场景化营销，主动培养消费者对健康茶饮的需求，并推动行业向更高标准发展。

1. 健康消费趋势的主动引领，洞察潜在需求

传统茶饮市场长期被高糖、高添加剂的奶茶主导，而霸王茶姬敏锐捕捉到消费者对健康饮品的潜在需求，率先提出"原叶鲜奶茶"的概念，强调"0添加人工香精、0反式脂肪酸、0奶精"的健康标准。霸王茶姬推出的"花田乌龙"系列，采用天然茶底和新鲜果肉，单杯热量仅125卡，迅速成为消费者追捧的健康饮品。

更关键的是，霸王茶姬并未止步于产品改良，而是通过透明化数据（如公开血糖生成指数值、热量表）和健康大使（如邀请运动员刘翔、郑钦文代言）强化消费者对健康茶饮的认知，使"低糖、低负担"成为行业新标准。

2. 从产品到生活方式的消费升级

霸王茶姬不仅利用产品创新，更通过场景化营销塑造新的消费习惯。例如，其2024年冬季推出的"晴山栖谷"系列，采用皖西黄大茶、玄米荞麦和牛乳搭配，精准契合消费者对暖饮的需求，推动热茶销量增长22%。同时，品牌通过社交媒体互动（如用户共创口味）增强消费者参与感，使健康茶饮从"可选"变成"必选"。

3. 宠物友好门店：拓展消费场景

2024年，霸王茶姬在上海开设首家宠物友好门店，提供宠物专属休息区和免费宠物用品，吸引爱宠人士这一高黏性消费群体。这一创新不仅迎合了宠物经济的增长趋势（年增速超过30%），更通过"人宠共饮"场景强化品牌的情感联结，使消费者在社交分享中自发传播。

4. 全球化战略：塑造国际健康茶饮标准

霸王茶姬的"以东方茶，会世界友"战略，使其在海外市场（如马来西亚、新加坡）迅速扩张。2024年，其全球门店突破6 000家，商品交易额达295亿元，成功将中国茶饮的健康理念输出至国际市场。通过文化输出（如东方茶理念）拓展市场，而非简单复制本土商业化模式，霸王茶姬的案例证明，优秀企业不仅能满足消费者需求，更能通过产品创新与品牌文化塑造来创造需求，最终改变行业竞争格局。

资料来源：作者根据相关资料整理。

5.1 创造消费者需求

企业不应盲目地创造需求,而应以目标消费者的需求为基础,通过充分且严谨的市场调研,针对有较大利润空间的潜在细分市场,实施精准的营销策略组合来创造。然而,过度依赖消费者需求也存在明显的局限性,因为消费者认知的短视性可能误导企业创新方向,而盲目追随需求变化更会导致企业丧失战略定力。例如,在受猎奇心理驱动的市场中,过度依赖消费者需求的企业常因缺乏前瞻性洞察而错失创新窗口期。

科特勒曾说:营销是关于企业如何发展、创造并交付价值以满足一定目标市场的需求,同时获取利润的科学和艺术。随着社会进步,现代产品的创新周期和生命周期日益缩短,这使得产品长期保持市场竞争力变得愈发困难。尤其是在高科技和信息产业领域,这一现象更为显著——因为成功的技术创新往往能引领需求变革,进而加速产品的更新迭代。企业能否预见下一波技术变革的到来,并在技术、生产、营销上做好准备,直接决定了企业未来的获利能力。因此,时刻掌握最新技术,并将其转化为未来消费者需要的产品,便成了企业长期生存发展的关键。为此,企业需要具备预测并把握消费者需求趋势的能力,据此规划未来产品,这也是企业深入进行消费者调研、挖掘其潜在需求的目的。

5.1.1 需求创造的概念

需求,在市场经济的条件下指的是人们有意愿且有能力消费。根据马斯洛的需求层次理论,当且仅当较低层次的需求得到满足后,人们的需求才会提升至更高层次。根据需求层次理论进行分析,不难发现传统的适应市场、适应需求的方式更偏向满足较低层次的需求,即生理和安全需求。较之低层次需求的单一性和同质性,较高层次的需求有个性化、多元化的趋势,传统营销理念难以满足多元发展的高层次需求,因此需要构建与之相匹配的需求创造体系,以有效引导并满足日益丰富的消费需求。

在经济发展的过程中,企业培养创造需求、引导消费的营销意识是必然趋势。要创造出新的市场需求,需借助科学技术挖掘消费者尚未意识到的消费需求,开发出新产品来开拓新市场,丰富消费者的选择。具体而言,需要挖掘的潜在需求包括两种:一是因为产品尚未出现、产品质量参差不齐或是缺乏购买力等因素,即便消费者已经意识到自己的需求也无法实现;二是暂时超出消费者认知范围的需求。消费引导主要也分为两类：一是为消费者提供产品、服务和企业的相关信息，促使消费者购买；二是以宣传、灌输等方式向消费者传递产品、服务和企业本身的理念，促进消费者对产品、服务及技术的购买，提升其对企业的认知水平，进而达到刺激消费者需求的目的。传统营销理念虽能直接满足消费者的现实需求，却不得不面对红海市场激烈的竞争。若企业能够精准挖掘出消费者的潜在需求，那么当潜在需求转变为现实需求时，企业就能极大地避免不必要的竞争，进入前景广阔的蓝海市场。

随着经济的发展，我国居民的消费水平不断提高，消费者观念和消费者心理的转变使得需求呈现出多元化、小众化的特点。可选择商品的增加导致各个消费者细分群体渐趋缩小，少数企业难以垄断或长时间占据市场主导地位。在这样的形势下，传统的被动、机械化的营销模式失效，企业因无法适应市场需求的快速变化而疲于奔命。因此，企业应该主动洞察各类不同的消费者需求，引导消费者及消费流行趋势，将科技创新成果应用到具体产业和产业链上，催生新产业、新模式、新动能，以更好地满足人民日益增长的美好生活需要。

5.1.2 需求创造的源泉

企业的生存发展与需求创新息息相关，企业管理者必须厘清创新的来源，才能更好地达到需求创新的目的。需求创新的信息来源主要有三个方面：销售人员、供应商和消费者。

- 销售人员作为企业和市场的媒介，同时担负着向市场推广产品和为企业搜集市场信息的职责，销售人员与市场的紧密联系使他们能获得市场的第一手信息，洞察市场的需求变化。建立良好的激励制度或有影响力的企业文化，能够有效激发销售人员系统整理和上报市场信息的主动性。
- 供应商拥有材料、产品、供货方式等供应环节的最新信息，与供应商的密切联系也有助于企业发现新需求。
- 消费者作为企业产品最终的服务对象，自然也是企业创新的核心要素。通过专职人员回访等与消费者沟通的方式，企业能够获取消费者对产品的想法，诸如产品的使用场景是否恰当或能否真正解决痛点问题等。直接询问是一种简便的方法。但是，当消费者对自身需求仅有模糊认知，或企业缺乏足够的用户洞察时，也可以选择由企业内部员工直接与消费者沟通，参与日常的流程实践并进行调研，以更贴近用户核心需求的方式高效地重塑需求。例如，711超市通过整合POS系统和消费者标签系统，使每个销售人员可以在消费者结账时给其打上简单的标签，从而便于后续对其需求的分析。事实上,所有企业都应该重视培养销售人员发现和引导消费者需求的能力。

企业在获取最新的消费者需求信息之后,还应该通过创新来满足消费者需求。企业在实现需求创新产品化的过程中,有三个关键因素:较高的领导素质、较高的用户参与度、较高的研发和技术水平。

- 以消费者需求为导向的市场意识、精准的预测能力,以及较高的风险承担能力都是一位合格的领导者应该具备的素质,只有这样的领导者才能正确规划企业战略、合理制定企业制度,并鼓励员工参与需求创新。
- 用户是需求创新的关键参与者,在潜在市场的产品设计开发阶段,通过组织产品研发座谈会、发放试用样品或收集产品评估意见等方式让用户深度参与,可以加速产品优化和市场投入进程,从而显著提升企业的市场竞争力。
- 若企业虽然能感知到潜在的市场需求,却无力设计、生产出满足市场需求的产品,终究也无法实现长远发展。因此,企业在强化市场意识的同时也必须提升自主创新的技术及研发能力,这不仅是参与市场竞争的必要条件,也是企业乃至国家生存的根本。

案例5-1

海底捞:用极致服务创造餐饮行业新需求

在中国竞争激烈的火锅市场,许多品牌依赖于菜品、价格和促销手段来吸引消费者。然而,海底捞选择了一条不同的道路——通过极致的服务体验,创造消费者的新需求,而不仅仅是满足市场已有的需求。

海底捞最具标志性的策略是将餐饮体验转变为全方位的服务体验。它深刻洞察到,中国消费者在就餐时不仅关注食物本身,还在意整体的用餐氛围和服务质量。因此,它提供了远超行业标准的个性化服务,比如免费美甲、手机贴膜、眼镜清洁,以及候餐时的零食供应等,让顾客在等待时也能获得愉悦的体验。

此外,海底捞在细节管理上做到了极致。其服务员经过严格的培训,可以迅速记住回头客的喜好,例如对锅底口味的偏好等,他们甚至还会主动提醒常客避免点曾经不太喜欢的菜品。这种高度个性化的服务让顾客不仅体验到了美味的餐食,还获得了尊重、被关怀的情感满足。

除了线下体验,海底捞还不断拓展线上渠道,以迎合中国消费者日益增长的外卖需求。例如,它推出了高端外卖服务,不仅提供全套新鲜食材和专用锅具,还配备专业服务人员上门进行摆盘和烹饪指导,将高品质的火锅体验延伸至家庭和办公场景。

这一举措让消费者即便不去门店用餐，也能享受到海底捞的超值服务，从而进一步扩大了市场覆盖范围。

海底捞的成功证明，企业不仅可以满足已有的消费者需求，更可以通过创新和提供差异化体验创造全新的市场需求。在中国餐饮行业普遍以价格战展开竞争的背景下，海底捞凭借卓越的服务体验塑造了品牌独特性，成为行业中的佼佼者，并推动了整个餐饮行业对服务质量的重新定义。

资料来源：作者根据相关资料整理。

5.1.3 需求创造的过程

消费者需求的变化是需求创造的核心，消费者的需求随着社会发展、科技进步、经济发展等各种因素而变得更加多元化，为了适应消费者需求的变化趋势，企业产品的迭代、更新及再创造显得越发重要。网络电商的迅速发展在降低购物成本的同时，更好地满足了消费者多样化的需求，从而创造了新需求。[①] 与此同时，产品的创新周期也越来越短，传统的市场调查方法已经无法满足迅速变化的消费者需求。以市场调查为例，有效的市场调查必须建立在科学研究消费者需求的基础之上。其中，消费者自我陈述式调查尤为关键，但这要求受访者具备基本的产品技术认知和市场洞察能力，同时能够清晰表达自身潜在的需求。若受访者不具备这些能力，市场调查结果将难以支撑企业的商业决策。

因此，企业不仅需要建立全面且深入的市场调研体系，更要培养把握消费者需求发展趋势的能力。潜在需求一般与现实需求有很强的相关性，所以，企业在掌握传统市场调查技术的同时，还必须能够准确分析问题。由于消费者很可能没有意识到或是难以表达潜在需求，因此，企业借助创新思维，能通过个体现有的信息预估其未来的普遍需求。

市场环境的多变，加之自身认知能力、生活方式及环境、文化和背景等的影响，消费者很难准确意识到或表达自身的需求，同时，消费者的需求也因其所拥有的知识、经历等而可能产生偏差。此时，企业便应承担起对消费者的教育以及培训责任。帮助消费者完善认知主要有两种途径：消费者教育和消费文化创新。

消费者教育是指企业以营销为目的，有计划、有组织地针对目标消费者群体传授消费知识及技能，培养消费者科学消费的观念，从而提高其素质的活动。对企业而言，消费者教育非常重要，并且由于科技进步、产品更新迭代加速、市场竞争加剧等因素，

---

① 刘博. 网络零售与居民消费："需求创造"与"需求转移"之争[J]. 商业经济研究, 2022(21):41-45.

其作用日渐明显。人们的消费习惯受到社会、经济、文化、心理等因素的影响，其中文化给消费者的购买行为带来的影响最为显著，是造成区域、阶层需求差异的关键因素。然而，消费者的价值观、消费理念不是一成不变的，因此，企业在推出新产品遇到阻力时，除了可以因地制宜，适应当地文化，还可以利用消费文化创新，逐步影响、改变消费者的生活方式、消费习惯、价值观，进而提高消费者对企业产品的接受度。此外，随着消费者对社交网络的依赖度提升，以知乎和小红书为代表的信息平台成为企业和品牌教育消费者的重要渠道。达人和专家"种草"[①]，深度解析产品或服务的价值，能够达到很好的教育消费者、提升消费者对品牌和产品的认知度及接受度的目的。

5.1.4　需求创造的关键

美国管理思想家亚德里安·斯莱沃斯基（Adrian Slywotzky）在《需求：缔造伟大商业传奇的根本力量》一书中，将需求创造归纳为六个关键点：磁力、麻烦、无形、撬动、超越和个性。

磁力是指情感需求，是需求创造的基础。产品的魔力所在，无非是产品功能与情感诉求的结合。消费者对产品功能的需求是理性的，这个部分受人类左脑控制；情感需求是感性的，这个部分被人类的右脑所左右。不起眼的小事经常在我们作出重要决策的时候引发蝴蝶效应[②]，只有当产品能够与强烈的情感诉求相结合时，才会形成对消费者的磁力。例如，随着经济的发展、观念的进步，很多有孩子的家庭会在自家汽车上安装儿童安全座椅。一方面，车主们认为自己有此类需求，安全座椅能够为孩子带来更舒适、更安全的出行体验；另一方面，出于对孩子安全的重视，车主们并不会理性地考虑孩子是否喜欢并愿意使用安全座椅，而是会毫不犹豫地选择安装，认为拥有儿童安全座椅就等同于孩子出行安全。

麻烦是需求创造的契机，麻烦之于尚未实现的潜在需求是最先出现的提示信号，成功的需求创新不能依靠在现有方案上进行改进，而是要聚焦消费者需求来创新产品。改进产品性能在有些情况下，可能会导致负需求出现，此时应通过创造新产品来应对。例如，人们对于便携式娱乐影音设备具有潜在需求，企业通过对笔记本电脑播放软件性能等的优化并不能使该需求得到满足，真正能够打动消费者的是平板电脑这样的新产品。集便携、视听效果、外观、软件等优势于一体的平板电脑一经面世即获得了消费者的青睐。

---

① 网络流行语，指激发消费者的购买欲望。
② 这是指在一个动力系统中，初始条件下微小的变化能使整个系统产生长期且巨大的连锁反应。

无形的资源需求是需求创造的过程中不可忽视的部分。成就或毁灭一款产品的力量往往隐藏在看不见的地方。创新的成功与否往往取决于客户端。产品使用过程中每个多余的步骤、过多的限制或配件，都会使产品远离用户。例如，在手机 App 市场中，很多极简主义的产品在给消费者带来便捷的同时，也为其留下了很大的想象空间。比如，照片整理工具 Slidebox 通过左右划动的简单操作，即可选择保留或删除手机相册里的照片；与之类似，社交软件探探通过左右划动的方式，使用户可以对自己心仪或不心仪的异性作出分类。

撬动临界需求可以加速需求创造的进程。口碑传播是最有效但也最难实现的推进手段，其能使骑墙派（指立场不坚定的人）在无形之中成为磁力产品的忠实用户。如拼多多通过社交化营销取得的成功，便得益于用户与熟人间的口碑传播，科技的进步使得人们通过网络即可实现口耳相传的效果。

超越是需求创造的持续动力。需求创造不仅意味着成功发布新产品，更意味着在产品改进的过程中使消费者感受到由"无所谓"到"真的有需求"的变化，也就是潜在需求转化为现实需求。例如，各大智能电子品牌纷纷力推线下体验店，为消费者提供进店体验新产品的机会，华为手机体验店让消费者在第一时间体验到华为新款手机的拍照等功能，与仅仅浏览手机拍照参数相比，实地体验带给消费者的感受完全不同，体验过后，消费者很容易便会被"种草"，进而将潜在需求转化为现实需求。

个性即需求差异。满足核心用户的需求是十分重要的。想设计一款"吸引原型客户"的产品，无异于对资源的浪费。首先，用户普遍抗拒被标签化为"大众群体"的从属感；其次，不存在全盘接受的绝对满意型需求；最后，也没有一种产品可以满足所有消费者的所有需求。因此，企业不应该投入过多资源打造一种被大多数消费者接受的、满足所有需求的产品，而应该把差异化作为自己设计和开发产品的理念，聚焦长尾效应，为消费者提供"去平均化"的产品。

5.1.5 需求创造的意义

需求创造指主动对消费者的潜在需求进行考察、研究和开发，争取在消费者提出具体的需求或竞争对手提供合适的解决方案前，率先研制出产品并将其推向市场。开发新产品，使得消费者了解、接受并最终喜欢上它，需要投入大量的人力、物力资源。

需求创造能给予企业拓展新市场的机会。需求的本质是消费者，但真正的需求创造发生在需求显现出来之前，因此企业应主动研究、探索并开发消费者的潜在需求，在消费者尚未准确意识到需求时就打造出合适的产品。

产品创新能使企业实现差异化并增强市场竞争力。由于各企业的理念、资源禀赋不同，甚至未来的市场创新点也不同，市场发展出面向多个细分群体的商品。同时，因为专利、技术等使相似产品的替代性降低，企业得以减少与同业的竞争，增强自身的议价能力，最终提升知名度，并形成壁垒，提高竞争对手的进入门槛。

有竞争力的产品不仅是能够满足当下消费需求的产品，更应该是能够引领未来需求的产品。企业应仔细观察市场的发展趋势，通过需求创造来把握开创新市场的机会，从而构建新的营销空间，以创新产品拓展新市场。

5.2 引导消费者需求

5.2.1 需求引导概述

引导消费者需求是以创新的技术及知识等为核心，结合上述需求创造的方法挖掘潜在需求并据此开发新产品，最后通过营销活动引导消费者的选择，使消费者的消费行为建立在科学消费的基础上。科学消费综合考量经济、文化发展等因素，将消费者的身心健康、未来发展等因素作为评价消费是否合理的依据，并落实到生活的所有层面，为人的全面发展服务。

对于企业和消费者而言，需求引导是一种双赢的营销模式，企业通过重视对消费者的引导而能更好地开拓市场，抢占先机；对于消费者而言，则可以较早体验到新的产品或服务。需求引导兼具独创性和风险性的特征，其独创性在于后来者难以通过复制前人采用的方式而获得成功，而风险性则源于需求创造的不确定性。值得关注的是，即便引导需求未能达到预期效果，但在这一过程中积累的经验仍将为后续的创新提供宝贵的经验参考。相反，若仅采取跟随策略满足现有需求，企业将很难建立可持续的市场竞争优势。

需要注意的是，需求引导并不是"引诱"消费者消费。引诱是企业仅为提高自身市场份额而发起的营销活动，往往忽视了消费者的需求是否被满足、售后是否满意，或者有没有重复购买等重要问题。

5.2.2 需求引导原因

第一，在当今快速迭代的市场环境中，企业加速创新可能导致产品与市场需求脱节。这一现象在高科技领域尤为明显，当消费者难以预见技术演进方向时，很难准确评估创新产品的价值。例如，苹果曾有意推出带触控栏的笔记本电脑，但这一设想起初被许多苹果电脑的用户诟病，他们认为该功能既没有实际意义又容易导致误触，影响使用体验。不过，这款电脑真正上市后凭借其直观的快捷启动和设置，以及与苹果软件优秀的协作能力，最终大受新用户好评，同时也获得大多数老用户的支持。因此，需求创造、需求引导成为企业创新的必经之路——企业通过引导消费获得用户并拓展市场，消费者在企业的引导中学习新的消费知识与养成消费习惯。但新技术所创造的需求往往超越了消费者当下的认知水平，导致传统调研方法在此阶段的有效性显著受限。

第二，消费者需求认知的模糊性使传统需求响应模式失效，导致企业陷入被动应对的困境。因此，比起被动地适应，企业更应该主动对消费者进行引导。例如，在Bose推出主动降噪（ANC）耳机之前，市场上的耳机以被动降噪为主。消费者适应了被动降噪的音效，但不满足于现有耳机的体验感。因此，当首次体验到主动降噪的Bose耳机时，消费者获得了高保真的音效带来的惊艳感觉，此外，消费者还感叹：原来耳机可以归还自己一个久违的安静世界。在体验Bose主动降噪耳机之前，消费者并没有清晰地表达出自身对耳机的具体需求。被动降噪是通过耳机耳塞的隔音程度、与耳廓的高贴合度来隔绝空气传播声音入耳形成的物理降噪；主动降噪是指在耳机中安装降噪模块，通过降噪模块的电路产生与外部噪声相位相反的声波来实现静音效果，这基于精密的耳机结构与复杂工作原理，对算法的要求同样非常高。从被动降噪到主动降噪的技术改进，使得消费者对耳机的需求从较低层次跨越到较高层次，创造了新的市场。

第三，消费者的喜好是频繁变化的，即便消费者当下能够清晰地描述自身的诉求并且这种诉求成功被企业捕捉，但无法保证消费者的需求之后不会改变。因此，企业追随消费者改变产品的生产及销售策略必然会滞后于市场，丧失竞争优势。企业提升市场占有率最好的做法就是领先于市场的发展，通过需求创造、需求引导来带动消费者，最终掌握市场主动权。

第四，企业引导消费者需求具有合理性。由于消费者素质参差、理性欠缺、消费知识与经验不足，以及自我保护能力较弱，其难以准确辨识不同企业所提供产品的价值差异，导致盲从心理与盲目消费现象普遍，甚至可能产生逾越社会规范的需求。因此，企业对消费者的引导可以促使消费者进行合理的消费，在保护消费者权益的同时也有助于建设健康有序的市场。例如，蚂蚁花呗、京东白条等创新产品，在消费主义盛行的背景下逐渐融入年轻人的价值观念。"90后""00后"在商业诱导下超前消费，央行数据显示，信用卡逾期半年未偿信贷总额在2022年第一季度达到926.76亿元，环比增长7.71%，占信用卡应偿信贷余额的1.09%。虽然2021年第四季度该数据曾降到了 860.39 亿元，但是 2022 年第一季度再度回升，并创下季度新高。企业有计划、有组织地传授相关消费知识和技能，有助于消费者树立起科学的消费观念、提高自身的素质并保障自己的权益，如此才能避免企业因一味迎合消费者而造成的公共利益受损，进而建立合理的市场体系，成为市场引领者。

5.2.3 需求引导要点

需求的满足需要许多相应的配套措施，而需求的引导则需要精准的预判，主要包括以下三点：

一是获得用户画像。核心是对存储在服务器上的海量日志和数据库里的大量数据进行分析和挖掘，给用户"贴标签"，根据不同的标签对用户进行分类，采取不同的营销方式。例如，感性的消费者受情感因素影响较大，只要求情感上能够实现沟通即可；对于较为理性的消费者，"感情牌"的效力则不明显，因此企业在营销过程中要充分展示产品的价值与优势，让理性消费者充分了解后再作决策。

二是确定是否为刚需。刚需产品作为生活中的必需品，一般需求弹性较小，企业对有刚需的人群可减少投入。反之，对于犹豫不决的客户，可以分享消费体验，提供优质售后服务来促进其购买。

三是观察推荐的反馈。若消费者反馈不佳，则应立即中止需求引导，减少消费者的不满。若是继续推荐，可能引发消费者的逆反心理，反而不利于产品销售。

5.2.4 需求引导方法

企业需根据自己的资源构建营销体系，尽可能积极、有效地结合各要素的优势，以产品特点及用户画像为划分依据，在各维度上灵活选择每个组合最有效的营销策略，从而达到引导消费、开拓市场、占据领先地位的目的。需求引导的方法可以简单分为产品和价值两个方向。

日本企业家盛田昭夫曾说："我们的策略，是以新产品来引导消费者。"一款优秀的创新产品本身就能形成一种开拓市场、引导消费者需求的策略。

实施产品策略的前提条件可以总结为三个方面：创新、引导和市场。产品的创新不仅体现在挖掘消费者潜在需求并进行产品开发上，企业除了敢于试错、破旧立新，还必须超越竞争者，做到"人无我有、人有我优"。然而，由于消费者对自身的潜在需求往往并不了解，加之市场上充斥着各类广告诱惑，企业即便能够准确预测潜在需求，也可能面临难以拓展市场进而变现的困境。因此，企业在剖析消费者需求、追逐超前领域时，也应主动引导消费者追求更高层次的需求。企业在开发产品的同时拓展市场，可以有效避免在市场饱和时陷入被动的局面。另外，由于市场是动态变化的，企业不能仅满足于现有的优势，而应持续把握未来的市场动向并进行分析和应对，在现有的竞争力丧失前捕捉潜在需求，将竞争优势转移到新领域，以过硬的技术与人才优势，支持能够引导消费者需求的产品创新。

消费者对产品的选择，在一定程度上可以说是其对"生活方式"的选择，企业通过对消费者价值观及生活方式的引导，便能创造新的需求及市场。成功的营销活动不仅是单纯的商业行为，更是与消费者的深度沟通，它不仅能引导消费者购买企业产品，还能重塑客户的价值观念，通过对价值观及理念的推广，帮助消费者建立科学、合理的消费观。在这一策略下，企业的角色由消费者产品使用价值的供给者，转换为新价值观念的传递者，通过创造新的生活、生产方式，为消费者提供全新的价值观念。

明确了合适的需求引导方向后，企业可以通过市场战略使消费者理性地认识、评估商品，并作出消费决策。具体形式包括消费者培训计划、访问计划、宣传推广计划、消费讲座、商品推介会、产品展示会等。上至消费者协会举办的消费教育讲座，下至企业个体自主举办的营销活动（如苹果举办的产品发布会）等都属于此类。

Keep[①] 抓住用户健身需求

近年来，越来越多的人开始热衷于健身。传统健身市场的用户门槛较高，而 Keep 的初心是改变这一状况，让专业的运动健身触手可及。这样的移动健身平台更好地满足了健身用户的需求，使得 Keep 自 2015 年成立以来，就备受用户欢迎和喜爱。

Keep 的诞生始于其创始人王宁的第一次减肥经历。当时的他根本不知道如何开始减肥，只能在互联网上大量收集相关信息。他回忆起那段经历时只能苦笑："我自认为已经是非常懂得如何通过互联网获取信息的人了，但也足足花了六七个月的时间才梳理完东拼西凑起来的健身资料。"在这个漫长而痛苦的过程中，王宁发现没有一款产品能够帮助自己解决所有困惑，于是，最终减肥成功的他决定用自己的经验与能力去帮助其他正面临减肥难题的同伴们。正是出于自己的切身体会，王宁将 Keep 定位在基础化（轻巧）、标准化（"傻瓜式"）和移动化（随时随地）三大支点之上。

1. 0～70 分的健身需求井喷

肥胖和健身具有一定的相关性，随着肥胖人群的数量逐年攀升，人们对健身话题的关注度和投入度也同步激增。王宁在创业之前用百度指数查询"健身""瑜伽"等关

---

① 指一款具有社交属性的健身 App。

关键词热度,发现其从2006年到2014年的平缓增长趋势被骤然打破,2014年到2015年,一年的时间内相关搜索量翻了3倍,这意味着相应需求的井喷。

王宁将大部分的健身用户定义为追求70分的用户。这部分用户的需求简单直白,"就是很简单的减肥减脂,或是身体某个部位的塑形,希望自己穿衣服好看一些"。而70分以上目标明确的用户则需要定制化的产品而不是标准化的方案。

Keep在产品定位上锁定的就是广大的0～70分的人群。Keep起初选择放弃线下健身房,在初期做到从0到1,把更多的精力放在"小白"用户而不是身处健身房的专业用户身上。"小白"用户的需求很简单:减肥塑形,只追求0～60分的健身效果。Keep作为一款在线健身产品,帮助用户获得0～60分甚至70分的健身效果还是相对简单的,这是Keep对用户的选择。

Keep能精准定位目标用户,根据用户的运动历史、训练偏好及其自主输入的数据,向用户推荐个性化的运动方案,让用户轻松获得专业指导,并结合丰富的健身内容库以及优良的社交属性,满足健身用户的需求。

2. Keep是如何洞察用户需求的

Keep在移动健身领域牢牢把握住了"数据记录、教育分享、社交分享"这三个关键词,并进行最大化的巩固和优化,在用户黏性慢慢提高的同时,稳定其用户流量。在一系列研究后,王宁及Keep团队将其洞察用户的方式分成了两部分:一是理性的数据洞察,二是同理心洞察。理性的数据洞察包括以下四个方面:

- 用户画像。用户的年龄、性格、爱好、工作/生活规律。
- 典型场景。用户在什么时间、地点、环境下工作或生活,产品适合切入用户的哪个具体场景。
- 原来的习惯路径。运用数据估算用户原来使用产品的习惯、方法,在原产品上花费的时间和精力等。
- 关联性数据指标。找到与产品相关联的各项指标,进行数据分析与测算,对用户优先考虑的指标进行排序。

由于理性数据洞察很难抓住被用户隐藏起来的内在情感及真实的心理状态,因此,进行同理心洞察也很关键。同理心洞察包括以下四个方面:

- 尝试连接情感切入点。产品在什么时间、场景下最容易被用户想起?
- 挖掘用户的潜在需求。在什么动力下容易促使用户决定购买或使用?
- 提出满足需求的清晰概念。将这个原动力言简意赅地描述出来,越简单越有用。
- 确认此概念能激发情感共鸣。最好的确认标准是:用户愿意重复使用并且推荐给朋友使用。

只有理性与感性相结合,企业才能更准确地洞察用户的真实需求。而这些用户的痛点又是什么呢？传统健身最大的痛点体现在四个方面：价格、时间、地点、人物。

- 价格。有调查显示北京的健身年卡起步价为3 000元左右，而年平均使用次数只有7.5次，其中还有3次是用于洗澡。
- 时间。有些上班族没有时间专门去健身房健身。
- 地点。工作地点与居住地分处城市两端，即便其他区域设有健身房甚至提供免费服务，专程前往锻炼的人群依然寥寥。
- 人物。认为健身需要有人相伴，自己一个人健身会很枯燥。

那么，什么样的产品可以同时解决这四个痛点？移动互联网App使人们在任何时间、任何地点都可以运动起来；Keep免费的产品策略为用户省下了高昂的健身卡费用；其还具备了社交功能：用户原来在健身房和十几个人一起锻炼，现在通过互联网平台，同时和几万人一起运动，并且还能在线沟通交互。

早期，健身"小白"的需求尚未被满足，受用户普遍喜爱的产品还未出现，王宁和他的团队通过社交媒体找到约4 000人的内测团队，还"潜伏"进不少健身主题的QQ群，与网友熟络之后，便尝试放出产品下载链接，推荐群友体验，"一个千人群，发一次链接平均下来可以带动50多次的下载"。

这些人成为Keep最早的忠实用户，在他们的热情帮助下，Keep完成了功能完善的上线版本。随后，Keep的用户数实现大规模增长。即便如此，王宁也并不认为Keep算得上一款"爆红"的产品。因为除了苹果应用商店将Keep放到首页进行精品推荐的那一段时间，Keep的用户增长速度一直较为平稳，并没有爆发式的明显高峰。而面对这种增长状态，王宁坚持对新媒体进行投入。

Keep从上线初期就启动了代号为"埋雷计划"的精准营销行动。其运营团队在百度贴吧、豆瓣小组等近百个垂直社区持续发布高质量的健身经验帖，这些内容不仅培养了大批忠实读者，还通过搜索引擎优化（SEO）获得了靠前的搜索排名。当Keep正式上线时，运营团队便同步引爆了所有预热内容，并通过KOL背书迅速建立品牌认知，实现单日超4万次下载的爆发式增长。这个计划成功的关键在于精准锁定了对健身有强烈需求的种子用户群体，他们的使用体验为产品优化提供了重要反馈依据。

资料来源：作者根据相关资料整理。

课后思考题

1. 什么是需求创造？需求创造的关键是什么？
2. 什么是需求引导？
3. 如何引导消费者的需求？

第 6 章
智慧营销：大数据概述

教学背景

　　大数据是在营销领域践行网络强国战略和数字中国战略的重要保障。网络强国战略利用信息技术和互联网等手段，推进国家信息化建设，实现国家治理体系和治理能力现代化。大数据智慧营销不仅为各行各业提供实时全面的市场信息，有助于节约交易成本，拓展交易空间；而且运用信息技术深入进行用户洞察，有助于了解竞争对手，制定相应策略并评估效果，从而提高组织的管理效率。建设数字中国是数字时代推进中国式现代化的重要引擎，也是构筑国家竞争新优势的有力支撑，大数据智慧营销以数字技术为基础，进行各领域信息化建设，推动企业营销数字化转型，促进产业发展模式创新和产业提质升级，帮助实现经济社会全面数字化转型。

框架及知识点

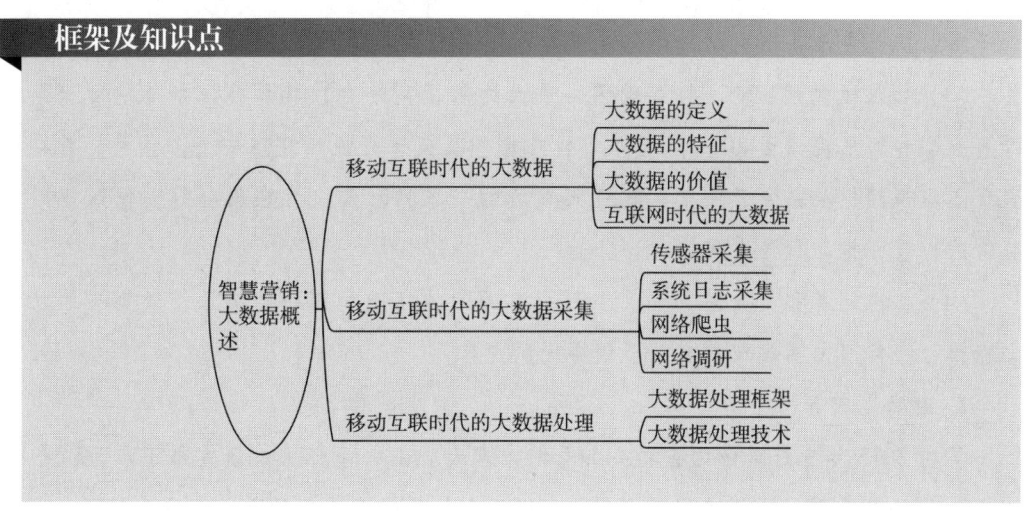

今日头条利用大数据为用户提供个性化新闻资讯

今日头条是一款基于机器学习的数据挖掘与推荐引擎产品,旨在为用户提供个性化的新闻资讯,实现内容与用户的精准连接。

今日头条有两大主要特色:第一,具备个性化的内容推荐机制,根据用户的喜好为其推荐个性化的媒体信息,让用户在信息过剩、碎片化的互联网时代迅速获取自己所关心的内容,避免千篇一律;第二,拥有庞大的内容创业者群体。

(一)连接内容生产者

1. 内容从哪里来

(1)利用机器爬虫抓取内容。起初,今日头条的内容主要来自其他对门户网站新闻的汇总。无论何种引擎系统,其基础建设阶段都需要通过爬虫积累足够多的数据样本。基于门户网站加推荐引擎的模式,用户点击今日头条新闻标题后,会跳转到新闻所在的原门户网站网页。但是出于用户体验的考虑,也为了方便移动设备用户的阅读,今日头条对被访问的其他网站页面进行了再处理,去除了原网页上的广告,只显示内容。不过这涉及版权问题,今日头条为此投入了上亿元的资金。

(2)自己经营自媒体平台。今日头条真金白银的投入(通过"千人万元""百群万元"等计划)打造出了国内最大的自媒体创作者平台。在今日头条上注册账号之后,媒体可以自行在平台上上传内容,这就相当于授权今日头条进行内容分发。这样一来,就不再仅仅是今日头条主动找媒体,媒体也可以主动来找今日头条。

(3)加入短视频赛道。抖音是国内最大的短视频平台,其母公司字节跳动旗下的今日头条和西瓜视频于2017年创办了国内首个新媒体短视频奖项——金秒奖,旨在定义优质短视频标准。今日头条在短视频领域的一系列动作,旨在集合每一位短视频创作者的力量,推动行业发展。

(4)打造问答和微头条功能。今日头条的问答功能和知乎的类似,微头条的功能与微博、微信朋友圈类似,有助于获得优质内容。

2. 激励生产者

早在2015年9月召开的首届头条号创作者大会上,今日头条便宣布了名为"千人万元"的补贴计划,它将确保至少有1 000个头条号创作者单月至少获得1万元的保底收入。此外,今日头条还开设了内容创投基金,在内容领域投入2亿元,投资了300多个早期内容创业团队,对早期项目的投资金额为30万~100万元。

不仅如此，头条号还打造了一个创作空间，在北京建立头条号自媒体孵化空间，提供200个高性价比工位并配备自媒体大咖导师以及融资渠道，从空间、服务、课程、投资等多个方面提供孵化服务，不仅有针对内容的投资资金，还有针对流量的扶持计划。

（二）连接内容消费者

1. 如何找到优质用户

要想找到优质用户，最根本的是要提高内容和服务质量，从而留住用户。

（1）审核机制。今日头条的审核机制相当严格。图文信息采用人工+机器的方式进行审核，视频内容则全部采用人工审核，其人工审核团队的规模不断扩大。

（2）消（除）重（复）处理。消重能够优化用户体验，对于同一个用户来说，同类主题文章看一篇即可。

（3）资讯流推送。用户每次下拉或点击首页按钮，今日头条推荐引擎便会更新几条新闻，在更新多次之后，才会出现"暂无更新，休息一会儿"的字样。相较于几年前，今日头条的资讯数量有了很大的提升，而且信息流中显示了标题、来源、评论数及刷新时间，用户还可以设置是否在列表中显示摘要。今日头条信息流页面呈现的内容已经足够丰富，并且主次分明，不会让人感到不适。

2. 如何展现优质内容

（1）智能推荐。推荐引擎，指的是不需要输入关键字就显示搜索内容的搜索引擎。推荐引擎涉及用户研究、文本挖掘、推荐算法、分布计算，以及大数据流的实时计算等多个方面。从用户进入今日头条页面的那一刻起，今日头条就开始记录用户进入平台的时间、主动选择的资讯主题、点开查看的文章类型，以及在每篇文章页面停留的时间等信息。

（2）资讯负反馈。今日头条的信息流页面有一个小叉，在内容详情末尾也有一个"不喜欢"按钮，用户点击小叉或"不喜欢"按钮之后今日头条会询问用户不感兴趣的理由。这种方法能够使平台精确获得负反馈的原因，以便更精准地推荐信息。

（3）设置发布门槛。今日头条有较高的内容发布门槛，对文章的标题、正文等都有明确的标准，任何不符合要求的内容都无法成功发布。

综上所述，今日头条通过大数据和智能推荐，实现了"你关心的，才是头条"。

资料来源：作者根据今日头条官方资料整理。

6.1 移动互联时代的大数据

6.1.1 大数据的定义

在过去的十几年里,依托互联网技术的发展,各领域都出现了大规模的数据增长。从 2012 年开始,大数据这一术语越来越多地被提及,人们用它来描述和定义信息爆炸时代产生的海量数据,并命名与之相关的技术发展和创新。目前,大数据的重要性已经获得社会各界的认同,但是对大数据的界定却众说纷纭。

何谓大数据?

迈尔-舍恩伯格在《大数据时代:生活、工作与思维的大变革》一书中提出:"大数据是指不用随机分析法这样的捷径,而采用所有数据的方法。"[①]

全球知名管理咨询公司麦肯锡最早提出:数据,已经渗透到当今每个行业和业务职能领域,成为重要的生产要素。人们对于海量数据的挖掘和运用,预示着新一波生产率提高和消费者盈余浪潮的到来。

美国国家标准与技术研究院(NIST)将大数据定义为:数量庞大、获取速度快或形态多样的数据,难以用传统关系型数据分析方法进行有效分析,或者需要大规模的水平扩展才能高效处理。

本书将大数据定义为:大数据是指无法在一定时间范围内用常规软件工具进行捕捉、管理和处理的数据集合,是需要新处理模式才能具有更强的决策力、洞察力和流程优化能力的海量、高增长率和多样化的信息资产。

6.1.2 大数据的特征

迈尔-舍恩伯格提出大数据具有 5V 特征,即 Volume(大量)、Variety(多样)、Velocity(高速)、Veracity(准确)、Value(低价值密度)。

Volume 指无论从采集、存储还是分析计算等各个角度看,数据量都非常庞大。如今,仅需两天时间即可积累 5EB 规模的数据量。在数据处理时效方面,计算机处理 4GB 数据平均耗时 4 分钟,处理 1TB 数据约需 3 小时,而处理 1PB 数据则需长达 4 个月零 3 天。值得注意的是,只有达到 PB 量级及以上的数据规模才符合大数据的标准定

---

① 迈尔-舍恩伯格,库克耶. 大数据时代:生活、工作与思维的大变革[M]. 盛杨燕,周涛,译. 杭州:浙江人民出版社,2013.

义。以零售业巨头沃尔玛为例,其作为大数据应用领域的先行者,系统每小时处理约100万笔交易,日均新增TB级交易数据,同时还需持续管理PB级历史数据、海量产品信息及客户行为数据等多元数据资产。

Variety指数据来源广、涉及种类多。根据不同的标准,数据有多种分类方式,最基本的分类方式即按字段类型划分,可分为文本类数据、数值类数据和时间类数据;按数据结构划分,可分为结构化数据、半结构化数据和非结构化数据;从描述事物的角度看,可分为状态类数据、事件类数据和混合类数据,这种分类方式在数据仓库建模时尤为重要;从数据处理的角度看,可分为原始数据和衍生数据,该分类法主要应用在管理数据上;根据数据颗粒度不同,可分为明细数据和汇总数据;根据更新方式差异,可分为批量数据和实时数据。

Velocity指数据处理速度快。海量的数据规模下,能够处理PB/EB/ZB级的数据量是大数据的优势所在,处理PB级数据,在大数据时代将成为常态。一部高清电影的大小约为4GB,1PB = 1 024×1 024GB,大数据瞬时处理1PB的数据量,就相当于瞬时处理约26万部高清电影的容量,其速度可见一斑。所有数据都具有一定的时效性,商业中的业务决策也一样,如果不快速处理,很可能会失去商机,这就要求企业构建基于大数据的实时分析能力。淘宝的实时推荐系统需捕捉用户瞬时的兴趣偏好,因为消费需求随时可能发生变化;搜索引擎必须保证时事新闻的即时检索;而微博、知乎等社交媒体作为增长最迅猛的大数据源,其产生的海量数据更具极强的时效价值。这些都对数据的处理速度提出了极高的要求。如今,通过云计算,大数据技术可以在20分钟内处理完12天的数据量。

Veracity指大数据内容的真实性和准确性。大数据来源于真实世界中的真实事件,与我们的生活息息相关,包括网络浏览数据、图片的上传和下载数据、邮件往来数据、网络购物及交易数据等真实数据。大数据源于互联网累积的各种真实数据,真实而准确的数据能够确保预测现实事件的可信度。

Value是指数据的价值密度低,但真正有用的信息是具有很高的商业价值的。大数据的核心不在于技术本身,而在于由其产生的价值,挖掘大数据的价值就像沙里淘金,从海量数据中挖掘稀少但珍贵的信息。正是海量这一特征,导致数据价值密度相对较低,例如,一个用户在各种App之间切换,浏览了众多页面,留下了大量的数据,这些数据都被记录了下来。对于以淘宝为代表的电商平台来说,很多数据属于低价值的快数据,但若能从这些快数据中挖掘出真正有用的信息,则有利于企业进行精准的场景化营销。比如,当用户在抖音对某款美妆"神器"点赞,或在搜索引擎查询特定旅游攻略时,这些跨平台的行为数据就能转化为精准的商机洞察。淘宝等电商平台可据此实时推送个性化的美妆产品推荐，或针对目的地特色的服饰搭配建议等。

6.1.3 大数据的价值

在零售行业，大数据能够帮助企业掌握市场变化的情况，使其在最佳时机进行促销并对产品结构进行高效调整。美国大型超市塔吉特（Target）是最早运用大数据的零售商之一，其拥有专业的顾客数据分析模型，能洞察消费者行为模式与生活阶段的潜在关联，并准确识别出处于特定生活阶段的消费群体，由此开展个性化营销。这种为顾客量身定制的营销方案不仅可以先于同行精准营销商品，还让消费者倍感体贴。

在互联网行业，基于大数据的分析、预测，能够为企业提供有力的决策支持，这要求企业建立完善的数据治理体系。目前，海量数据都产生于互联网，交易数据、社交数据、关键词数据等都是互联网企业的重要资产，它们在挖掘这些数据后根据不同分类方式进行细分，能精准地投放广告，以实现利益最大化。为了充分利用数据背后的巨大价值，社交平台、电商平台、搜索平台会即时处理新产生的海量数据和储存的历史数据，对不同用户个性化定制符合其特质的产品或服务。

在金融行业，银行大数据、证券大数据、保险大数据等各种金融数据规模庞大，分析这些信息，有助于金融机构进行产品创新、精准营销和风险管理，实现数据资产到战略资产的价值跃升，进而作出科学、高效的决策。蚂蚁集团网商银行的前身"阿里小贷"曾向外界透露其独特的大数据授信审贷模型——水文模型。水文模型的原始定义是将自然系统符号化，通过数学模型模拟水文现象。而阿里小贷的水文模型构建了一个多维度的风险评估体系，建立了规模较大的企业征信数据库，该数据库不仅整合了贷款主体的历史经营数据，还引入行业同类企业的横向对比数据，通过机器学习算法构建预测指标体系，实现对企业经营周期的精准预判。在阿里小贷的信贷决策中，该模型为风控系统提供数据驱动的决策支持，实现信贷策略的动态优化。例如，如果某个店铺的销售旺季是夏天，每年夏天的销售额都大幅提高，那么该店铺每年夏天的授信贷款额度就会上升。该模型可以根据历史数据判断出该店铺在这一时期的资金需求。同时，对比该店铺其他时段的数据，还可判断出该店铺各个时段的资金需求，从而向店铺发放合适的贷款。

在交通运输行业，大数据分析的一项重要应用是智能化的交通运输路线优化，这可以帮助企业在特定的条件下挑选最佳的交通运输路线。该类应用还能够减少燃料消耗，进行预防性维修，优化司机的驾驶行为及车辆路线，从而极大地降低交通运输成本、提高运输以及资源分配效率。在智能化的交通运输路线优化应用领域，还有一类先进的导航系统可以收集实时的交通信息，包括交通事故、路面施工及拥堵路段等信息。此外,它还会实时更新路线和天气的数据,向司机提出避免拥堵的路线建议,同时还可以将地点和行车信息反馈到服务中心,形成信息的有序流动以提供更为准确的行车建议和导航服务。全球物流巨头 UPS 通过大数据技术实现了运输网络的革命性优化。其开发的 ORION 智能路线规划系统,能在 3 秒内从海量路线组合中找出最优路径。截至 2013 年年底,UPS 已完成 1 万条线路的智能化改造,减少了 5 000 吨燃油消耗,相当于少排放了 1.4 万吨二氧化碳。值得注意的是,对于 UPS 这样的全球性物流企业,每辆车每日仅减少 1 公里行驶距离,就能为公司节省高达 5 000 万美元的运营成本,这充分体现了大数据驱动的精细化运营所带来的巨大经济效益和环境效益。

6.1.4 互联网时代的大数据

随着互联网新兴技术的普及,海量用户数据持续生成,形成了体量大、种类多、传输速度快和价值密度低的大数据资源。这些数据逐渐渗透至各行业和业务领域,进而为商业、金融服务创新奠定相应的数据基础。

移动互联时代,智能手机作为通信载体使人们实现互联。几乎所有的商业、社交活动都能在移动终端设备上进行,由这些活动产生的数据也在网络中快速地流动着。社交平台与移动 App 系统性地采集用户多维度数据,构建起动态更新的大数据资源库。这些数据不仅涵盖人口属性、消费偏好、社交关系等结构化信息,更能通过持续迭代的用户行为轨迹,为智慧营销提供精准的数据支撑。

除此之外,互联网网页大数据已经成为互联网企业、金融机构等用以获取用户消费记录、浏览记录、产品评价信息和社交信息等的重要途径,因此,深入探讨互联网的大数据采集与处理技术具有重要的意义。

对于大数据的处理和运用,不同的企业由于自身业务差异有着不同的解读方式,但总体的流程基本固定,包括数据采集、数据预处理、数据存储、数据挖掘分析以及结果呈现,如图 6-1 所示。

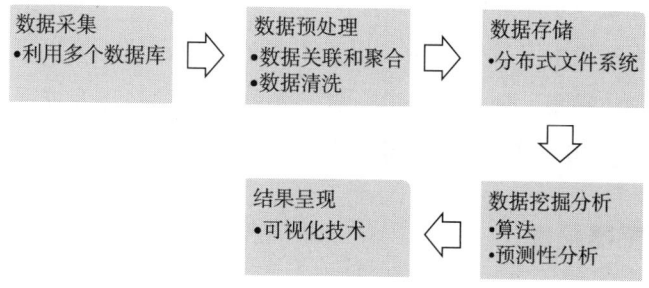

图 6-1 大数据常用处理流程

6.2 移动互联时代的大数据采集

大数据采集是指利用多个数据库接收来自客户端的数据。由 5G 技术带来的网速升级直接推动了人机交互的升级、交易逻辑的升级、传播与社交文化的升级，更带来了数据收集方式与效率的升级。具体表现为，从数据固定的静态网页逐步演变为由特定代码框架产生、数据实时加载的动态网页。高效采集来自网络的数据时，需要注意以下要点：

1. 数据应具有一致性

不同来源的数据往往有着不同的数据结构，有时差异甚至非常大。存储数据是为之后的数据分析作准备，这就需要在数据存储前对其进行规范化处理，以保证一致性。尽管数据混杂或冗余难以完全避免，但仍需要控制其对数据分析结果造成的偏差。

2. 数据应具有正确性

在大数据采集过程中，保证数据的正确性是至关重要的。正确性也常被称为准确性，指的是数据真实、无误并可靠地反映了它所代表的事实或对象。为确保数据质量，必须严格筛选数据源，优先采用经过权威认证的可靠来源。优质的数据源应当具备一定的透明度，能够追溯数据的采集方式、时间以及处理过程。在分析数据前，必须进行数据清洗，以排除错误和异常值，确保分析结果的准确性。此外，数据应保持定期更新，以确保其反映的是最新、最准确的信息。

3. 数据应具有完整性

对于数据采集者来说，应该坚持实事求是的态度，不应该太主观，更不应该随意篡改数据或片面地采集数据。对于自动化采集系统来说，则需建立高精度运行机制。由于网络大数据具有多元性，因此既要通过标准化流程最大限度减少人工失误，又要建立严格的质量控制体系来保障采集精度。

互联网的数据环境本身较为复杂，出于不同的使用目的，可以采用不同的数据采集方式，如系统日志采集、网络调研等。这些关键技术的特点及能采集到的信息类型等，都需要详细研究。限于篇幅，以下简要介绍四种关键数据采集方式。

6.2.1 传感器采集

传感器是指保障信号和数据传输的电缆组件、光感传感器和震动传感器等。这些设备覆盖了移动通信、智能计算的整个过程。凡是涉及信号传递和数据传输的地方都需要传感和连接。

通过记录设备中传感器的数据，企业能够获取设备的相关物理特性。能够采集到的数据类别因设备中包含的传感器不同而存在差异。就智能手机而言，能够获取到设备的音量、电压和地理位置等信息。采集完毕后，数据会通过网络传输到数字终端进行汇总和保存。

6.2.2 系统日志采集

提供服务的系统本身就是一个数据源系统，能够在使用过程中实时记录用户的各项操作行为并生成系统级别的日志数据。比如，通过网页控件记录用户的点击操作，通过服务器记录用户访问日志和数据库更新，以及实时监控网络流量。采用分布式架构能够提高日志数据的采集和传输效率，满足相应的需求。许多企业的平台每天都会产生大量的日志，并且一般为流式数据，如搜索引擎的访问量等。处理这些日志需要特定的日志系统，这些系统需要具备以下特征：

（1）建立应用系统和分析系统的连接通道，并将它们之间的关联解耦。

（2）支持实时的在线分析系统和分布式并发的离线分析系统。

（3）可扩展性强，当数据量增加时，可以通过增加节点进行水平扩展。

目前，很多互联网企业都有自己的海量数据采集工具，多用于系统日志采集，如 Hadoop 的 Chukwa，Cloudera 的 Flume，Meta 的 Scribe 等，这些工具均采用分布式架构，能满足每秒数百 MB 的日志数据采集和传输需求。

6.2.3 网络爬虫

网络爬虫是针对特定域名发送网页请求，并将返回的数据根据自身需求作进一步的加工处理，最终保存到数据库中的自动化程序。运用网络爬虫来采集数据是搜索引擎主要的数据采集方式。通过请求特定网页信息或调用网站主动提供的应用程序接口（API）等手段获取网站上的相关数据。使用网络爬虫能够将非结构化的数据从网页中统一抽取出来，进一步处理为结构化的数据并保存下来。另外，该方法也支持非结构化数据，如图片、音视频等文件的采集。

从技术的角度来看，作为一种计算机技术，爬虫本身是中性的。因此，这项技术本身并不会产生法律争议。但若利用该项技术非法牟利，则可能涉嫌违法犯罪。如果爬虫只是被用于多次重复获取互联网上的公开信息，那么其在本质上和人们使用的浏览器就没有区别,只是通过技术手段减少了人为干预;或者该爬虫本身是善意的,典型案例如谷歌、百度这样的搜索引擎,它们每隔几天就会对全网的网页进行扫描,这样的扫描不会对网站造成负担,还能给网站带来流量,这就是"善意爬虫"。但是,违反网站意愿、干扰被访问网站正常运营、爬取受法律保护的特定类型的数据等行为则是违法的。

6.2.4 网络调研

网络调研是一种从网络中收集一手数据信息的方法。相较于传统方法,网络调研在有效性、成本、可行性上都更有优势。由于受访者不需要担心他们的身份暴露,因此网络调研的受访率也比其他调研方式高。正因为如此,网络调研也是互联网时代企业进行调研的主要手段之一。

随着互联网时代的到来,网络调研的优势日渐凸显。网络调研具有受众广、花费少、持续追踪和有效性强等优点。通过使用互联网这样一个广阔的平台,企业在调研时可以接触到全世界范围内的用户并由此节省大量的时间和金钱。就用户问卷调查而言,企业通过电子邮箱、二维码或在线平台向用户发布问卷之后,只需要等待回收截止日期即可获取调研数据,而无须安排专人协助用户填写问卷。另外,来源于互联网的数据通常都是免费且更新频率非常高的,这也能够减少企业的花费。网络调研可以达成的目标有很多,如收集目标消费者群体的相关信息、与消费者进行更有效的沟通、改善营销方式等。

智慧营销背景下,用户数据的安全成为大众关注焦点。诸多关于网络信息安全的法律法规的颁布,要求所有网购平台及第三方数据外包商的用户数据使用行为必须合法合规。此外,各企业在设计网站界面时,应在用户登录及交易环节明确标注数据安全声明,告知用户其个人信息将受到严格保护且不会被滥用,以减少消费者对隐私泄露的担心。企业还可依靠人工智能的深度学习方式,使用较少的用户数据建立用户行为模型,获得完整的用户画像,从存量的角度进行用户分析,有效减少用户的顾虑。

见数公司在线调研:实时互动挖掘用户深层需求

近年来,在线问卷发展迅速,已成为企业、学术机构及政府部门进行市场调研、用户洞察和数据收集的重要工具。相比传统线下调研,在线问卷具有高效便捷、成本低廉、数据准确度高等优势,能够快速触达目标用户并实现实时数据分析。

见数（Credamo）公司通过人工智能驱动的问卷设计、海量样本库和智能数据分析，帮助客户快速获取市场洞察，优化商业决策。

见数公司创新推出了在 HTML 题中嵌入 AI Chatbot（人工智能聊天机器人）的功能。通过这一功能，用户可以在问卷中直接嵌入 OpenAI、DeepSeek 或通义千问等平台的 AI Chatbot，实现与智能助手的实时对话。无论是市场调研、心理学实验，还是用户体验测试，这一功能都能为调研设计带来更多可能性。该功能的优势如下：①灵活嵌入。通过 HTML 题，用户可以根据调研需求灵活嵌入不同平台的 AI Chatbot，满足多样化的调研需求。②实时对话。AI Chatbot 能够与受访者进行实时对话，提升问卷的互动性和数据质量。③高度定制化。用户可以根据调研需求，自定义 AI Chatbot 的对话场景和内容，确保调研结果的准确性和有效性。

AI Chatbot 的功能适用于需要使用 OpenAI 的 GPT 模型进行对话的场景。用户可以通过简单的 HTML 和 JavaScript 代码，将 OpenAI 的 Chatbot 嵌入问卷中，实现智能对话功能。该功能也适用于需要使用 DeepSeek 的人工智能模型进行对话的场景。DeepSeek 具有强大的自然语言处理能力，能够帮助用户在问卷中实现复杂的对话交互。

资料来源：「问卷竟然能对话？」Credamo 见数+Deepseek：实时互动挖掘用户深层需求！文末有福利～［EB/OL］.（2025-03-10）［2025-03-31］. https：//mp.weixin.qq.com/s/Do9V56c93B8I9_c6mN0uCQ.

6.3　移动互联时代的大数据处理

通过各种采集方式采集到的数据一般不可以直接用于数据挖掘，而要先进行数据的关联和聚合并进行简单的清洗。大数据的海量特性使其无法使用传统的数据存储技术，因此一般采用分布式文件系统（如 HDFS）来存储和管理这些数据。数据挖掘与分析指对现有数据进行基于各种算法的计算，然后通过数据挖掘的结果进行预测性分析，数据挖掘与分析是整个大数据分析流程中的核心环节。大数据的分析结果一般通过可视化技术呈现给用户。随着技术的演进，目前已拥有丰富的可视化呈现方式。

6.3.1　大数据处理框架

当前，世界上许多企业都在对数据处理技术开展研究，其中，谷歌的研究成果被广泛使用。谷歌的文件系统（Google File System）、MapReduce、Bigtable 等技术不仅是大数据处理技术的基石,还是网页信息提取的初步解决方案。为了提高数据处理效率,谷歌还推出了 Caffeine、Pregel、Dremel 等技术。2006 年,雅虎基于 HDFS、MapReduce、HBase 这三项核心技术发布了 Hadoop 大数据处理框架。随着云计算技术的普及,为了满足分布式计算需求,加州大学伯克利分校研发了 Spark 这一创新的分布式数据处理框架。这些技术也是目前数据处理的基本技术框架。

数据处理是一个连续的过程。在这个过程中,会产生一系列大量、快速、连续的数据流。基于流的数据处理和获取技术被用于生成实时监控数据。主流的数据处理框架主要基于 Apache 生态体系,包括 Kafka(实时数据流处理)、Flume(日志收集)、Spark(分布式计算)和 Elasticsearch(搜索分析)。整个框架的结构包括数据源层、数据收集层、数据存储层、数据处理层、结果存储层和数据可视化层。

数据收集层使用 Flume 分布式系统来收集不同的数据信息,实时地将这些数据推送给处于数据存储层的 Kafka 消息簇系统。数据收集层将 Kafka 中的数据抽取出来用于实时计算。在结果存储层中,分析结果被输出到数据库中。最后,分析结果能够被读取并通过数据可视化层的处理最终呈现给使用者。

这个数据处理流程可以被具化为以下步骤:

(1)各种各样的数据源设备将数据发送到 HDFS 进行初步存储;

(2)Flume 负责监控实时基础数据是否有变化。当有新增数据时,Flume 将数据实时发送到 Kafka 中,通过 Kafka 实现数据的高并发传输;

(3)在 Kafka 消息簇系统中,数据被精准地发布到对应的 Spark Streaming 系统中;

(4)Spark Streaming 对数据作出对应的数据处理、建立模型并生成分析结果;

(5)分析结果随后被存储到 Elasticsearch 中;

(6)最后,数据可视化组件 Kibana 将分析结果呈现给用户。

6.3.2　大数据处理技术

智能互联网大数据研究涉及的关键技术有很多,包括采集多源数据、挖掘实时数据、分析异构数据等,其中,大数据的管理、分析与呈现是这些技术的核心。大数据本身存在规模大、结构不同、数据源多样等特点,在以上数据处理流程的每个环节都出现了许多针对大数据的全新技术。以下简要介绍各环节中的关键技术。

在数据收集层,Chukwa、Flume、Scribe 等工具均采用分布式架构,能够达到每秒上百 MB 的传输速度。

收集数据之后,需要对数据进行预处理。在清洗数据时,主要关注四个方面,即缺失值处理、异常值（离群点）处理、去重处理以及噪声数据的处理。

一般而言，数据缺失值的处理没有统一的流程，但缺失值处理结果的好坏会直接影响模型的最终结果，必须根据实际数据的分布情况、倾斜程度、缺失值所占比例等来选择处理方法。通常情况下，当属性重要程度低且缺失率较高（大于95%）时，直接删除该属性即可；当属性重要程度低且缺失率低时，若为数值型数据，则根据数据分布情况简单地填充；当属性重要程度高且缺失率较高时，应使用差补法和建模法。

对于异常值的处理，需要先判断离群点。除通过可视化分析实现之外，还可以采用简单的统计分析检测、基于正态分布的离群点检测、基于模型的检测、基于距离的检测、基于密度的检测、基于聚类的检测等。如果数据存在明显异常且数量较少时，可以直接删除；如果算法对异常值不敏感则可以不处理；如果算法对异常值敏感，则需要采用其他方法处理，如转换、分组、估算等。

对于重复项的判断，一般是先将集中记录的数据按照一定规则排序，然后通过比较邻近记录是否相似来检测记录是否重复，即进行"排序与合并"。目前，常采用去重方法进行判断，然后对重复的样本进行简单的删除处理。

噪声通常是被测量变量的随机误差或方差。对噪声数据的处理通常可以采用聚类法、分箱法、回归法等。聚类法就是将抽象的对象集合分组，成为不同的集合，找到在集合以外的孤点，这些孤点就是噪声。分箱法是指通过考察数据的"近邻"（数据周围的值）来平滑有序数据值。回归法就是利用函数的数据进行图像绘制，然后对图像进行光滑处理。

除以上环节之外，格式内容清洗也是至关重要的。如果数据是由人工收集或用户自主填写而来，则很有可能在格式和内容上存在一些问题，如时间或数值格式不统一、全角和半角混用、内容中存在异常值和逻辑矛盾等。

如果数据有多个来源，那就有必要进行关联性验证。以汽车消费场景为例，当线下交易记录（含车辆信息）需与客服问卷数据通过关键字段（姓名和手机号）进行匹配时，必须校验同一用户的跨渠道数据一致性，若出现线下登记信息与线上填报信息不符的情况，则需进行数据修正或剔除处理。

而在数据存储层，由于数据的存储量大且结构不一，分布式和非关系型数据库异军突起，以 Redis、MongoDB 等为代表的 NoSQL 解决方案被广泛地使用。

由于数据分析的目的不同，分析所需要的数据形式也不尽相同。目前主要有静态数据和动态数据两种形式，由此衍生出了对应的数据处理方法：批式处理方法和流式处理方法。批式处理方法需要首先对用户的基础数据分块，将数据分为不同维度进行解构，随后在不同的程序处理区中处理对应的数据，产生对应的结论。该方法非常适合不需要实时产生结果的数据分析项目。对于存储在云服务器上的实时日志收集等应用场景，由于要将这些PB级的数据的获取时间减少到秒级，就需要采用更高效准确的数据处理方法，流式处理方法应运而生。在流式处理方法中，数据集是没有边界的，处理工作完全由事件驱动。一旦指定的事件发生，就会触发处理工作，除非人工干预终止，否则处理程序将持续运行，并监听新事件。这样，流式处理方法就可以处理无限量的数据，但在具体的某个时间点上，只能处理一条数据。借助流式处理方法，用户可以在处理数据的过程中获取更大的灵活性。流式处理方法和批式处理方法的主要区别在于数据处理的速度及数据分析的目的，其他方面的对比情况见表6-1。企业在这两种方法中进行选择时，应考虑具体的业务场景和数据分析目的。

表 6-1　批式处理方法与流式处理方法的对比分析

	批式处理方法	流式处理方法
数据范围	对所有或大部分数据进行查询或处理	对滚动时间窗口内的数据或仅对最近记录的数据进行查询或处理
数据大小	大批量数据	单条记录或包含几条记录的微批量数据
性能	几分钟至几小时的延迟	大约几秒或几毫秒的延迟
分析	复杂分析	简单的响应函数、聚合和滚动指标

数据挖掘是一门从大量数据或数据库中提取有用信息的科学，即从海量的、不完全的、有噪声的、随机的、模糊的实际应用数据中提取出隐含的、过去未知的和有价值的潜在信息。数据挖掘有以下五个特点：第一，数据的真实性是保证研究结果准确的根本前提；第二，剔除原始数据中的噪声是数据挖掘必须解决的问题；第三，数据挖掘的最终目的是从大量的、随机的数据中发现对决策者有用的信息；第四，挖掘出来的数据必须是可以被理解和接受的，人们能把这些被发现的信息应用到现实生活中；第五，通过数据挖掘发现的信息和规律不用具备通用性，但必须支持所研究的特定问题。只有具备了这五个特点的大规模数据分析处理才能被称为数据挖掘。

数据挖掘技术是一种新兴的商业数据处理技术，其主要工作流程是：采用一系列算法和技术来抽取、转化、分析处理庞大的业务数据，提取出有利于企业高层进行决策的有用信息，对一些复杂的数据可以采用建立模型的方法进行更深层次的分析提取。数据挖掘技术不是简单的数据查询，它能实现从大量的数据中挖掘出有商业价值的、对企业未来的决策有一定影响力的有用信息。数据挖掘的过程决定了其具有交叉学科的特性，其融合了数据库技术、模式识别和人工智能等技术。

数据挖掘的主要方法包括聚类、分类、预测、关联规则、描述和可视化等。

聚类是基于"物以类聚"的原则,将物理或抽象对象分组为多个成分相似的类的过程。聚类分析的目的是基于已经知晓的数据,根据相关系数或距离,计算出各观测样本之间的亲疏关系。根据某种准则使同类之间的差别较小,而类与类之间的差别较大,最终将观察个体或变量分为若干类。

聚类分析有如下几种主要算法:分裂法、层次法、基于密度的方法、基于网格的方法等。其中,分裂法的具体过程是,先创建 K 个划分,然后利用循环定位技术将对象从一个划分移到另一个划分来帮助改善划分质量。K 均值算法的思想是,给定类的个数 K,将 n 个对象划分到 K 个类中,使类内对象之间的相似度最大,类之间的相似度最小。经典的基于划分思想的算法有 K-Means、Clara 等。层次法的核心是建立一个层次模型以分解给定的数据集。该方法分为合并操作方式(自下而上)和分解操作方式(自上而下)。为弥补合并与分解的不足,层次合并经常要与其他聚类方法相结合,如循环定位。层次法的缺点是,一旦完成合并或分裂就不能被撤销。目前,有两种方法可以改进结果:一是在每层划分中仔细分析对象间的联系,二是综合层次凝聚和迭代的重定位方法。先用自下而上的层次算法,然后用迭代的重定位来改进,代表算法有 Cure、Birch、Rock 等。基于密度的方法指的是根据对象周围的密度不断增长聚类,中心思想是只要一个区域中的点的密度大于某个阈值,就将其放到和它最相近的聚类中,代表算法有 Optics、Denclue 等。基于网格的方法的具体步骤是,先将对象空间划分为有限的单元所构成的网格结构,然后利用网格结构完成聚类。这种方法处理速度快,并且与目标数据库中的数据记录条数没有关系,只和数据空间的单元多少有关,代表算法有 Sting、WaveCluster、Clique 等。

分类是数据挖掘最重要的技术之一,它的基本思想是:先从数据集中选出已经分类好的子集作为训练集,另一部分没有分类且附有标记的数据集作为测试集,在训练集中运用数据挖掘分类技术建立分类模型;然后,应用分类模型对没有分类标记的数据集进行分类,建立有效的分类方法。分类和预测在理论方法上基本一致,二者之间的主要区别是:分类输出的是离散的类标识,而预测输出的是连续值。

数据分类有两个步骤。第一,建立预定义的数据类和一系列概念"分类器",这是一种"学习"的过程;第二,使用分类器对其余数据进行分类,这是一个测试模型的过程。根据各种分类算法的特点,可以分为基于关联规则类、贝叶斯类、决策树类和利用数据库技术类等,应用较广泛的分类模型是决策树模型和朴素贝叶斯模型(NBC)。决策树算法是一种逼近离散函数值的方法,它是一种典型的分类方法——先对数据进行处理,利用归纳法生成可读的规则和决策树,然后使用决策树对新数据进行分析。典型的决策树算法有 ID3、C4.5、CART 等。其中,C4.5 算法是最常用和最经典的，它的主要优点是形象直观。该算法通过树的生成阶段和剪枝阶段来建立决策树，主要基于信息论中的熵理论。熵在系统学上表示的是事物的无序度，是系统混乱程度的统一计量。C4.5基于生成的决策树中所含的信息熵最小的原理，把信息增益率作为属性选择的度量标准，可以得出很容易理解的决策规则。朴素贝叶斯模型是一种十分简单的分类方法，其基础思想为：对于给出的待分类项，求解在此项出现的条件下各个类别出现的概率，哪个最大，就认为此待分类项属于哪个类别。

关联规则是在数据库和数据挖掘领域中的一种重要算法，在电商推荐场景中的应用非常广泛。使用关联规则挖掘数据的目标是找出数据集中的频繁模式，而关联分析就是指发现事物间的关联规则或相关程度。关联规则算法在数值模型数据集的分析中有很大用途，常用的购物篮分析就是最典型的应用案例。此外，关联规则算法在网页文件和文本文档的分析中也起着非常重要的作用，其通过识别网页访问模式和词汇共现关系，为搜索引擎优化、个性化推荐等场景提供底层数据支持。关联分析能有效支持间接数据挖掘，可以处理复杂的非结构化对象，计算的耗时短，推荐的个性化和自动化程度高。

最后，描述和可视化能将数据挖掘的结果呈现出来。譬如通过 Yonghong Z-Suite、Power BI 等工具进行数据的展现、分析、钻取，将数据挖掘的结果生动地展示出来。

乐购的数据挖掘——"你即你所购"

英国广播公司（BBC）的纪录片《大数据时代》中开场的一幕描述了这样几个场景：洛杉矶的警察通过数据分析预测12小时内哪个地区最有可能发生犯罪事件；伦敦金融城的一位交易员认为数学计算可以成为致富秘籍；南非的天文学家试图对整个宇宙进行分类记录……以上种种都表明了同一件事：数据量的大爆发。

英国最大的零售商乐购（Tesco）是仅次于沃尔玛和家乐福的全球第三大超市集团，它的理念就是"You are what you buy"（你即你所购）。它通过大数据发现，总是购买彩妆和时装的女性大概率是20岁的年轻人，总是购买奶粉和尿布的男性极有可能是一位新手爸爸。总之，顾客的消费数据能让企业描绘出准确的用户画像，大数据能让乐购了解每个顾客的需求。

乐购先在系统内给每个顾客确定一个编号，然后通过顾客的历史购买记录建立模型，给他们量身定制购物清单，设计对应的促销活动和个性化服务，让人们持续购物。根据顾客的购买记录，乐购会对他们进行分类，如大学生、职场人士等，乐购根据这样的分类采取不同的促销方式。例如，它会定期给顾客发放优惠券，其中一部分适用于顾客经常购买的商品，另外一部分则适用于对该顾客历史行为数据进行挖掘后，预测其极有可能购买的商品。

不仅如此，在追踪这些短期优惠券使用情况的过程中，乐购能了解顾客在各门店的实际消费情况，还能精确地计算投资回报率。不同于传统的广发优惠券的方式，这种依靠数据分析来定向促销的模式给乐购带来了巨大的利润。

与大多数零售企业一样，乐购也有自己的会员数据库，基于对顾客历史行为数据的挖掘，系统能找到那些对价格比较敏感的顾客，在企业能够接受的范围内为他们可能会购买的商品确定一个价格下限。这样不仅能留住这部分顾客，还能节约企业的成本和资源，不必在其他商品上降价促销。

乐购的数据挖掘团队就像掌握了"读心术"的魔法师，可靠的数据分析、精准的用户画像和定制化的促销方案让乐购的业绩蒸蒸日上。

数据挖掘技术能从海量数据中找到辅助决策者作出商业决策的关键信息，因而越来越被各行各业所重视和应用。特别是在营销领域，企业的生产和销售模式逐渐向基于订单生产和基于客户营销发展。在营销策略的制定过程中，为了能尽快从业务累积的大量数据中及时获取有价值的信息，把握市场走向，提高企业的市场竞争力从而实现利益最大化，选择合理的数据挖掘技术至关重要。

资料来源：作者根据乐购官方资料整理。

课后思考题

1. 什么是大数据？大数据有哪些特征？举例说明。
2. 移动互联时代的大数据采集和处理方式有哪些？
3. 大数据在企业中的价值和应用场景有哪些？

实训案例

大数据分析入门实训案例——以《流浪地球》影评分析为例

> 案例概要

《流浪地球》作为一部备受全球关注的中国科幻电影，吸引了大量观众的讨论。本案例旨在通过对《流浪地球》的影评进行深度分析，结合大数据、网络爬虫与文本分析技术，探讨大数据在互联网时代的价值和重要性。通过数据平台分享的数据，学生将有机会进行实际的数据分析与操作练习，深入理解大数据在电影评论领域的应用。

> 实训知识点

大数据的价值：通过对《流浪地球》影评的大数据分析，可以深入挖掘观众的观影习惯、喜好和情感反馈。大数据为电影制片方提供了更全面的市场洞察，有助于其了解目标受众的需求，优化影片宣传和推广策略。学生将了解如何从海量数据中提取有用信息，为电影产业提供数据支持。

网络爬虫与文本分析：利用网络爬虫技术，学生可以从网站上抓取大量关于《流浪地球》的评论数据。随后，通过文本分析工具，可以对这些评论进行情感分析、关键词提取、文本相似度比较等操作，深入理解观众对电影的看法和感受。这一过程将培养学生的数据爬取和文本分析能力。

> 数据分析与实训操作

学生将通过教学实训平台分享的实际数据进行分析与练习，运用所学技能对《流浪地球》的影评进行深入挖掘。这不仅有助于理论知识的实际应用，还能够培养学生在大数据环境下解决实际问题的能力。实测项目PPT、数据与代码可登录教学实训平台（edu.credamo.com），加入"智慧营销"课程（在学生端点击"加入课程"，输入加课码：jkm_6229750854424576；教师可以在课程库中搜索该课程并直接导入），在相关章节的实训项目中获取。

第 7 章
智慧营销：大数据应用

教学背景

大数据作为新的生产要素受到全社会的高度重视，它是新时代的重要资源，对于推动经济社会发展具有重要意义。我国政府鼓励企业和科研机构开展创新研究，推动大数据在各行业的广泛应用。大数据智慧营销促进了新兴服务业态的发展，在电商、金融、医疗、教育、物流等多个领域得到应用。它能指导企业优化商业资源配置、打造竞争优势，从而显著改善市场营销的效果，提升营销的准确性，降低营销成本，提高营销效率，让商业活动更加健康。只有跟上大数据智慧营销的步伐，企业才能够走得更远。

框架及知识点

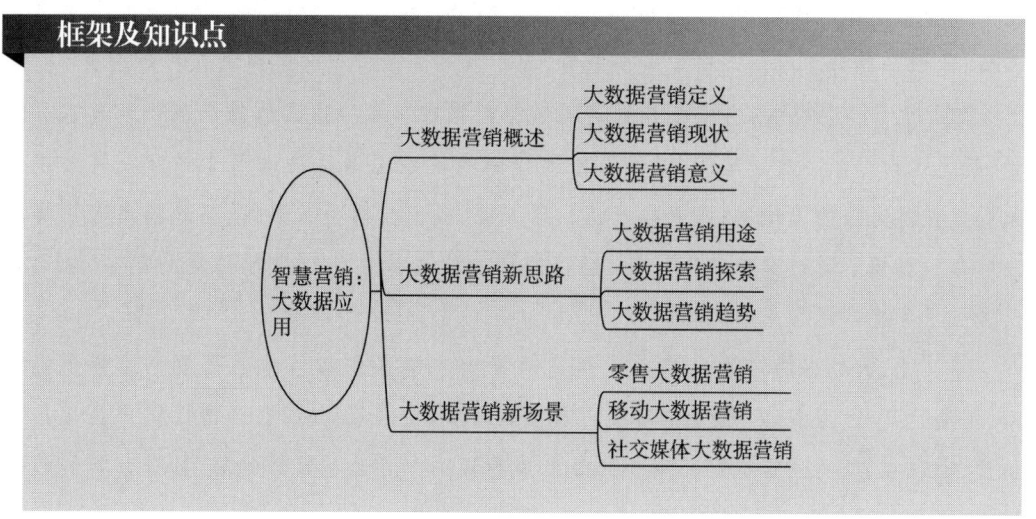

引导案例

阿迪达斯的"金色指南"

在你的头脑中进行一场思维风暴,思考一下:大数据能为一家企业带来什么?

2008年美国次贷危机发生后,全球经济动荡,人们的消费水平大幅下降,与此同时,阿迪达斯出现了非常严重的库存问题。在采取降价、打折等措施仍然不能真正化解危机后,阿迪达斯将策略转向收集和分析消费者信息、产品销售数量、各门店销售情况等数据,而这一策略正是帮助阿迪达斯步入正轨的"金色指南"。

如今,阿迪达斯的经销商会收集门店每日销售数据,总部在收到各门店数据后通过技术手段对其进行整合分析,了解各地消费者的价格接受水平、偏好的款式及功能,从而指导经销商更有针对性地销售在当地需求量较大的商品。

阿迪达斯的产品系列众多、功能齐全。过去,面对种类繁多的陈列品,经销商们在进货时很难选择符合顾客品位的产品,因此很多商品卖不出去,产生了令他们头疼的库存问题。随着大数据技术的应用,库存已经不再是他们的痛点了,数据能够指引经销商作出正确的判断。比如,一、二线城市中,新款、明星同款和采用了黑科技的前沿产品更受欢迎;在其他地区,消费者往往更关注产品的价格和功能,经销商会选择那些价位偏低、实用性强的鞋子或衣服。进一步细分,城市商圈消费者的购买欲望相比郊区更强,所以在市中心要选择时尚新潮、档次稍高的商品。又如,在一、二线城市,消费者的需求更加多样,他们需要为不同场合搭配多套服装,而小城市的多样化服装需求就相对较少。

除此之外,阿迪达斯会根据经销商的销售数据进一步给出具体的产品订购建议。比如,阿迪达斯可能会建议某四、五线城市的经销商主销普通运动鞋而非添加减震效果的跑鞋或弹跳力强的篮球鞋;或者在产品标识方面,提出相对于三条纹,当地消费者更喜欢三叶草的标识。通过这种数据反馈,经销商们能够选择一些在当地热卖的产品,从而大大减少了库存问题带来的烦恼。

事实上,大数据的应用也满足了阿迪达斯大中华区战略转型的需要。库存危机之后,阿迪达斯从"批发型"企业转变为"零售驱动型"企业,过去,它只需要把产品卖给经销商,而现在,它更注重把产品销售到每个消费者手中。通过数据收集、数据分析和数据反馈,层层数据都能助力经销商售出商品、降低库存量。

对于大数据和品牌的成功结合,阿迪达斯大中华区前董事总经理高嘉礼这样说道:我们与经销商伙伴展开了更加紧密的合作,以统计到更为确切可靠的终端消费数据,这有效地帮助我们重新定义了产品供给组合,使我们在适当的时机,将符合消费者品位的产品投放到相应的区域市场。这一方面缓解了经销商的库存压力,另一方面增加了单店销量。产品卖得更多,售罄率更高,也意味着更高的利润。

随着网络信息技术迅猛发展,海量信息出现并成为推动社会进步的强大力量,这标志着大数据时代的来临。营销活动与数据结合的程度更深,营销方案的制订依赖数据的支持,营销效果的评定也要靠数据来支撑,营销的核心任务就在于将顾客和所需产品高效匹配在一起,数据在其中发挥了不可替代的作用。近些年来,新技术、新信息渠道的出现让大众有条件接触到爆炸式增长的信息,将人们引领到一个数据为王的大数据时代。与之对应,市场营销开始从以产品为中心向以客户为中心转变,这更需要大数据的强力支撑。

资料来源:作者根据相关资料整理。

7.1 大数据营销概述

在大数据的加持下,营销重点正在被改变。营销活动最理想的方式是精准投放,满足目标消费者的关键需求。随着小红书、豆瓣等垂直社交平台以及电商平台的覆盖范围越来越广,接触大量同质的用户变得越发容易。如何精准地满足消费者的需求成为新的难题,而大数据正是解决这一难题的关键工具。大数据所产生的用户画像能让企业比用户自己更了解他们的需求,从而更好地为消费者提供服务。

因此,大数据逐步成为营销理论研究的焦点,在营销管理等领域逐渐得到应用。

7.1.1 大数据营销定义

大数据营销就是通过互联网采集大量的行为数据,并对这些数据进行筛选、整合,从而有针对性地让潜在顾客看见并接受产品或服务的一种全新营销方式。最早提出这个概念的是美国数字营销专家拉里·韦伯(Larry Weber),他指出,大数据营销从传统的互联网行业中产生,而且基本只作用于互联网行业。随着移动互联网不断发展,人们的行为方式也从以电脑端为主转变为电脑端与移动端并重,而大数据营销可以让一切消费行为和营销行为数据化。

如今,人们在各种社交平台、电商平台、娱乐平台都会留下大量信息和痕迹,企业通过技术手段将这些人类活动转化成可存储、可分析的数据,能够预测用户行为和喜好,做到基于用户的个性化推荐,并提高企业周转率、增强用户黏性。

如图7-1所示,大数据营销的流程是一个闭环结构,始于数据采集,经过数据挖掘及分析和预测性分析,之后进行数据反馈,并在这一流程结束后加入新采集的数据,进行进一步的数据挖掘,由此循环往复,使得该营销系统的预测更为精准。

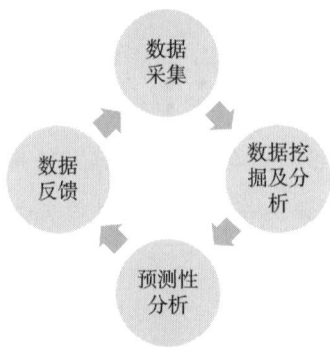

图 7-1 大数据营销流程

大数据营销以顾客为中心,运用技术手段在最佳时机通过合适的渠道以个性化方式将网络广告投放给最匹配的受众。通过大数据抓取目标顾客,有针对性地指引用户行为,能够大大提升预测分析的精准性,有效帮助企业节省大量人力、物力资源,显著提高买卖双方的效率。和传统营销相比,大数据营销具有以下优点:

(1) 数据来源广。信息时代让一切用户行为数据化,不论是在微博、豆瓣、知乎等社交平台搜索或发布感兴趣的内容,还是在大众点评、口碑等生活服务平台搜索相关的生活信息,抑或是在淘宝、京东等电商平台浏览、购买需要的商品,甚至一些游戏平台、学习平台、视频平台的数据都能为大数据营销所用。广泛的数据来源能够刻画更为全面和准确的用户画像。

(2) 时效性强。由于互联网的传播速度快、信息量大,用户在短时间内可以接收到大量的新信息,这也代表着其消费需求和购买欲望在相当短的时间内极有可能发生变化。因此,通过大数据技术分析用户作出购买决策的"黄金时点",即用户需求峰值时刻,并在此时进行精准的产品曝光是十分重要的。比如,女性在孕期和产后的需求截然不同,如果数据时效性差,在用户产后才将孕期需要的产品推送给她,显然错过了最佳的营销时机。

(3) 性价比高。大数据营销的核心在于通过精准的数据分析,将产品或服务信息有效触达潜在顾客并促成购买转化,这种高效的营销方式不仅能提升转化率,而且还能通过持续的数据反馈优化后续营销策略。

(4) 精准性强。通过深度挖掘和反复分析用户数据,企业能够获得颗粒度更细的数据,更好地把握不同用户的需求,从而实现精准的市场定位和顾客群体细分。精准营销的根本在于"合适"二字,这就要求准确、完整、高效地搜集、整理、分析和使用各类商业数据以实现精准营销的效果。其精准性主要表现在以下几个方面：

- 目标客户定位精准。以京东为例，其系统为每个客户记录的数据维度就达到了上千个字段。这些数据不仅包含了客户的基本信息，如年龄、性别、职业等，还包含了客户的行为数据，如网页浏览记录、搜索记录等。此外，京东还详细记录了客户的交易数据，如购买的商品、价格、退货记录、评价反馈等。通过对这些数据的分析，京东不仅可以将商品和目标客户精准匹配，还可以对客户未来的消费行为进行有效预测。

- 营销信息投放精准。依托大数据，商家可有效掌握客户的消费行为和消费需求，进而锁定目标客户，并进行营销信息的精准投放。例如，每个京东客户的首页商品推荐都是不一样的，这是因为京东通过分析不同客户的多维度数据，把客户最感兴趣、最有可能购买的商品放在首页推荐给了客户。京东还可以通过客户的点击情况和页面停留情况等数据反馈，不断优化商品推荐页面，提升转化率。

- 营销成本控制精准。美国百货商店之父约翰·沃纳梅克（John Wanamaker）曾感叹：我在广告上的投资有一半是无用的，但问题是我不知道是哪一半。科特勒也曾说过：大部分的促销费用都被浪费了，仅有10%的促销活动能得到高于5%的响应率，而这一比例还在逐年递减。这种状况在广告界是一直存在的。然而，随着技术的不断发展，大数据技术使广告投放更加精准，提升了广告的转化率和回报率，大大节约了营销成本。在大数据的支持下，企业能挖掘到大量与消费者相关的数据，从中分析出消费者的基本属性、兴趣爱好、消费习惯等，更加准确地定位目标受众并进行细分；之后再运用人群定向技术，精准地向目标受众投放有针对性的广告。这样的精准投放，改变了以往大范围、无目的的广告投放模式，大大节约了广告投放成本，避免了营销资源的浪费。同时，精准的广告信息往往能迎合消费者的需求，更容易使其对产品或服务产生好感，从而进一步提升转化率。商家通过大数据进行精准营销，可最大限度地降低营销成本，提升品牌价值。

- 营销效果衡量精准。基于大数据的精准营销全过程可追踪，营销效果可衡量。这主要还是受益于营销信息投放方式的变化。定向投放和跟踪使营销过程受到监控，并且能根据客户的反馈及时优化，极大地提高了营销效果衡量指标的测量精度。例如，商家在京东平台投放广告，京东的数据系统会持续地跟踪、反馈广告效果：过去一段时间内，通过广告点击进入该商品页面的客户数，仅浏览未转化的客户数，加购未付款的客户数，以及最终完成购买的客户数。这些数据使得广告的投入和产出得以量化，营销效果最终体现在转化率等直观指标上。

（5）个性化营销。传统的营销活动是媒体导向的，企业往往会选择知名度高、流量大的媒体投放广告,而消费者只是被动接受这种无针对性甚至无吸引力的信息。而大数据时代的营销策略是受众导向的,企业会根据用户画像将用户需要的产品或服务的信息精准地投放到他所浏览的界面。例如,网易云音乐利用大数据分析,向用户推荐符合其偏好的歌曲,这种个性化的音乐推荐系统使网易云音乐收获了大量忠实用户,跃升至音乐类 App 排行榜的第三名。

(6)关联性营销。大数据使企业能精准识别目标人群的兴趣和需求,甚至地理位置,比如,通过大众点评搜索附近美食,或者利用高德地图搜索目的地,等等。基于这些信息,企业可进行商品关联推荐,通过展示关联广告来拓展销售渠道。

7.1.2　大数据营销现状

计算机技术及信息技术的迅猛发展,带动了互联网和物联网的高速发展,不计其数的数据也随之产生。自大数据这一概念被提出,各行各业都在关注其商业价值,试图利用大数据来助力营销,提升企业价值。大数据产业链分为上游、中游和下游。上游主要提供数据资源,中游提供大数据技术服务,如数据安全、云计算等,下游则是大数据应用市场,涉及政务、工业、金融等多个领域。

根据中国信息通信研究院发布的《大数据白皮书(2022 年)》,企业数据应用已经经历了辅助决策阶段和增强决策阶段,如今进入了自动决策阶段。互联网、金融、电信等行业领域的龙头企业在营销、经营分析等核心业务中开展了商业模式的全方位探索,2022年已有约 30% 的企业实现了基于大数据分析的自动决策,如在大数据商业分析中,谷歌 AdSense 基于用户行为数据分析进行广告投放。技术实力是大数据行业的核心竞争力。企业需不断进行研发投入,提升数据处理、分析、挖掘等方面的技术能力,以适应不同行业和场景的应用需求。

大数据的普及颠覆了传统的营销模式,许多领域已经开始利用大数据进行营销,最典型的例子有淘宝的首页商品推荐、抖音的个性化视频推荐等。目前,大数据营销多应用于广告精准投放、广告监测及优化、用户画像构建、线上线下销售、客户关系管理等多个方面,市场前景十分广阔。

我国大数据产业正处于快速发展阶段,据相关统计,2022 年我国大数据产业规模达 1.57 万亿元,同比增长 18%,整体产业发展态势良好,市场规模不断扩大,技术不断进步,政策支持力度不断加大。政府对大数据产业的发展给予了高度重视,发布了多项支持政策,旨在推动产业的创新和应用,促进数据资源的开放共享,加强数据安全保护。

7.1.3 大数据营销意义

移动互联网、物联网、云计算等新一代技术的广泛应用使企业的信息化程度不断提高，从而带动了全球信息化的持续发展。人们日常生活中所形成的数据量呈指数级增长，这些数据蕴藏着巨大的商业价值和社会价值，对它们进行有效的分析和利用已经成为推动社会高质量发展的关键因素。研究表明，数据作为数字经济的关键要素，对增强研发能力，提高生产力，助力高质量发展具有重要意义。① 同时，随着营销信息化过程的不断推进，各行业持续产生了海量的用户和交易等数据，利用大数据技术开展营销活动已成必然。大数据的应用逐渐渗透营销全流程，能最大限度地帮助企业精准迅速地挖掘消费者需求，对提升营销效果起着至关重要的作用。

大数据营销更加注重对用户行为特征的分析。传统营销主要采用随机分析法，即抽样调查来描绘用户画像（如发布调查问卷、搜集用户反馈等）从而制定相应的营销策略，这种方式得到的数据多来自消费者的主观判断，而且数据规模小，经常会产生误差和时滞。现在通过大数据和云计算，以上问题不会再干扰企业对用户行为的判断。信息的高速传播能够让企业快速而全面地抓取用户行为数据，避免了问卷调查中问题设计不严谨、不全面的问题，大数据为企业提供了消费者行为模式和兴趣的精准洞察。基于这些数据，企业能够分析消费者偏好、预测消费趋势，提供最符合消费者需求的产品或服务，实施精准营销，并根据用户反馈持续优化营销策略……这种周而复始的活动能够大大提升企业营销效率。

大数据应用优化了营销渠道。第一，大数据影响营销渠道结构。营销渠道结构本质上是企业在市场上建立的各种渠道，以便将产品或服务传递给消费者。在大数据时代，企业对其产品或服务进行任务分派，用互联网思维收集、分析海量数据，并在制定渠道目标时从消费者角度出发，真正了解消费者使用产品的情况，使渠道规划更加科学、管理更加精细，并且及时发现渠道中存在的问题，优化渠道结构，从而提升营销渠道效率。第二，大数据影响营销渠道管控，企业要想确保销售目标的达成就必须对营销渠道进行相应的管控，渠道管控贯穿渠道系统运行的整个生命周期，大数据的应用带来精准营销，使不同渠道的消费者能够及时获取产品信息。企业在不断优化产品的过程中，能够增强用户黏性，从而不断加大渠道管控力度。

大数据营销强化了"以消费者为中心"的营销理念。在传统的营销实践中，企业

---

① 陈启斐，田真真. 大数据与产业赋能：基于国家级大数据试验区的分析[J]. 南开经济研究，2023(7)：90-107.

因信息传递不够迅速和全面而难以完全达到消费者的预期。在大数据时代，企业通过新技术对消费者的交易数据和行为数据进行分析，能够精准定位消费者需求，有针对性地向消费者传递信息。同时，大数据营销让基于消费者行为的个性化定制成为现实，提高了企业的广告效益并增强了用户黏性。

大数据营销能够有效管理客户关系。企业通过挖掘消费者数据，能够找到创造主要价值的核心客户，并针对这部分核心客户提供更加优质的服务，从而在提高营销效率和客户依赖度的同时，更好地维护客户关系。这种长期的客户关系一旦建立，就有助于提高客户忠诚度，从而提升企业竞争力、创造新的商业价值。

优秀的企业往往能够从繁杂的客户信息、销售数据中准确地抓取最有价值的信息，并在分析整合后精准地为客户提供其所需要的产品或服务。

7.2 大数据营销新思路

数字经济时代，商业环境已发生变革，企业营销手段也随之发生了革命性变化。从传统模式到数字化模式再到如今的大数据模式，互联网已经成为营销推广的重要渠道，管理好数据资产成为企业实施高效营销决策的基础。但是面对海量数据，很多企业面临诸如数据整合不足、信息孤岛严重等挑战，未能形成有效的数据洞察，无法为企业决策提供有力支撑。

除了大数据，开展智慧营销还需要借助其他新兴技术。智慧营销能帮助企业优化资源配置、运营方式和客户管理，而大数据在这个过程中起到基础性作用，为建立更优质的技术模型提供支撑。此外，所有基于机器学习的算法模型都需要梳理数据，更重要的是，合理使用数据能够更高效地推动营销、帮助品牌实现客户增长、提高客户留存率。受益于大数据营销所带来的经济效益和客户洞察价值，对数据进行精准收集和利用，日益成为企业营销管理中的关键环节。

7.2.1 大数据营销用途

一方面，借助大数据，企业能够完善产品投放策略。消费者的日常行为，如在线购物、页面浏览、社交互动、移动设备使用等，将持续产生海量数据。企业能够利用这些数据深入洞察消费者需求，以最高效的方式进行产品投放，并根据实时反馈不断优化产品或服务，实现营销效果的最大化。以快时尚品牌 ZARA 为例，其战略定位就是"买得起的快时尚"。国际大品牌一般需要120天才能完成从设计到成衣销售的全过程,我国服装业则一般需要6~9个月。ZARA则拥有庞大的新品开发团队,包括设计师、市场专家和产品经理。他们对时尚有非常敏锐的捕捉能力,能从各种时装秀上获得灵感,设计与流行趋势相匹配的新品,且这些新品只需要短短几天就能在门店展示。在ZARA的门店,店经理会通过移动终端即时记录顾客对商品细节的评价,这些细节洞察随后会传达至总部设计团队。总部进行方案调整后,新指令可实时同步至生产线。除此之外,各分店每天都要统计服装销售情况。ZARA还开设了线上商店,将各种线上数据串联起来。线上商店中顾客的反馈和建议也是重要的数据资料,这些一手资料也成就了ZARA快时尚的品牌形象。可以看出,能否快速准确地应对市场变化将成为衡量品牌核心竞争力的标尺。精准地了解各店面的销售数据和库存数据,准确地分析用户画像,有针对性地分配产品,并作出正确的营销决策是ZARA成功的关键,而这背后离不开适时有效的数据支撑。数据驱动已成为时尚行业保持前沿竞争力的关键,这要求企业构建以消费者需求为核心的营销体系,及时洞察消费者的偏好,深度分析其历史交易数据与行为数据,借助大数据技术整理各种信息,从而提升营销效能。

另一方面,借助大数据,企业能实现精准营销。不论是沃尔玛的"建议清单"、淘宝的"猜你喜欢",还是小红书的"友好市集",都是在充分了解用户偏好的基础上进行的个性化推荐,这种精准营销对企业的销售模式优化和长远发展有着深远意义。若论全球企业大数据价值挖掘的典范,亚马逊当之无愧。亚马逊不仅是电商平台,也是科技企业,它率先运用大数据和云计算技术,打造了强大的智能系统,从而构建了全球领先的在线销售平台和高效的物流网络。亚马逊不仅记录了其数量庞大的用户在平台上的所有行为,还从他们的购买数据中获得有效信息。通过数据挖掘提供的个性化服务和良好的购物体验,亚马逊获得10%~30%的附加利润;通过动态定价算法对价格的优化,亚马逊的盈利水平平均提高了25%;通过精准的大数据算法,亚马逊根据用户偏好提前将他们可能购买的商品配送到最近的仓库,大大节省了货物运输时间。

当前,我国网络购物、移动支付、共享经济等数字经济新业态新模式蓬勃发展,走在了世界前列。我国企业要瞄准世界科技前沿,学习优秀企业的先进经验,集中优势资源突破大数据核心技术,加快构建自主可控的大数据产业链、价值链和生态系统。

7.2.2 大数据营销探索

在大数据时代之前,成功的营销往往只需遵循经典的营销理论,当面临市场挑战时,只要运用熟知的营销方案,并推出好的产品和有吸引力的广告,基本可以达成营销目标。

而进入大数据时代后,一切营销行为和消费行为开始数据化,营销逐渐加入了科技的成分,数据分析和管理能力成为现代企业营销的核心竞争力,数据贯穿营销过程的始末,大数据的价值更是逐步在商业应用中体现出来。大数据营销在移动互联时代也不断地进行着探索和创新。

大数据营销的基础在于利用大数据精准洞察消费者需求。大数据时代的特点是数据的全面、丰富、深度和连接。人们不仅可以获得各个行业各种维度的数据,数据之间还能打通和连接,以洞察事物背后的联系,大数据能帮助企业定位潜在客户,并了解其需求。比如,亚马逊若想要推出新产品或服务,无须经历冗长的调研、分析、讨论等环节,只要通过分析消费者在网站上留下的访问、评论、购买等各种数据,评估产品或服务的受欢迎程度,预测消费者是否乐意购买类似的产品或服务,便可以决定是要继续将其推向市场,还是取消。通俗地说,企业可以洞察消费者需求,在此基础上进行精准营销。

第一,利用大数据改善企业产品投放策略。在互联网时代,铺天盖地的信息席卷网络,让用户眼花缭乱。但是,运用大数据技术,能帮助企业了解用户的兴趣点,从而根据不同的受众在最合适的时间点,通过个性化的渠道,将最符合其偏好的内容呈现给他们。同时,用户看了什么广告、浏览所用的时长,都可以通过数据化的形式来监测,从而使企业能够更有效地测评广告投放效果,也使企业的产品投放策略更加完善。

第二,利用大数据进行精准推广。很多企业的营销推广效率很低,主要原因就在于没有精准定位目标用户。大数据技术的应用,让企业得以实时全面收集、分析用户行为信息,从而根据用户不同的兴趣、偏好、购买习惯等特征准确地投放最吸引他们的广告。在另一个层面上,企业通过动态更新消费者的多维度数据,利用数据挖掘技术预测消费者需求,可以调节营销推广力度,最终达到增加企业利润的目的。

第三,利用大数据充分挖掘营销渠道效能的潜力。传统的市场营销渠道大多是代理制或购销制,企业与经销商或代理商之间不常共享信息,存在着一种利益博弈关系。大数据时代,企业和渠道成员共同搭建大数据营销系统,这种合作能真正有效地利用大数据、云计算等高新技术的优势。各方协调一致，共同打造良好的购物体验及环境，能让消费者有更强烈的购买欲望，对于提升品牌形象、增加利润空间能起到 1+1>2 的效果。

第四，利用大数据实施个性化产品策略。以往，企业将流水线生产出来的相同产品卖给所有客户，不论是老客户还是新客户，不论是大客户还是小客户，所得到的产品都是同质化的，这样会导致很多忠实客户流失。大数据可以分析活跃粉丝的互动内容，设定消费者画像的各种规则，关联潜在客户与会员数据和客服数据，锁定目标群体进行精准营销，进而使传统客户关系管理结合社会化数据，丰富客户不同维度的标签，并动态更新消费者生命周期数据，保持信息新鲜有效。互联网和大数据技术的发展能够将产品和客户有机串联起来，并且能对客户的消费偏好、关系偏好作出个性化定位，推出与其个性相匹配的产品。

第五，利用大数据集成系统制定科学的价格策略。如今，众多企业都在构建大数据营销系统。该系统能跨越不同的消费者需求、不同的细分市场、不同的渠道平台，从而帮助企业高效地收集客户数据、分析客户行为，以便深刻理解其需求、预测其偏好和价格接受水平。基于这些洞察，企业能够不断地调整产品性能、制定科学的价格策略。

第六，大数据可以用于提升用户体验。要改善用户体验，关键在于真正了解用户及其产品的使用情况，并提供最适时的服务。例如，在大数据时代，汽车安全范式得以重塑。遍布车身的传感器网络会实时监测车辆运行状态，在关键部件出现故障前主动向车主和4S店发出预警，实现从"被动维修"到"主动防护"的转变。这种转变不仅降低了维修成本，更大幅提升了行车安全性。事实上，美国快递公司 UPS 早在 2000 年就利用这种基于大数据的预测性分析系统来检测其全美 60 000 辆快递车的实时车况，以便及时进行防御性修理。

大数据营销在筛选重点客户、进行库存管理、维护公共关系等很多方面都得到了应用，随着云计算、人工智能、物联网、5G 等技术的不断发展，大数据营销的探索之路会迎来更大的机遇和挑战。

7.2.3 大数据营销趋势

互联网时代为人们提供了一个数字生活空间，移动网络的访问量急剧增长，用户每时每刻都在创造新的数据，借助数据挖掘技术能够让这些非结构化的信息显现出巨大的商业价值。与此同时，各种移动终端的普遍使用深刻地改变了整个营销体系的生态，大数据、云计算和智能化正在一步步影响着未来的营销格局。

第一，以用户为中心，以需求为导向。在各种新技术迅猛发展的时代，企业要使自己的产品与时俱进，就必须建立起以大数据为支撑的营销体系。以目前国内的一些音乐播放平台为例，网易云、虾米、QQ 音乐都有个性电台和专属推荐模块，能根据每个用户不同的听歌习惯和偏好的风格为其量身定制一份歌单，而这些推荐曲目中总有能直击用户内心的作品，这种与需求高度匹配的用户体验能够增强用户黏性、提升平台声誉。

第二，在海量信息中掌握竞争企业的战略方向。未来，企业需利用大数据技术洞察同行企业的信息，对竞争企业的用户画像、产品特性、信息传播方式等进行分析，参考行业标杆的营销方案，从而为自身营销策略提供科学依据和参考。

第三，多平台数据库的协同整合成为未来的发展方向。随着互联网技术的不断发展，多平台、数据碎片化、用户分散成为数据处理过程中的常见问题。为了适应商业发展的需要，跨平台、跨媒介、跨终端的数据资源整合是未来的发展方向，这将给大数据营销带来极大的助力。

第四，防止隐私泄露，保护用户信息。现在，许多网站和应用都会记录用户偏好和习惯，这有助于企业对用户的行为数据进行深入挖掘。然而，部分信息的公开可能会给用户带来隐私泄露的困扰。因此，企业应该对用户隐私进行保护，并且为大数据营销设置一定的门槛和规则，这样才能保证自身的长久发展。

7.3　大数据营销新场景

7.3.1　零售大数据营销

回顾零售行业发展历程，每当新技术深入应用时，都会催生新的零售模式，以大数据为核心的智能革命也不例外，它也催生了新的思维模式和商业模式，如图 7-2 所示。

2016 年以来，"新零售"成为市场热点。"新零售"作为产品与服务的一种新的商业模式，包括传统零售门店的数字化改造和由数字技术应用带来的新兴业态。它以数据为关键驱动力，以新生技术作为实现手段，以消费者为核心，以供应链和生态圈为重要构成，并对人、货、场的关系进行连接和重组。

传统零售的数字化改造包括传统的超市、百货店、便利店等将线下业务拓展为线上与线下相结合的模式，如沃尔玛开发了自己的电子商务平台，将线下客户引导至线上。新兴业态的典型代表有无人零售，如亚马逊的 Amazon Go 和国内的 Take Go；共享设备，如共享充电宝、共享雨伞等；以盒马鲜生为代表的"超市+餐饮"融合模式。

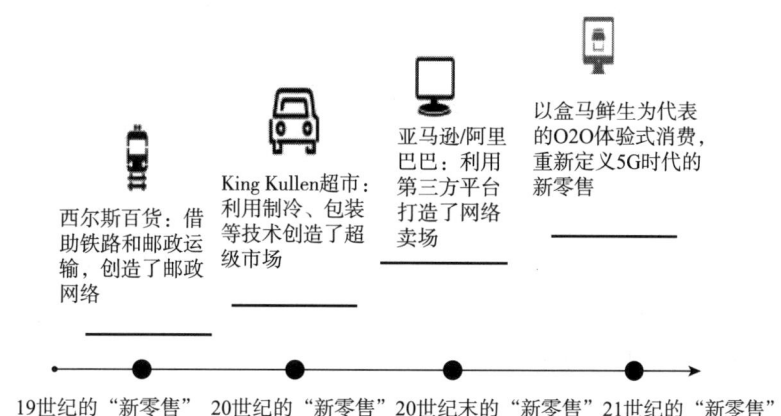

图 7-2 历史上的"新零售"

智能互联是零售行业数字化转型的重要推动力。5G、物联网、AR/VR、人工智能、机器人、区块链等技术，共同促进"新零售"的进化和发展。国家统计局的数据显示，2024 年全国社会消费品零售总额为 487 895 亿元，比上年增长 3.5%，全国网上零售额为 155 225 亿元，比上年增长 7.2%，其中实物商品网上零售额为 130 816 亿元，增长 6.5%。

在互联网时代的新阶段，零售商应该充分挖掘大数据的商业力量。目前，零售业的大数据营销应用有以下几个场景：

1. 个性化推荐系统

推荐系统是一种过滤系统，其根据用户档案或历史行为记录，学习、模仿用户的兴趣爱好，预测用户的偏好。对于离不开社交平台、电商平台的现代互联网用户来说，"猜你喜欢""购买过此商品的用户还购买过……"等个性化推荐已不陌生。电商平台根据用户的浏览行为、购买行为，结合相同属性的用户行为进行分析、计算，得出用户的兴趣、偏好，为用户推荐他们可能感兴趣的商品。随着时间的推移，用户的画像越来越完整，商品推荐也就越来越精准。近几年，零售行业的大数据化也实现了对产品的及时、精准、动态定位，如沃尔玛利用大数据实现线上线下全渠道融合，对用户数据进行闭环收集、更新与使用。零售智能系统通过对海量数据进行收集、整理、分析，实现精准营销和个性化推荐，并为营销策略优化提供支撑。

2. 广告精准投放系统

对于企业来说，必须精准把握影响广告投资回报率的因素。在大数据时代，定向营销能力和数据挖掘精度持续提升。科学合理的定向策略能显著提升广告的投资回报率，实现更高效的营销资源配置。例如，腾讯社交广告基于真实、海量的社交数据，从基础属性、行业兴趣、内容兴趣、LBS①和重定向等多数据维度对人群进行体系化的标签分析。多层次、不同类型的定向组合，不仅能满足不同品牌的营销诉求，精准触达目标人群，还能帮助零售品牌做到精准的引流到店，以及赋能品牌洞察用户的生命周期阶段。

3. 物联网

随着物联网技术应用的普及，其设备连接数量和生成数据量呈爆发式增长。以中国联通的物联网平台为例，截至2022年5月，"大联接"用户累计达到约7.95亿户，5G套餐用户累计达到约1.8亿户，物联网终端连接用户累计达到约3.28亿户。在零售行业中，对于大量实时性业务，物联网借助边缘计算可以更及时、高效地作出响应，提升客户体验；对刷脸支付等安全相关业务，边缘计算在本地进行人脸识别，能最大限度地减少敏感数据的网络传输。

7.3.2 移动大数据营销

移动大数据营销指面向移动终端（手机或平板电脑）用户，在移动终端上直接向目标受众定向和精准地传递个性化即时信息，通过与消费者的信息互动达成营销目标的行为。移动大数据营销是互联网营销的一部分，是在强大的云端服务支持下，利用移动云端营销内容，把个性化即时信息精准地传递给消费者，实现"一对一"的互动营销。

技术创新正不断驱动移动互联网的发展，满足消费者更多样化的需求。以大数据技术为驱动，移动营销企业利用数据挖掘技术分析消费者的个人特征、媒介接触、消费行为甚至生活方式等，精准定位目标人群，然后对营销内容、媒体和受众进行匹配，从而达到提升营销效果的目的。

移动互联时代，移动大数据营销的发展呈现出以下几大趋势：

1. App营销是移动大数据营销的主要形式

目前，移动互联网流量主要由各种App产生，占比高达70%以上，使App成为移动大数据营销的主要载体。庞大的App数量和广告形成巨大的长尾市场，通过大数据分析可以让用户在合适的时间、合适的地点、合适的场景，看到合适的广告信息。

---

① 全称为Location Based Services，意为基于位置的服务，即利用各种类型的定位技术来获取定位设备当前所在的位置，通过移动互联网向定位设备提供信息资源和基础服务。

例如，网易云音乐基于大数据的个性化推荐功能，给每个用户贴上各种"标签"，通过对用户偏好的判断，利用智能算法向用户推荐他们可能喜欢的音乐，从而实现精准推送。

2. 移动大数据营销打造O2O营销新模式

企业利用移动互联网跨地域、无边界、海量信息、海量用户的优势，可以充分挖掘线下资源，进而促成线上用户与线下商品/服务的交易。例如，2016年，小米手机业务遭遇瓶颈、增长乏力，很多人开始质疑小米的运营模式。但是，机会与困难常相伴而生，小米通过产品升级、生态链布局和O2O新零售拓展，恢复了业绩和市场地位，续写了经营神话。

3. 多屏整合成为主导方向

多屏整合就是将智能手机与个人电脑、电视、户外广告等进行关联和互动，实现线上线下的整合推广。数字广告平台需要掌握用户在多屏上浏览的信息和行为模式，从而通过跨屏来修正和完善对消费者的认知，使移动广告投放更精准、更有效。例如，1号会员店在地铁站投放广告，根据地铁站的人群类别来判断人们喜欢买什么样的产品。人们在上下地铁时，用手机扫描广告上的二维码就可以完成购买，等他们到家的时候，通过手机购买的东西可能已经送达了。

7.3.3 社交媒体大数据营销

社交媒体指互联网上基于用户关系的内容生产与交换平台，支持人们在线分享意见、见解、经验和观点，其类型和形式多样。

社交媒体改变了人们的消费行为和生活方式，并成为现代化营销的前沿阵地。在移动互联时代，社交媒体数据已经成为企业不可或缺的重要资源，企业可以利用社交媒体数据定位顾客、分析市场、进行预测。Meta的广告统计数据显示，2024年数百万企业通过Meta获得了不错的投资回报率。为什么企业愿意在Meta上投放如此多的广告去寻找顾客呢？因为Meta收集了海量的用户数据，这使得企业可以针对目标顾客群体进行精准营销。

社交媒体大数据营销是社交媒体大数据的一个重要应用方向，越来越多的企业将社交媒体作为主要的营销渠道。社交媒体营销的发展呈现出以下几大趋势：

1. 社交媒体和营销数据同步化

社交媒体的优势在于可以对平台上的舆论进行监控，找出潜在的机遇和挑战，再对个体进行分析，找出适合某个群体的营销方式，企业可以利用这些分析去调整在线

营销策略。例如，KOL 可以直接影响一个品牌的受众。

2. 社交媒体电商化

随着技术的不断发展，企业意识到社交媒体除了广告和促销，还有直接接触目标消费者和变现的潜力。社交媒体的优势是可以极大地缩短消费者的购买流程，让消费者作出直接购买产品的决定，微博、抖音等平台都可以将流量直接导入淘宝这样的购物平台。另外，"网红经济"的影响力也变得更加明显，因双语直播而出圈的董宇辉就是其中的典型代表，截至 2025 年 1 月 7 日，"与辉同行"账号一年内共直播 621 场，总销售额突破 93 亿元，日均销售额约 2 547 万元，单场直播最高销售额达 6 900 万元（2024 年 12 月 24 日），创下日播纪录，相当于中型企业半年的营收。

3. 口碑营销

越来越多的企业开始重视口碑营销。传统的营销是通过广告的方式进行宣传，随着社交媒体的迅速发展，人与人之间的交流方式发生了重大变化，与之相对应的是口碑营销越发重要。口碑营销是指企业通过消费者与其亲朋好友之间的交流来宣传企业品牌和产品。因为口碑营销是熟人之间的相互交流，其可信度和成功率高，是企业营销的重要方式。企业通过创造热点、提供优惠来引导消费者针对其产品或服务以及品牌进行交流和讨论，并最终使更多的人成为企业的顾客，进而由新的顾客再次进行传播，如此循环往复，不断提升企业和产品的知名度及美誉度。

4. VR 和 AR 技术

VR 和 AR 技术与社交媒体大数据营销的深度融合，正在重构品牌与消费者之间的互动模式。通过 AR 滤镜（如 Snapchat 的面部识别功能）和 VR 虚拟体验，用户可生成个性化的内容并分享至社交平台，这一过程不仅能创造沉浸式品牌接触点，还能实时产生多维行为数据（如互动时长、偏好标签、地理位置等），为精准营销提供动态分析基础。例如家居品牌通过 AR 技术让用户在社交平台分享家居虚拟布置内容，这些用户生成内容既成为品牌传播素材，又通过数据埋点捕获用户风格偏好，反向优化产品设计与广告策略。同时，VR 打造的虚拟商店或试驾场景，能记录用户在虚拟环境中的动线、停留时长及交互行为，结合社交媒体画像数据，形成用户立体画像，指导个性化推荐算法迭代。未来，随着人工智能驱动的实时数据分析能力的提升，AR/VR 技术与社交大数据的结合将实现"体验—数据—洞察—优化"闭环，例如通过情绪识别技术动态调整 VR 广告内容，或基于社交趋势预测生成 AR 营销活动，进一步缩短从曝光到转化的路径。

同样地，大数据也给社交媒体营销领域带来了许多挑战：①如何对用户生成的内容和用户关系等社交媒体数据进行采集和监控；②如何对采集到的数据进行有效性识别；③如何有效利用采集到的社交媒体数据定义和解决实际问题；④如何设计合理的模型和方法分析海量社交媒体数据，并通过机器学习、数据挖掘等技术对数据进行科学有效的管理，以达到提高媒体营销效率的目的等。

阿里巴巴——数据和技术加持下的全域营销

全域营销是阿里巴巴于2016年提出的以数据驱动和消费者为中心的数智化营销方法论。全域营销设计的初心是全洞察、全渠道、全触点、全链路，以数字化"AIPL[①]消费者运营"为方法论，助力品牌全面加速营销数字化的升级。

全域营销1.0阶段开创了品牌"以消费者为中心"的数智化营销，到2.0阶段又实现了三大跨越：数据洞察能力的升级；从线上到线下，推动全渠道的数字化改造；从整合到融合，实现跨端的消费者运营。

消费者的消费过程是一条决策链路，该链路是网状、立体和个性化的，因此全域营销更重视消费者和品牌之间的互动过程，即认知、兴趣、购买、忠诚。

为在全链路中制定合适的营销策略，阿里巴巴的全域营销以数据为动力，打造了配套的数据工具——数据银行，用以记录每个顾客在阿里巴巴全系产品中的行为。例如，淘宝、天猫、闲鱼等平台记录了用户的消费数据，支付宝记录了用户的金融数据，淘票票等文娱应用记录了用户的休闲娱乐行为。通过用户ID，阿里巴巴就可以将来自不同平台、不同维度的数据绑定到同一用户身上，从而形成更准确的用户画像，指导精准营销。

掌握了消费者的决策规律和强大的数据工具后，阿里巴巴通过新品专、新霸屏、淘宝直通车和智钻等资源实现了全域传播，甚至是跨阿里巴巴产品的传播。

在数据和技术的加持下，全域营销通过精准投放营销信息，为品牌带来了流量曝光，并进一步将流量转化为销量。这不仅实现了品牌增值，也形成了全新的智慧营销模式。

资料来源：作者根据相关资料整理。

---

① AIPL 是指 Awareness（认知）、Interest（兴趣）、Purchase（购买）、Loyalty（忠诚）。

课后思考题

1. 大数据营销的定义是什么?大数据营销的现状如何?
2. 大数据在零售业中的应用有哪些新思路?
3. 在社交媒体中大数据营销有哪些应用新场景?选择一个社交媒体平台详细描述。

第8章
智慧营销：顾客价值获取

教学背景

关注"顾客价值"体现了以人为中心的发展思想，在这一思想指导下，营销领域发生了深刻的变革。过去，企业往往更注重产品的销售，忽视了顾客真正的需求和体验。随着时代的演进，人们对企业和品牌有了更高的期望，渴望与之建立更紧密的联系，而不仅仅是作为交易的对象。在这一背景下，我国企业和服务行业也在不断创新和发展，移动支付、共享经济等领域的发展为顾客提供了优质的产品或服务，创造了更高的价值，带来了便捷的生活体验。这一变革彰显了我国社会的进步，反映了我国全面提高人民生活水平和生活质量，努力满足人民日益增长的美好生活需要的决心。

框架及知识点

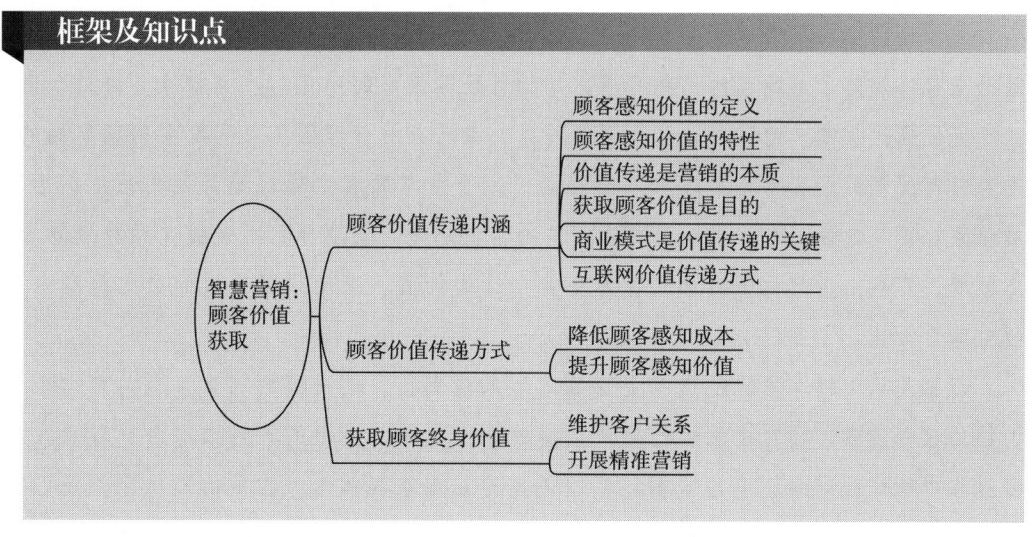

引导案例

星巴克——创造良好的顾客体验，获取顾客价值

1992年，星巴克在纳斯达克上市，此后，星巴克业绩保持良好增势，公司市值不断提升，品牌形象广受赞誉。但是，星巴克的发展并不是一帆风顺的。2008年，星巴克业绩大幅下降，究其原因，除了受到经济危机的影响，更多的是品牌核心价值遭到破坏。当时其管理层一味追求业绩的高速增长，使得品牌定位模糊，顾客的体验下降，顾客忠诚度降低。公司创始人霍华德·舒尔茨临危受命重返星巴克担任CEO，他进行了一系列的改革，使星巴克起死回生。星巴克成功的最重要因素是它视"关系"为关键资产，舒尔茨一再强调，星巴克的产品不是咖啡，而是"咖啡体验"，与顾客建立长期关系是星巴克战略的核心。

星巴克的核心价值观在于通过创造良好的顾客体验来提供产品或服务，最终获取顾客价值。舒尔茨希望通过提供诱人的咖啡香气和良好的环境使得人们可以把星巴克当成家和工作地点之外的第三去处。他认为"咖啡大师"在为顾客创造舒适、稳定和轻松的环境时扮演了关键角色，那些站在咖啡店吧台后面直接与每一位顾客交流的咖啡师决定了咖啡店的氛围。为此，星巴克对每一位"咖啡大师"都进行了培训，包括客户服务技巧、基本零售技能和咖啡专业知识等。"咖啡大师"还要预测顾客的需求，并在解释不同的咖啡风味时与顾客进行眼神交流。星巴克认识到员工是向顾客推广品牌的关键，其颠覆了传统营销模式，将常规广告预算转为员工发展投入。

星巴克非常重视顾客信息的收集，在接待顾客的时候，收银员除要提供良好的服务之外，还需要收集顾客的基本信息，如性别、年龄等。通过收集、分析这些信息，星巴克可以及时了解顾客的消费习惯，并针对顾客偏好的变化对产品或服务进行改进。星巴克也通过反馈来增强与顾客之间的关系，星巴克的管理团队每周都要阅读原始的、未经任何处理的顾客意见卡。其顾客理念是，企业与顾客之间既是买卖关系，也是利益关系，更是伙伴关系。企业为顾客创造的价值越多，就越会尽可能提高顾客满意度、忠诚度，客观上也有利于增加顾客为企业创造的价值，实现顾客价值的最大化和企业收益的最大化。

舒尔茨认为顾客体验是影响企业品牌形象最直接、最关键的因素，也是影响企业业绩的核心因素。顾客接触星巴克最直接的方式就是其提供的产品或服务，以及在消费过程中所体验到的环境与氛围。舒尔茨尤为注重顾客体验，在他的领导下，星巴克把创造良好的顾客体验当作提供产品或服务的核心目的。一般情况下，打造好的顾客体验需要较大投入，而且对业绩提升的效果不会立竿见影，但星巴克通过打造良好的

顾客体验，不但提升了营运效率，还促进了营业额的增长。要想提升顾客体验，除了在产品和环境上下功夫，还需要在数字媒体和科技上加大投入。目前，社交媒体已经成为人们生活的一部分，它重新定义了人与人之间的连接方式。星巴克通过数字媒体和顾客进行互动，了解他们的喜好和消费行为，从而提供更好的服务，提升顾客忠诚度。

资料来源：作者根据相关资料整理。

8.1 顾客价值传递内涵

8.1.1 顾客感知价值的定义

美国学者瓦拉瑞·泽瑟摩尔（Valarie Zeithaml）于1988年首先提出了顾客感知价值理论。她将顾客感知价值定义为：顾客将所能感知到的利得与其在获取产品或服务的过程中所付出的成本进行权衡后对产品或服务效用的整体评价。泽瑟摩尔认为，企业在为顾客设计、创造、提供价值时应该从顾客角度出发，把顾客对价值的感知作为决定因素。顾客价值是由顾客而不是企业决定的，顾客价值的本质是顾客感知，即顾客在交易过程中获得的主观感受。顾客感知价值体现的是顾客对企业提供的产品或服务的主观价值认知，与产品或服务的客观价值有区别。顾客感知价值常被用于对服务效用进行总体评价，顾客购买的不仅是产品或服务，更多的是他们所寄予的期望，期望在交易中获得满意的结果。顾客感知价值的核心在于"感知利益"与"感知付出"之间的平衡，不同顾客对同一产品或服务所感知到的价值并非一致，顾客会将自己感受到的价值与付出的成本进行对比进而作出是否消费的决定。

关于顾客感知价值的定义有很多，学术界经过讨论、总结，认为顾客感知价值有以下特点：顾客感知价值是由企业提供给顾客的价值；顾客感知价值最终由顾客决定，而非企业决定，但企业对顾客感知价值有重大影响；顾客感知价值的媒介是企业提供给顾客的产品或服务；顾客感知价值是顾客权衡之后的结果，是顾客对感知利益与感知付出的权衡。

具体而言，顾客感知价值包括产品质量价值、情感价值、社会价值和产品价格。产品质量价值衡量的是产品的实用性，具体指产品的质量是否稳定、做工是否精良、性能是否良好、功能能否总体上满足消费者需求的知觉效用。情感价值是指产品的具体功能对顾客情感的影响，产品在满足顾客特定功能性需求的同时会给顾客心情带来正面或负面的影响。例如，某产品是不是顾客喜欢的产品，能否令顾客在使用时感到轻松、心情愉快。社会价值指的是产品除了提供本身的使用价值，还能满足顾客彰显自身社会地位、展示自身所属群体的需求，相当一部分消费者会通过特定的产品（如奢侈品）来展示自身经济实力及社会地位。产品价格则是产品价值的表现形式。

8.1.2　顾客感知价值的特性

顾客感知价值具有较强的主观性和个体性。顾客感知价值是顾客对某产品或服务价值所作出的判断，其判断除了会受到产品或服务本身品质、价格的影响，也会受到顾客个体特征的影响，不同的顾客有不同的需求、偏好、价值观、经济状况等，这些个体特征会使每个人对同样的产品或服务产生不同的预期和评价，不同的人对同一产品或服务的感知是不同的。

顾客感知价值是顾客基于自身的判断所接受和承认的价值，顾客消费产品的目的并不都是为了产品或服务自身固有的使用价值。在很多时候，顾客更倾向于追求产品或服务的情感价值、社会价值，这就要求企业对目标顾客进行深入的调查研究，充分了解不同类型顾客对本企业产品或服务的不同需求，制定合理的营销策略，设计出差异化、个性化的产品或服务以满足顾客的需求。

顾客感知价值具有一定的层次性。罗伯特·伍德拉夫（Robert Woodruff）于1997年提出了顾客价值层次模型，在该模型中，他把顾客购买产品或服务的期望分为三层。首先，顾客在购买时会优先考虑产品或服务的性能；其次，他们会对产品或服务进行价值判断，形成特定偏好；最后，他们会基于这些判断，对产品能否帮助自身达成目标产生期望。

顾客感知价值具有动态性。同一顾客在不同的场景会对同一产品或服务产生不同的感知价值，变化的时间、地点、境遇意味着个体所处的具体环境发生了变化，使得个体的需求处于动态变化之中。例如，顾客在晴天和雨天对雨伞的需求是不同的，在绿洲和沙漠对水资源的需求是不同的。企业不仅要了解顾客的现状，也要了解顾客感知价值随时间变化的特点和规律；不仅要了解不同顾客需求的差异性，也要了解同一顾客在不同情境下需求的变化。

顾客感知价值具有情境依赖性。具体而言，顾客感知价值处于特定的情境之中。不同的情境下，顾客感知价值是不同的，顾客对产品或服务价值的判断及个人偏好也是不同的，顾客对产品或服务的价值评价与特定的情境具有高度的相关性。例如，顾客深夜在偏远地区遭遇汽车抛锚时，即便修车师傅收取比平时要高的费用，提供的服务也不如往常，他们仍会感到十分幸运。这种心理是在特殊的情境下产生的。相比之下，如果一个顾客的汽车白天在城市里抛锚了，他面临抢劫、车祸、野生动物伤害等风险较小，且可以打电话找专业公司把车拖走，然后选择其他方式继续自己的行程。在深夜野外抛锚的情况下，修车师傅提供的服务并不仅仅解决了车辆问题，更提供了安全保障。这些隐性服务虽未单独收费，却使顾客愿意支付更高的费用。由此可以看出，顾客感知是和顾客所处的情境密切相关的，顾客感知具有极强的情境依赖性。

8.1.3 价值传递是营销的本质

营销的本质是为了传递价值。随着差异化竞争时代的来临，企业间的核心竞争已从产品竞争转变为服务竞争。在工业时代，企业关注的是如何扩大生产规模、提高生产效率、降低生产成本来提高利润，企业之间的竞争局限在产品的竞争上。而当下，企业关注的是如何在更短的时间内满足顾客多元化的需求，如何在提高个性化服务水平的同时降低生产成本，此时，服务竞争已经超越了产品竞争。而服务竞争主要表现为对顾客的争夺。能否获得更多顾客取决于顾客在消费产品或服务的过程中所获取的价值，顾客获取的价值越多，满意度就越高，从而推动企业的市场占有率提高、竞争力增强、利润增多。

在价值的意义方面，美国学者克利夫·鲍曼（Cliff Bowman）根据传统经济学的效用理论来区分使用价值和交换价值。前者意为目标使用者所认知的符合他们需求的产品或服务的品质；后者则是指此产品或服务在交易时所兑换的货币量，简单地说就是价格。随着各类商品市场蓬勃发展、竞争日益激烈，以往消费者基于产品功能、品质、价格等理性因素考量并选购商品的模式已经发生改变，越来越多的消费者凭借感性因素来判断产品或服务的价值以追求内心的满足感，情感诉求、象征意义等因素的重要性不断提升。因此，感性价值的创造与传递成为现代商业竞争的关键要素。

8.1.4 获取顾客价值是目的

企业需要获取长远的、终身的顾客价值。顾客终身价值指顾客一生中可能购买该类型产品的总价值，表现为企业收入的长期增加、企业维系顾客的时间跨度拉长、企业宣传成本的降低、口碑效应的增强以及附带产品销量的提高。为获取顾客的终身价值，企业必须对客户关系进行有效的管理，使顾客成为忠实用户，进而成为企业品牌的宣传者。研究结果显示，顾客满意度与顾客忠诚度显著正相关，顾客对企业的满意度越高，对企业产品的变化就越敏感，因此产品质量的降低会导致顾客忠诚度的快速下降。

企业需要提升顾客占有率。顾客占有率指的是企业产品在顾客所购买的同类产品中所占的比例,是各行业评价企业市场地位及营销效能的重要指标。

不同于市场占有率,顾客占有率旨在实现顾客价值的最大化。为了维持并提升顾客占有率,保持顾客对产品的忠诚度,企业必须提供卓越的顾客体验,并且持续进行产品创新,提供多样化的产品,满足顾客不同的需求。此外,企业要采用多种营销方式,通过向上营销与交叉营销相结合的方式不断向顾客推荐相关产品,这不仅能增加企业利润,还可以提升顾客忠诚度,减少客户流失。亚马逊早在2006年就宣称自己35%的收益都是通过向上营销和交叉营销实现的。每次进入亚马逊网站,顾客购买的商品往往都比计划清单上的要多,而且他们感觉这样的消费是合理的,因而对亚马逊保持着较高的忠诚度。

8.1.5 商业模式是价值传递的关键

恰当且成功的商业模式是企业实现高效价值传递的关键。企业必须确保其产品或服务信息有效触达客户并获得客户认可,这既依赖于产品或服务本身的竞争优势,更需要商业模式具备高效的价值传递能力。在当今商业环境中,商业模式创新已成为企业获得资本青睐的关键因素。例如,拼多多创新的C2B商业模式,使得其快速崛起。拼多多采用的是"匹配策略+单品爆款"的模式,这种模式能够迅速实现规模化,基于规模化的定制使生产成本大幅降低,再以低价、拼团等模式将产品大量销售给下沉市场的消费者。拼多多从竞争激烈的电商市场中脱颖而出并成功上市,靠的正是其商业模式的创新。

商业模式创新描述了企业创造价值、传递价值和获取价值的基本原理,即为实现顾客价值最大化,把企业运行的内外部要素整合起来,形成一个完整、高效率且具有独特核心竞争力的运行系统,并通过最优实现形式满足消费者需求、实现顾客价值,同时使系统达成持续盈利目标的整体解决方案。通常意义上的商业模式可分为以下几种类型:运营模式、盈利模式、B2B模式、"鼠标+水泥"模式、广告收益模式等。商业模式的系统架构包含以下关键要素:价值主张定位、目标客群细分、分销渠道管理、客户关系管理、资源价值配置、核心能力构建、合作伙伴生态建设、成本结构优化及盈利模式创新等。

选择合适、恰当的商业模式需要对顾客进行细分。企业对顾客进行细分,最大化资源配置效率,提高顾客留存率,是企业提升运营效率的关键因素。只有对顾客进行准确定位,企业才能有效地进行后期推广宣传,精准满足顾客的需求。例如,如家、7天、锦江之星等快捷酒店的崛起,正是因为它们敏锐捕捉到差旅人群的差异化住宿需求,聚焦中端及经济型市场,从而实现快速扩张。

选择合适、恰当的商业模式需要以了解目标顾客需求为基础。企业应聚焦目标顾客的核心痛点,通过精准的价值定位来满足其关键需求。例如,苹果在智能手机市场中精准把握了不同用户群体的需求。一部分消费者看重苹果产品的高端品牌形象和卓越的用户体验,愿意为设计、生态和品牌溢价买单;而另一部分消费者则更关注技术创新和产品长期使用价值,比如iOS系统的流畅性和硬件的耐用性。因此,苹果通过差异化战略,既维持高端定价策略,又不断完善产品功能和服务生态,以满足不同细分市场的需求,从而巩固其市场领导地位。

选择合适、恰当的商业模式需要企业对自身资源进行系统整合。企业首先需要全面评估内部资源禀赋,明确自身优势与短板;其次要精准识别核心资源与目标顾客需求的契合点;最后通过战略性资源调配弥合供需差距。

选择合适、恰当的商业模式需要培养创新性思维。通过培养创新性思维,企业可以发掘并激活消费者的潜在需求。当识别出未被竞争对手关注的蓝海市场时,企业可以充分扩展在此领域提供的服务,为其确立一个新的商业概念和定位,让顾客获得全新的体验。例如,众多火锅店都靠口味来抢夺客源,海底捞却通过极致的服务来打造全新的火锅消费体验,让每个到海底捞消费的顾客都印象深刻,提高了客户忠诚度。

顾家家居——"向往的生活在顾家"

物质经济时代已是过去式,如今人们对情感回归的渴望、精神愉悦的期望与日俱增,加速了情感消费时代的到来。当下,消费者与产品和品牌产生联系,更多是为了获得情感和心理上的认同。

2022年,顾家家居迎来了成立40周年的重要时刻,其凭借一系列品牌营销动作多次引发全网刷屏。从3月开启"家书寻老客"活动,到5月制作《年轻的巨人》微电影以初心支撑老用户向往的生活,再到9月推出《爱的存折》品牌短片,用平凡生活里的小细节打动用户,顾家家居一直将"向往的生活在顾家"作为品牌营销的主旋律。

其中,《爱的存折》精准击中了很多人内心最柔软的地方,该短片以许多人共有的生活经历和体悟引发用户情感共鸣,从而在最大范围内"俘获"情感消费者。实际上,顾家家居通过该短片与消费者产生情感联结只是第一步,更为巧妙的是,其借助该短片的深入人心，邀请新老用户注册成为顾家家居会员，通过更亲密的互动深挖老用户的潜在价值，并不断增强用户黏性，强化品牌形象。

在一定程度上，将老用户转化为会员，其实意味着双赢。第一，会员福利对于有购物需求的老用户来说十分适用；第二，对于企业来说，用户成为会员后，通常会想尽可能多地享受会员福利，从而会产生更多的复购。

顾家家居结合当代消费者的现实需求，紧紧围绕"家"的原点，以实际的用户回馈为抓手，刺激和引导终端流量转化，通过终端有参与、用户有感知、传播有话题的系列行动，全方位扩大自身品牌影响力，拉升品牌新高度。

资料来源：作者根据相关资料整理。

8.1.6　互联网价值传递方式

分享+价值+传递=互联网目标。

互联网的意义在于内容的分享与传递，然而，伴随着互联网平台信息量和交易量的迅猛增长，用户满意度却在不断下降，互联网价值传递陷入繁荣的困境之中。中国互联网的繁荣伴随着电商的快速发展，电商是互联网价值传递的主要推动者，也是互联网在商业领域的主要运用者。相对于传统商业而言，互联网在价值传递方面具有无与伦比的优势，尤其是随着智能手机、社交网络、移动支付的兴起，互联网在网络购物方面展现出前所未有的优势，淘宝等电商平台抓住机遇，应运而生，乘势而起，取得了巨大的成功。

价值传递的难点在于价值判断。互联网提供了海量的信息，但其中包括了大量的垃圾信息、无效信息和虚假信息，这就使得价值判断成为信息处理的核心环节。目前，进行价值判断需要解决的两个问题是资源的稀缺性与判断标准的客观性。基于大众偏好的信息筛选机制实际上造成了巨大的资源浪费。价值判断的标准需要更加宏观，并最大限度减少干扰因素，只有选择对顾客有利而非对平台和信息提供者有利的方式，价值传递才会有意义。

互联网的发展促进了网络社群的繁荣。目前，网络社群真正的价值在于连接，这不仅意味着资源和经济的连接，还包括情感与价值上的连接与交流。门户网站是最早的价值传递平台，但如今已经被智能媒体与分众媒体所取代。例如，今日头条的核心就是价值连接，它通过大数据分析为用户提供个性化的内容，从而形成专属的价值连接。价值连接的逻辑与互联网平台的运作逻辑差异较大，它既不充当平台中介也不进行价值传递，而是利用智能方法帮助用户进行价值判断，其本质是用智能连接代替平台传递。价值连接实现了跨时间连接、无缝连接、无付费连接。而要实现价值连接，则需要精准定位、需求识别、智能搜索、智能连接等技术的支持。

8.2 顾客价值传递方式

8.2.1 降低顾客感知成本

顾客感知成本是指顾客为购买某一产品或服务所付出的一系列成本，包括顾客在实际消费过程中付出的时间、金钱、体力、精力、心理成本等。科特勒认为顾客总成本由四个部分构成，即货币成本、体力成本、时间成本和精神成本。

货币成本，顾名思义，是指顾客满足自身需求所花费的金钱。

体力成本，也就是产品使用过程中的学习成本，这属于一种相对成本，是针对特定人群与特定需求而言的。它反映了用户识别、理解、记忆和使用产品所付出的认知努力，与视觉设计、界面逻辑、人机交互体验等息息相关。例如，A 先生使用第三方支付 App 时，只有快捷支付需求，无其他需求。支付宝的付款码设计在最顶层，而微信的付款码隐藏在二级功能区中。对于 A 先生而言，使用支付宝的体力成本更低，使用体验更好。

时间成本，即顾客满足自身需求所花费的时间。系统反应时间、流程闭环时间，甚至线下反馈时间等，都属于时间成本。例如，A 商城商品（送货时间为 1 天）与 B 商城（送货时间为 2 天）的送货时效差异，会直接影响顾客对时间成本的评估。

精神成本，即产品对顾客心理需求的满足程度。顾客对安全性、可靠性、稳定性等的担忧，都属于心理成本。例如，安全性高的产品可以缓解用户的风险焦虑，其所带来的顾客体验显然比安全性不高的产品好得多。

除以上四种主要成本外，还有许多其他成本。例如，搬运笨重的产品需要耗费大量的体力，App 的安装包文件太大需要耗费大量的流量和时间等，这些都可以看作顾客所付出的成本。减少顾客所付出的成本，可以提升顾客体验。

在各项与感知成本相关的因素中，非货币因素往往具有举足轻重的作用，如运输时效性、安装便捷性、订购效率、售后服务质量以及产品质量风险等，许多顾客把时间和空间便利性看作比金钱更重要的考量因素。

感知成本是顾客平衡感知利益的重要参考，对顾客满意度具有反向驱动作用。一方面，合理地降低产品的价格，有利于提高顾客对感知到的产品或服务价值的综合评价；另一方面，节约时间成本、降低搜寻成本或后期风险等，能够满足顾客降低成本和风险的需求，提高顾客满意度。

8.2.2 提升顾客感知价值

顾客对产品的感知价值不同于产品的客观价值。客观价值是固定的，由企业所提供的产品本身的性能、价值决定，而顾客感知价值则是由顾客个体的认知判断所决定的。企业在创造和提升顾客感知价值时，应注意以下几方面：

第一，顾客感知价值的形成受到同类产品的影响。顾客在购买某产品时，会自然地对比同类产品，如果本企业的产品有某些能够打动顾客的特色，那么，本企业产品的顾客感知价值就会高于同类产品的感知价值。因此，企业在设计、制造产品时要进行差异化处理，针对不同的顾客创造独具特色的产品，进行精准营销，把最能够打动顾客的差异化产品推送给合适的人群。比如，企业在设计产品时，可以多设计出至少一个有用的功能，并且把这一额外的功能看作提高顾客感知价值的超值服务，即超出市场上同类同价产品性价比的服务价值。

第二，企业营销要善于拓展产品的内涵，创造出独特的产品文化。传统的营销手段主要是通过广告提高企业知名度，宣传产品的优越性能或性价比来吸引顾客，而现代的营销已经不再局限于产品本身，而是为品牌贴上了特定的标签。企业销售的不仅是产品，更是产品所传递的特定文化。例如，目前市场上有众多品牌的洗发水，让人眼花缭乱不知如何选择，面对如此激烈的竞争，宝洁赋予旗下几款洗发水品牌以不同的品牌文化特征，从而占据了极大的市场份额。比如，顾客想要去屑功能的洗发水就会想到海飞丝，想要养发护发就会想到潘婷，想要头发飘逸清香就会想到飘柔……这几款洗发水品牌通过多种营销方式，突出各自的核心特征并持续宣传推广，让人们牢牢记住了这些特征，并在购买洗发水时优先选择这些熟悉的品牌，而不是去比较各个品牌的洗发水。

第三，顾客感知价值可以分为售前的感知价值与售后的感知价值。在购买产品之前，顾客不可能完整地感受到产品所带来的价值，只有使用之后才能获得比较全面的感知。顾客购买某种产品，最直观的体验就是视觉印象。不论是网络购物还是线下购物，视觉都是第一感官，因此，企业在呈现产品时要注重对细节的把控，以及对氛围的营造。在打造线下门店时，不仅要注重门店周边的环境和门店工作人员的着装，还要注重产品的陈列和货架的布局；在进行线上商品宣传时，要注重文字表述的准确性和营销方式的多样化，以吸引消费者的注意力，刺激其购买欲，全面提升顾客的感知价值。

第四，现代营销注重顾客的终身价值，要想维护好客户关系、获取长期收益就必须注重售后顾客感知价值。销售人员要提供周到、迅捷的售后服务，进行产品售后追踪，使顾客感受到企业的真诚和关注，当顾客遇到问题时企业要能够迅速解决，消除顾客的负面感知。销售人员还需要与顾客保持良好的沟通，建立和谐的关系，提高顾客忠诚度。

8.3 获取顾客终身价值

顾客终身价值又称顾客生涯价值，指的是一个顾客在与企业维持关系的整个时间段内为企业带来的价值，是顾客为企业带来的利润减去企业为获得和维持与该顾客的关系而产生的成本之后所得到的差额。随着信息技术、大数据技术的发展，企业可以更方便地对顾客行为进行追踪、分析和预测，顾客终身价值逐步成为一个可以量化的指标。

从对企业利润贡献的角度，可以把顾客终身价值分为以下几个时期：导入期、快速增长期、成熟期、衰退期。在导入期，企业通过各种营销手段初次获得顾客；在快速增长期，企业采取有针对性的营销策略使顾客对产品的购买量逐步增加，顾客消费金额逐渐上升；在成熟期，企业与顾客的关系是相对稳定的，顾客对企业产品长期保持稳定的忠诚度水平；在衰退期，随着时间的推移，顾客对企业产品的购买量日渐减少。

顾客终身价值一般可以分为三种：首先是历史价值，指的是顾客过去在该产品或服务上消费的金额；其次是当前价值，指的是在顾客的消费行为和消费习惯不发生改变的情况下，未来仍然购买本企业同种或同类产品的消费金额；最后是潜在价值，指的是企业通过交叉营销和口碑营销等方式，可能获得的额外收益。

顾客终身价值是一个系统的、动态的、多维的概念，其所指的价值并不仅仅是顾客过去、现在、将来带给企业的货币收入，还包括潜在的非货币价值。例如，忠实顾客很有可能把自己使用过的产品推荐给周围的人，为企业带来新顾客，这种口碑传播的转化率远高于传统的营销活动。顾客终身价值是处于动态变化之中的，顾客会根据自身经济状况、周围环境的变化而改变选择的产品品牌，会随着企业产品的更新换代决定是否继续消费等，这种潜在的、未来的顾客价值对企业营销人员乃至整个营销体系提出了新的要求。

顾客终身价值理论为企业设计产品和开展营销活动提供了新的思路，但是，目前在分析顾客终身价值的过程中也存在不少阻碍。

首先，对顾客信息的收集与更新面临较大的困难。除个别电商巨头外，其余企业很难掌握具体的、细化的顾客信息。顾客信息包括两方面的内容：一是顾客目前的信息，二是顾客在未来较短时间内发生变化的信息。顾客目前的信息可以通过顾客交易记录获得，但顾客两次交易之间的信息变化是企业无法获得的。目前的客户管理模式多停留在历史的、静态的分析，难以实现实时的、动态的分析。

其次，收集的顾客信息质量较差。企业收集到的顾客信息多局限于顾客在什么时间购买了什么产品，对于顾客的其余信息，如顾客的经济状况、个人消费观、职业、性格等细节信息则难以收集，这些信息的实时变化就更难以获得，而且对顾客信息的收集是否涉及法律或隐私等问题也值得探讨。企业在这种信息不全面的情况下只能依据核心数据（消费者购买情况）进行分析，难以避免分析结果不准确和滞后的问题。

最后，顾客对隐私的重视程度提高。如今，消费者对自身隐私越发重视，以前靠送小礼物就可以让顾客如实地填写一份涉及个人隐私的问卷，现在这种做法已经难以奏效，很多消费者在反馈信息时会有选择地填写或留下虚假信息以保护个人隐私。

获取顾客终身价值的关键在于维持与顾客的关系，使顾客对品牌产品保持稳定的忠诚度。企业要通过大数据分析顾客消费行为的变化趋势，开发差异化的产品，开展精准营销，提供个性化、定制化的产品或服务。

8.3.1 维护客户关系

在企业的日常营销活动中，让顾客长期稳定地购买本企业的产品是一项非常重要的工作。大部分商品都是有使用周期的，顾客每隔一段时间会购买一次，其需求是重复性的。例如，婴儿从出生到三岁左右对奶粉的需求是固定的；学生对文具的需求是固定的；所有人对食品的需求是固定的……因此，如何让顾客持续购买本企业的产品就成了一个重要的问题。另外，获取新顾客的成本越来越高，其边际成本逐渐上升，因此，为了降低经营成本，企业必须增强用户黏性，获取顾客终身价值。

对于企业而言，获取顾客终身价值的重点在于维持顾客忠诚度，也就是维持客户关系。传统的营销注重销售技巧，如何把产品卖出去、获取利润是核心要素；然而，顾客终身价值理论认为，营销的关键不仅在于卖出产品，更在于维持长期稳定的客户关系，根据商品使用周期有规律地向顾客提供产品，甚至通过交叉营销的方式扩大顾客范围，鼓励顾客向其周围人群推荐本企业的产品。因此，获取顾客终身价值对企业售后服务质量提出了新的要求，企业必须打造一整套完善的客户关系维持机制，并将其纳入企业年度预算，投入相应的资源，以更好地维护客户关系。

8.3.2　开展精准营销

近年来，移动互联网技术、大数据技术和定位技术快速发展，为企业开展精准营销提供了便利，使得原本难以实现的营销手段成为可能。对于企业而言，获取顾客终身价值需要收集顾客的基本信息，包括性别、年龄、收入、职业等。此外，还需要收集反映顾客消费行为变化的数据，对相关数据进行分析、处理，以精准预测顾客消费倾向。在分析顾客消费倾向的基础上开发相应的产品，有助于企业开展精准营销，预先提供能够令顾客满意的产品，给予顾客良好的消费体验，从而提高顾客的忠诚度。

企业可以针对老顾客采取差异化的营销策略。老顾客在面对新顾客时普遍会有心理上的优越感，认为自己是某产品的忠实用户，应该比新用户享有更多的特权。然而，随着大数据技术的迅速发展，"大数据杀熟"现象也更为普遍，某些互联网企业的App就引起了用户的极大不满。"大数据杀熟"指的是企业利用其掌握的大量老顾客的信息，通过数据分析针对不同人群提供不同价格的、相同或相似的产品或服务。这种做法极大地损害了老顾客的利益，完全忽略了顾客终身价值，站在了老顾客的对立面。企业不应利用"大数据杀熟"实施"价格歧视"，而应为老顾客提供专属优惠和增值服务。通过为新老客户制定差异化的服务策略，培养老顾客的品牌忠诚度，提升其信任感和归属感，从而深度维系客户关系，实现顾客终身价值的最大化。例如，美团每隔一段时间就会向一些顾客发放优惠券，吸引顾客在美团App上进行消费，这样顾客会养成定期使用美团App的习惯，成为其忠实用户。

案例8-2

性价比：迪卡侬的制胜之道

在2022年这个户外运动大年，一个运动品牌凭借其高性价比的特质飞速崛起，这个品牌就是迪卡侬。迪卡侬拥有40余年的历史，其产品一直以来都比较平价。迪卡侬这一名称来自Decathlon的音译，Decathlon是十项全能运动的意思，这也代表了迪卡侬的市场定位：为所有的运动爱好者提供价格最低的运动产品。

京东商城的数据显示，在2022年"双十一"大促期间，迪卡侬销售额同比增长280%，"618"大促期间，迪卡侬成交额同比增长超过500%。调查显示，2022年迪卡侬以绝对优势超过了位列第二名的露露乐蒙（Lululemon），成为运动服饰品牌偏好度第一名。

相比之下，Lululemon试图打造的是以中产阶级为消费主体的精致运动产品，其面向的客户群并不广泛，产品的价格也比较高：近千元的运动夹克，四千多元的运动羽绒服……

与Lululemon不同的是，迪卡侬走的是高性价比路线。迪卡侬旗下有着丰富的产品线，超全的产品品类覆盖。不过，虽然迪卡侬走的是高性价比路线，主要用户也以普通消费者为主，但它并不排斥高阶运动玩家。

在迪卡侬，你既能看到几千元的高尔夫球杆和山地自行车，也能花49.9元买下一件运动速干衣、花99.9元获得一个户外露营睡袋。迪卡侬的高性价比除得益于该品牌几乎没有广告营销的费用外，其在产品质量等方面也尽可能实施了成本控制。

迪卡侬于1986年开始自研品牌，通过集设计、开发、生产、销售于一体的接近闭环的经营模式，为低价销售提供渠道。为了做好成本控制，迪卡侬采用的是先定价再生产的模式，面向成本进行设计，同时尽可能使用标准化原材料，用标准化、模块化设计降低生产成本。

迪卡侬之所以能在如此多的户外运动品牌中脱颖而出，不仅得益于其完整的供应链为产品低价销售提供了渠道，其对市场的独到见解、相对稳定的商品价格以及有竞争力的先定价后生产的策略等都助推了品牌的崛起。

资料来源：作者根据相关资料整理。

课后思考题

1. 什么是顾客感知价值？描述顾客感知价值在营销中的作用和重要性。
2. 商业模式对顾客价值有何影响？举例说明。
3. 简述互联网时代下的顾客价值感知方式有哪些新的变化和挑战。

第 9 章
智慧营销：顾客价值传递

教学背景

在当今竞争激烈的市场环境下，企业要想脱颖而出，除不断创新，提高自身的核心竞争力以外，还需要将其创造的价值传递给顾客。企业应了解价值传递的含义、步骤、模式以及各种渠道的职能，深入理解顾客价值传递的重要性，掌握有效的价值传递策略和方法，同时还需要关注顾客价值传递过程中可能遇到的障碍，为实现可持续发展奠定坚实基础。顾客价值传递需要创造顾客与品牌的情感联结，而不仅仅是理性的偏好，这样既能满足顾客的需求，又符合以人为中心的发展思想，有助于把实施扩大内需战略同深化供给侧结构性改革有机结合起来，体现企业的社会责任感，实现企业和顾客的双赢。

框架及知识点

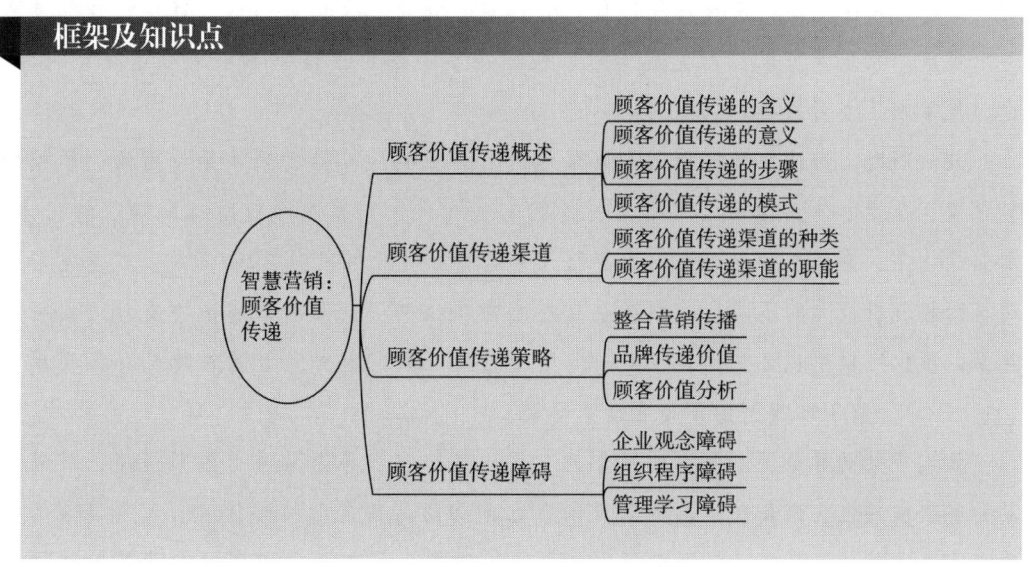

> **引导案例**

正在袭来的无人零售

零售巨头亚马逊于 2017 年推出使用人工智能技术的线下新型零售商店 Amazon Go,顾客在此商店购买商品无须排队结账,只需在入口处使用智能手机打开 Amazon Go App 并扫描闸机,在货架上选取商品后就可以直接离开商店。

在顾客使用智能手机扫描闸机进入店铺的同时,店铺内的各种设备便开始运行:摄像头会进行人脸识别并记录信息,再利用手势识别技术判定顾客从货架拿起的商品最终是购买还是观察后放回;货架上的传感器和感应装置记录顾客最终取走商品的种类和数量并把数据实时上传至商店系统。顾客可以在 Amazon Go App 中查看自己的消费清单并进行支付,整个购物过程完全由顾客自主完成,不需要与任何工作人员接触。

顾客在传统的线下超市挑选商品只需要几分钟,但结账可能要花费更长时间。Amazon Go 商店免排队免结账科技的运用,在极大地提升顾客购物体验的同时,还为顾客节省了许多时间,使购物效率大大提高。这种新型超市也节省了大量的人力成本,使企业可以将更多的资源投入于提升服务质量当中。

在 2019 年中国国际智能产业博览会上,第三代京东无人超市正式亮相,其主要运用了大数据选择商品、用户画像分析、人工智能无感知支付、重力感应、电子价签等"黑科技",从而分析顾客的偏好并据此调整货架上商品的摆放方式。与以往的扫码支付、刷脸支付等无人超市不同,第三代京东无人超市可实现无感知购物。顾客只需要通过微信小程序开通免密支付等功能,扫码进入超市、挑选货品后,直接从结算通道走出超市,系统就可以自动完成支付。顾客在整个购物过程中都不需要结算和付款,这为其带来了全新的购物体验。

与此同时,智能售货机在国内发展迅速。设置在火车站、地铁站、商场、学校的教学楼、企业办公大楼等人流密集处的智能售货机让顾客能够随时随地购买饮用水、零食等物品,为他们的生活提供了便利。智能售货机运用反向 O2O 模式,这是它与普通自助售货机最大的不同点。顾客在智能售货机上购买商品时,有多种支付方式可供选择,不仅可以用现金支付,还可以使用支付宝、微信支付。智能售货机真正实现了"线上下单,线下取货"的便捷自助式营销。

无人货架同样是无人零售的新形式。无人货架在很多企业中得到了应用,放满商品的货架被放置在办公室中,员工可以自己选购商品并自助扫码付款。无人货架的出现,为企业的员工带来了极大的便利,并成功地将他们的消费需求转化为实际的消费行为。

目前，线下渠道仍然是顾客消费的主要渠道。顾客在线下渠道购买商品时，不只是为了获得实体的商品，同时也想体验面对面的人际互动。线下渠道中的社交互动也是许多顾客依然选择去实体店购物的主要动机之一，而当无人零售店大规模进入线下渠道时，社交属性的缺失和购物体验的升级将会驱使顾客"用脚投票"。

资料来源：作者根据相关资料整理。

9.1 顾客价值传递概述

9.1.1 顾客价值传递的含义

顾客价值传递是指企业在进行营销策略选择时，优先考虑如何将产品的各项价值更加便利地传递给顾客，而非只考虑企业自身生产、销售产品或服务的便利程度。满足消费者需求的过程实际上就是为顾客创造和传递价值的过程，顾客价值决定了顾客满意度和忠诚度。

9.1.2 顾客价值传递的意义

营销的目的是满足顾客的需要和欲望，为此，企业向顾客让渡价值并从中获取合理的利润。不同的企业有不同的核心价值，每家企业只有把自己优于其他企业的核心价值传递给顾客，才能在竞争中脱颖而出。比如，大众点评以顾客提供的多维度评价作为核心竞争力；知乎以优质的内容作为核心竞争力；拼多多以低价拼团作为核心竞争力。每家企业都应该把自己的核心价值传递给顾客，以满足他们的期望。

在买方市场和激烈竞争的条件下，企业必须创造、提供和传递优于竞争对手的价值，才能赢得顾客和市场。企业要以满足顾客的需求为出发点，而不是以盈利为出发点。只有满足了顾客的需求，将价值传递给顾客，才能吸引顾客购买自己的产品，进而实现盈利。

9.1.3 顾客价值传递的步骤

顾客价值传递贯穿顾客购买和使用产品的整个过程，它主要通过以下三个步骤实现：

首先，制定顾客价值传递策略。顾客价值是这一策略的核心，它体现了管理者通过为目标顾客提供产品，并在实际使用情境中创造的具体收益。例如，一个运动游艇的制造者可能将产品价值的概念定义为:"游艇使用者能够在使用游艇的时候增强自豪感并获得安全感。同时,游艇在水中活动的范围能够尽量满足使用者的需求。"这包含了三种价值属性——自豪感、安全感和游艇活动的范围。这三种价值属性概括了目标顾客对游艇产品的主要期望。不同的顾客对于相同的产品可能有不同的需求,而他们想要得到的价值也不一定相同。企业要想把价值传递给顾客,就需要根据顾客的个性化需求及企业自身的经营状况制定合理的价值传递策略,最大化地满足更多顾客的需求。价值概念的界定会影响品牌在顾客心目中的形象,进而影响顾客的购买决策。所以,企业应制定前后一致的品牌价值提升策略。具体包括:明确品牌价值定位的责任部门、建立内部统一的价值认知、选择有效的创新程序和工具(如头脑风暴法、价值产品匹配练习等),以及优化内部的分工协作机制。只有在制定了完整的营销策略,并拥有相应的人员、流程和计划后,企业才能有效执行顾客价值传递策略。

其次,实施顾客价值传递策略。策略制定之后需要有效实施才能发挥其价值,所以实施顾客价值传递策略在价值传递中十分重要。策略的实施包括开展特定的市场分析、进行产品和过程设计、销售产品和提供技术服务。开展市场分析时应该重视消费者需求、顾客愿意支付的成本和顾客的消费能力等可量化的数据,这对精准营销的开展至关重要。此外,工作人员还应该及时与顾客沟通,不断更新顾客信息。产品和过程设计需要企业根据市场分析的结果,设计出能够最大限度满足消费者需求的产品,更好地将价值传递给顾客。企业在销售产品时,需要通过合理的促销手段,包括广告、优惠政策等对产品进行推销,吸引顾客购买。企业在提供技术服务时,应注重对顾客进行现场的帮助和指导,在顾客对产品产生疑虑时派出专业的服务人员解决相关问题。只有成功实施价值传递策略,才能将理论付诸实践,从而真正达到将价值传递给顾客的目的。

最后,跟踪顾客价值传递的表现。获取顾客的反馈能够帮助企业优化价值传递策略,从而更好地为顾客创造价值并实现持续盈利。企业只有了解顾客价值传递表现,才能判断当前的价值传递策略是否合理,若与预期有所偏差,企业应及时地调整策略。跟踪顾客价值传递表现的核心是测评,企业需要知道自己传递给顾客的价值是否满足了顾客的期望。如果满足,则可以继续施行之前的价值传递策略;如果没有满足,则需要识别顾客的期望出现了哪些变动以及自己的策略是在制定环节还是实施环节出现了问题,并及时改正问题,不断调整策略。同时,通过顾客的反馈,企业能够获得丰富的顾客数据,对这些数据进行深入的分析和挖掘,有助于其更全面地获取消费者需求,以更好地传递顾客价值。获取顾客反馈需要持续进行,因为消费者需求是动态变化的,企业无法预测消费者需求何时会发生变化,某一价值传递策略可能在某一时刻表现良好而在另一时刻却不适用。只有及时获取顾客的反馈，企业才能不断调整自己的策略。

9.1.4 顾客价值传递的模式

研究顾客价值传递的模式是为了达成以顾客为中心的目标，建立起反映消费者需求的服务价值链。具体可从以下三个方面入手：

第一，深入洞察、全面管理消费者需求。洞察消费者需求要求企业建立顾客信息数据库并对顾客的需求信息进行深入分析与挖掘。全面管理消费者需求要求企业对所获得的消费者需求进行分类，针对相近的需求开发同一产品，节省开发成本、提高开发效率。例如，护肤品牌旗下有众多功效不同的产品，最大限度地满足了不同顾客的需求，对于顾客想要获得的"皮肤水嫩""补水保湿""不紧绷"等效果，企业可以通过研发一款能够提升皮肤水分含量的新产品来满足这三个类似的需求。同时，企业可以在满足消费者需求的基础上，力求开发出超越顾客预期的产品，使他们获得更好的使用体验。

第二，建立由外向内、跨服务层级的顾客价值传递机制。企业了解了消费者需求之后，应对内部的各个部门提出不同的服务要求，通过专业化分工实现顾客价值最大化。无论是高层管理者还是基层员工，无论是设计部门还是市场部门，都不能脱离服务价值链，都要从各自的角度了解消费者需求，而不是将顾客与企业内部人员的沟通全部推给产品经理。在 To B 的企业中，所有人员都是销售人员，而 CEO 是最高级别的销售人员；在 To C 的企业中，人人都是产品经理，而 CEO 则扮演首席产品官的角色。作为服务价值链的组成部分，企业里的每个员工都肩负着将价值传递给顾客的重任，而每个部门根据职能的不同，传递价值的角度、侧重点也不尽相同。比如，研发部门更侧重科技价值传递，产品部门更注重使用效果的价值传递等。

第三，建立以顾客价值为导向的、覆盖各服务层级的服务评价机制。基于已经建立的服务价值链及顾客价值需求，企业应构建完整的服务评价机制，通过调研顾客对服务的评价，获取顾客价值传递的效果，巩固现有优势并针对存在的问题进行改进，不断提升自己的服务质量。将商品卖给顾客并不是终点，好的营销策略还应该注重收集顾客使用反馈并不断完善、优化产品。这样形成的服务评价机制使得营销链条形成了一个完整的闭环，它也是顾客传递其体验价值的重要渠道，有助于不断实现产品迭代与更新。

9.2 顾客价值传递渠道

渠道建设是实现产品价值转化的关键路径,通过构建高效渠道网络,将产品送达消费者手中,方能兑现产品的使用价值,并转化为销售利润。顾客价值传递渠道的类型丰富,承担了许多关键的职能。

9.2.1 顾客价值传递渠道的种类

顾客价值传递的渠道指企业传递顾客价值的媒介,包括供应链和需求链两部分。供应链主要是指供应生产产品或服务所需的原材料、零部件、信息、资金、技术等企业的组合。需求链主要是指以目标顾客为中心,整合市场感知和响应机制的需求组合。营销计划源于企业对目标市场和顾客的需求识别,然后根据创造顾客价值的目标,通过组织资源链和行动链给予回应。企业在构建营销渠道时既要注意当下的销售环境,也要考虑未来的情况。评估渠道选择的三个标准,即经济性标准、控制性标准和适应性标准,也因互联网技术的推动而更加透明和高效。

9.2.2 顾客价值传递渠道的职能

随着互联网时代的来临,营销渠道中的某些成员可能发生改变甚至被替代,但其所承担的职能鲜有变化。价值传递渠道通过消除产品或服务与顾客之间在时间、地点和所有权上的差距而增加了价值,同时,价值传递渠道成员也承担了以下关键职能:

(1)信息处理。互联网的普及为数据贴上了"海量、易得"的标签,企业可以通过分析顾客的日常消费行为,提炼出有价值的顾客数据;营销渠道可以借助互联网更快、更好、更全地收集和发布关于营销环境中相关者及相关因素的市场研究和情报信息,并将其用于制订计划和高效交易。而处理指数级数据、设立合理维度、提取关联数据等提高数据信息有效性的行为是信息处理中最为关键的一环。数据虽简单易得,但是由于价值密度低,获取有价值的数据仍较为困难。营销渠道应将获取的海量数据用适当的方法进行处理,提取有价值的信息并将其应用于顾客的价值传递。并非每条信息的价值都是相同的,例如,顾客的购物记录、经常浏览的产品等信息相较于顾客的浏览时间、IP(设备)地址而言,对企业的价值更大。

(2)促销。传统的营销渠道中,促销形式多为人员销售(促销员直接对产品进行推销）、顾客促销（如提供折扣、赠品）、经销商促销（如提供补贴、折扣）和商业促销（如开展贸易、会议）等。基于互联网的营销渠道中，促销的形式更加丰富多样及人性化。比如，支付宝巧妙地利用微博作为促销的平台，在微博推出"中国锦鲤"活动，吸引了300多万用户参与，热度更是居高不下，近乎零成本的行为却带来了百万传播量，吸引了大众的关注，使得这一活动成为支付宝最好的广告。互联网丰富了促销的形式，而企业也要合理地利用互联网平台的优势，用丰富的促销形式把商品信息传递给顾客，让顾客更加全面地了解产品及其背后的企业。

（3）联系。寻找潜在顾客并与之建立联系。随着智能手机的普及和移动互联网技术的进步，豆瓣小组、微博大V（认证用户）、公众号等渠道的影响力逐步扩大。高质量的内容、不断提升的关注度和不断增加的广告投入形成良性循环，而新奇、有趣、不做作的软性广告更是受到年轻的互联网群体的追捧。广告主通过自媒体使自己的产品在年轻人群体中获得自然推广，从而与顾客建立了联系。与顾客建立联系能让企业更直接地了解顾客的需求，精准地传递顾客价值。

（4）匹配。根据消费者需求进行匹配以提供合适的产品，包括生产、分类、组装与包装等环节。互联网的出现让营销渠道可以以非常低廉的成本为目标顾客提供个性化的定制服务，满足日益增长的小而美的个性化需求。人工智能的兴起让企业能够更快地分析消费者需求，通过大数据分析、定位等技术手段更加全面地进行精准营销，同时借助电脑端和移动端的顾客记录构建用户画像，实现"千人千面"的效果。例如，顾客日常购物使用的淘宝、京东等平台，能够根据每个顾客浏览、收藏、加购及购买过的产品进行前瞻性的信息推送，推荐他们最有可能感兴趣的商品及店铺，匹配顾客的需求，实现精准营销。企业根据购买者的需求进行了产品匹配和推荐，能够最大限度地将价值传递给顾客。

（5）谈判。这是指达成有关价格及其他方面的协议，完成产品所有权或使用权的转移。互联网让供应链各环节的流程和成本更加透明化，而顾客也不再始终以价格为导向，越来越多的顾客开始将售前售后服务、与支付方式相关的金融手段等条件纳入考虑范围，有时为了获得更好的购物体验，他们会主动选择产品价格更高的供应商。例如，在购买价格较高的电子产品时，顾客在货比三家的过程中，除关注价格差异外，还会将质保条件、支付方式等考虑在内，额外的质保对顾客的吸引力更大。此时，企业与顾客的谈判十分重要，企业要根据顾客的需求传递更大的价值，与顾客达成一致协议。

（6）融资。企业通过融资能够获得资金，抵补分销渠道的成本。互联网金融的蓬勃发展为互联网营销渠道注入了源源不断的发展动力，无论是供应商还是顾客都可以通过蚂蚁集团等互联网金融机构轻松快速地获得传统银行不愿贷、不敢贷、不屑贷的小额贷款，在获得资金支持后，整个产业的研发、生产和消费水平都将获得不同程度的提高。

互联网营销渠道中受益最多的除了顾客便是诸多小企业。原始禀赋不理想的小企业通过互联网可以直接参与到全国竞争甚至全球竞争当中；在当地竞争中不占优势的小企业可以通过互联网进行整合营销来实现逆袭，以相对较低的成本获取可观的客源并推广品牌；而创意文案的滚雪球效应更是为小企业带来了远超预期的收益，小企业可以将其独特的价值通过互联网传递给每一个顾客。

在移动互联时代，营销渠道向"互联网化"升级，营销的关键是把握每一次被顾客关注的机会，快速完成策略的制定。价值传递即企业在进行营销策略的选择时，优先考虑将产品的各项价值（即由产品的功能、效用、品质、品种、样式、品牌等所产生的价值）传递给顾客，而非考虑自身生产、物流和销售的方便程度。在移动互联时代，采用这一策略的典型做法通常是利用O2O模式，将线上营销策略与线下顾客实际的消费体验相结合，或者利用电子商务手段将渠道下沉，甚至把渠道简化为"生产商—顾客"或者"顾客—定制—生产—顾客"模式，缩减中间环节，直接把产品的价值传递给顾客。顾客的需求得到满足，产品受到欢迎，生产产品的企业自然而然就能够从中获利。

个性化定制真正实现了以顾客为中心的价值传递。其运作特点是由顾客直接引发并主导需求，企业根据需求进行响应；其显著优势是企业不需要扩充产能就可以满足这些需求，并使顾客逐渐参与到更多的核心运作过程中。比如，著名的美妆品牌雅诗兰黛为顾客提供口红免费刻字服务，顾客只需在其官网购买口红并选择自己想要在口红上刻下的内容，便可以收到一支独一无二的口红。而被大家所熟知的苹果不仅支持顾客在手机上用激光镌刻指定的内容，甚至在平板电脑和蓝牙耳机上也可以实现，前一段时间，苹果将镌刻的内容从文字扩大到Emoji[①]表情，更是受到广大定制服务爱好者的欢迎。这一个性化的服务满足了不同顾客的需求，使顾客参与到产品的设计中，而企业无须增加设计方面的投入，无疑是一个双赢的策略。个性化定制比大量定制在营销方面更加独特，顾客参与的环节更多，控制权更大。因此，个性化定制除了可以创造出定制产品与服务，还能为顾客提供参与的机会，从而为企业提供创造更大价值的可能性。

---

① 即表情符号，来自日语词汇"绘文字"。

9.3 顾客价值传递策略

营销渠道构建完毕后，企业便应思考如何布置具体的营销战术去实现产品或服务的销售，向目标顾客传递信息与价值，在实现盈利的同时提高顾客对企业和品牌的认知度。企业应通过媒介传播打造品牌，逐步提升顾客对品牌的认知度、好感度、忠诚度，并且在品牌不断升级的过程中，及时有效地将信息传递给受众。无论是广告、企业自媒体，还是线下店面，都是品牌价值传播的重要媒介。畅通的传播渠道能够放大品牌价值，而传播渠道不畅则会使品牌价值大打折扣。因此，传播渠道在营销中十分重要。

9.3.1 整合营销传播

顾客每天都会被各种不同来源（传单、电话、信息、电子邮件、App 推送、网页弹窗广告等）的信息轰炸，但他们很少主动分辨各类信息的来源，而是无形中将来自不同途径的商业信息整合成关于企业形象或品牌的唯一信息或判定结果。当不同来源的企业或品牌信息相互矛盾时，顾客会产生认知混乱，进而形成对企业或品牌的负面印象。信息过载难免让顾客"不知其味"，而企业则需要把不同渠道的信息整合到一起，找出顾客可能与企业形象或品牌的所有接触点，在每次接触时都向顾客传递清晰、一致、令人信服的企业形象或品牌信息，从而树立一个统一的、完整的企业或品牌形象。

整合营销传播主要有五种营销组合工具，即广告、销售促进、公共关系、人员销售和直复营销，企业可以使用这些组合工具来有效传播其顾客价值并建立客户关系。

广告是对企业形象、理念、品牌、产品或服务进行非人员的展示和促销，而互联网时代的广告通过收集评论、留言和弹幕互动等数据，实现企业与客户一定程度上的"双向沟通"，便于企业获取不愿意主动反馈的顾客的意见和信息。广告能够让顾客了解产品的优点与用途，激发顾客购买产品的欲望，并且企业如果想要推广新上市的产品，那么广告就是让它短时间内为大众所广泛了解的一种传播途径。

企业可通过销售促进提供短期激励以刺激产品或服务的销售，场景营销的发展更是让促销变得即时可用。顾客走进一家购物中心并接入无线网络后，购物中心可以第一时间向顾客的手机推送当前的促销信息，而不是像之前那样需要利用海报、传单进行宣传或者顾客自行发现促销信息。在线推送促销信息既节约了顾客的时间也可以让商家实现定向推送，从而提高了营销的效率。促销是企业为顾客传递价值的有效手段，它需要企业制订完整的促销计划，迎合顾客的购物心理，吸引更多的顾客购买产品。在开展促销活动之前，企业应在内部制订统一的方案，向顾客传递一个清晰、一致、正面的企业形象。

公共关系强调企业与各利益相关者建立良好的关系，而互联网让企业的正面和负面信息都能在短时间内迅速扩散。企业不应该盲目追求短期销量的增加，而应该树立一个正面的企业形象，使企业拥有良好的信誉，从而获得长远的利益。

人员销售指企业的销售人员以实现销售或建立客户关系为目的直接进行产品或服务的展示，虽然互联网渠道更加方便，但人员销售带来的社交体验仍是无法替代的，工作人员与顾客的直接接触能够为顾客带来更好的互动体验，同时，优秀的销售人员也可以为企业收集顾客信息并更加灵活地传递企业价值。

直复营销则是企业直接与顾客建立关系，及时对顾客的需求作出反馈。互联网渠道让直复营销的优势发挥到了极致，特别是在个性化消费方面，顾客能根据自身需求自由选择，在享受便捷服务的同时更加了解企业和品牌所传递的价值。

9.3.2 品牌传递价值

品牌在顾客心目中的形象对顾客是否购买该品牌的产品具有十分重要的影响，当一个品牌的知名度和美誉度很高的时候，顾客便容易信任该品牌，也乐意购买该品牌的产品。

首先，品牌能有效简化顾客的决策流程。例如，肯德基是著名的全球连锁餐饮品牌，它以实惠的价格、优质的服务、干净的用餐环境及方便快捷的用餐体验吸引了众多的顾客。很多人都会在出差的时候选择肯德基作为工作餐，因为他们知道肯德基品牌象征的稳定品质和便利性。因此，肯德基减少了顾客外出就餐时的决策成本，体现了品牌为顾客带来的便利。

其次，当顾客无法轻易地鉴别多数产品的品质时，购买品牌产品能够降低顾客的购买风险。比如，顾客在选购汽车时，由于对汽车没有真实的长期驾驶体验，难以鉴别不同品牌汽车的品质，因此，他们往往更倾向于以自己能负担的最高价格去购买知名品牌的汽车；在购买化妆品、酒水等商品时也是如此，顾客在无法鉴别商品品质的时候往往倾向于购买知名品牌的产品。顾客普遍认为，购买知名品牌的产品能降低买到劣质产品的风险，因为品牌方出于维护品牌价值的考量，会严格把控产品品质，因此，品牌此时的作用就是降低风险。

再次，品牌为顾客创造了其所属的价值。就某些产品而言，一个简单的事实就是：产品越贵，并且当其他人也知道这件产品很昂贵时，其对拥有者而言就越有价值。一些人选购奢侈品就是出于这种原因，他们认为穿戴奢侈品品牌的服装和配饰能够显示自己拥有财富，这为他们带来了极大的满足感。此时，品牌就为顾客传递了其所需的价值。

最后，就一些产品而言，认知创造现实，品牌创造实践。当顾客使用他们认为很贵的护肤品时，会觉得其效果比廉价的护肤品更好；当顾客穿着他们认为比较昂贵的衣服时，会觉得自己更有气质从而更自信；当顾客喝着很贵的咖啡时，会觉得咖啡的味道更加香醇。在这种情况下，品牌帮助了顾客，才能最终帮助企业，换句话说，品牌得到了顾客的认可，满足了顾客的期望，为顾客传递了价值，才能帮助企业盈利。保护品牌价值的重要性不言而喻，企业应该在此方面加大人力和财力投入，否则，一旦品牌的形象在顾客心中崩塌，就很难再挽回，而重塑品牌价值所付出的成本和代价将是维持品牌的数倍之多。

9.3.3　顾客价值分析

顾客价值维度指影响顾客对企业或产品价值期望的各类因素。顾客价值维度是一种视角，而不是固定的指标或数据。顾客价值具有多样性和场景依赖性，具体来说，顾客价值会依据不同企业、产品或服务及所处的具体场景的变化而变化。企业可以通过以下方式来分析并满足顾客价值。

对现有和潜在顾客进行分类。企业应根据经营方向和发展规划，将现有顾客或潜在顾客按照产品类别或产品线、服务内容、顾客性质、顾客终身价值等维度进行分类，同时通过大数据构建顾客画像，根据顾客的不同偏好，实施相应的营销策略，开展个性化的营销，让顾客感受到企业对自己的重视。

进行顾客分析。企业在开发或吸引顾客之前，都应搜集顾客的信息并利用大数据技术对信息进行深入的分析和挖掘。一旦明确顾客的需求及可利用的潜在资源，企业就能快速开发出满足顾客当前需求和潜在需求的产品或服务，并可以通过数据和信息积累描述顾客行为路径，让每一个顾客与企业的互动都有迹可循，从而增强顾客与企业的交互，使顾客收获更满意的购物体验。企业还应分析顾客的交易记录，主要包括一定销售周期内的交易额、购买量、产品类型等。通过交易记录的分析，企业可以发掘顾客购买行为的节点以及影响其购买决策的因素，从而根据顾客的消费特点提供个性化的服务。比如，对于喜欢在促销阶段购买产品的顾客，企业可以根据其购买频率增加优惠券等促销活动的推送；对于喜欢购买限量套装的顾客，企业可以根据其特征提供高附加值的产品或服务；对于喜欢购买附带赠品的商品的顾客，企业则可以通过向其推送含有赠品的商品刺激他们购买。

对成本、费用和销售收入进行预测。这种预测分析的要素包括销量、利润、库存利息、人工费用、风险系数、市场拓展成本和经营费用等。如今各种新技术迅速发展，企业可以利用机器学习预测成本和收入，并通过控制成本或者衡量成本与预期销量，在传递价值时实现盈利。互联网的发展已经打破原有的渠道体系，线上与线下都成为渠道中不可替代的部分，二者之间的对比已不再是销售渠道的对比，更多的是价值传递渠道维度的对比，如何高效、快速、全面地向顾客传递价值，成为企业思考的关键点，而不应单纯从成本角度进行考量。

互联网带来的不仅仅是技术的跨越，更是思维方式的创新，特别是大数据的出现，让包括顾客价值分析在内的商业分析实现了跨越式的发展。企业可通过大数据平台完整记录每一笔交易，对海量客户数据进行系统筛选和分类，并与现有营销策略进行交叉验证。同时借助数据挖掘技术，发现潜在的业务机会，从而基于客观市场洞察优化战略决策，实现顾客价值的精准传递。

乐高——始终如一地传播创造力

知名积木品牌乐高（LEGO）成立于1934年的丹麦。品牌名"LEGO"源自丹麦语"Leg Godt"，意思为"玩得好"，其在拉丁语中也有"构建与堆砌"的含义。

每盒乐高积木的包装上都印有"启迪和培养未来的建设者"这一承诺，鼓励孩子们发挥想象力，自由组合积木。拼搭乐高不仅能给他们带来乐趣，也锻炼了他们的动手能力。

乐高的成功得益于其卓越的品质。一方面，每块乐高积木都带有品牌标志，保持了一致的兼容性（即使生产周期不同）。乐高不通过改变尺寸来强迫消费者购买新产品，而是通过统一的制造标准，让消费者享受不断为自己的乐高世界注入新活力的体验。另一方面，乐高产品线丰富多样，包括针对儿童的Duplo系列、经典创意系列、城市系列、迪士尼公主系列等，蕴含东方元素的气功传奇系列、幻影忍者系列，科幻题材的生化战士系列，以及面向成人的高阶机械组系列和建筑系列等。此外，乐高还与《星球大战》《哈利·波特》等热门IP以及DC漫画公司和漫威漫画公司合作，推出粉丝定制产品，巩固了其全球领先和高端市场的地位。

乐高之所以能取得如今的成就，与其拥有的忠实粉丝群体密不可分。这些忠实粉丝热衷于分享他们的乐高创作，将个人的创造力和乐趣传递给更广泛的受众，无形中成为乐高的"民间推广大使"。

随着互联网时代的到来，乐高面临新的挑战和机遇。曾有一段时间，乐高对外宣称不接受外部创意，仅依赖内部团队进行产品开发。然而，乐高后来还是顺应时代发展的趋势，推出了 LEGO Ideas 平台，开始接受广大粉丝的创意投稿。一些广受欢迎的产品，如 NASA（美国航空航天局）阿波罗土星五号火箭、皮克斯动画中的机器人瓦力，以及经典美剧——《老友记》乐高版，都是源自这个平台的创意。LEGO Ideas 让所有人都可以在线提交创意并接受公众投票，一旦在规定时间内获得 1 万票支持，这些作品就可能被乐高官方设计师注意到。经过细节完善和商业化评估后，这些创意最终可能作为官方乐高 IDEAS 系列上市，并且原创作者还会得到产品销售额 1% 的奖励。

资料来源：作者根据相关资料整理。

9.4　顾客价值传递障碍

企业希望将价值完整地传递给顾客，但是，企业内部结构的固有局限性和顾客自身认知的偏差共同导致顾客价值的完整传递变得困难。企业和顾客沟通的本质是使顾客得到完整的顾客价值，即得到相关产品价值、服务价值、成本价值和个性化价值，这些价值也就是企业需要传递给顾客的价值。企业的组织管理方式需要进行战略性变革才能在顾客价值方面的高层次竞争中胜出。企业在改进内部结构以更好地向顾客传递价值时，常会遇见一些隐形障碍，较为普遍的有企业观念、组织程序和管理学习障碍。企业只有识别并跨越这些障碍，才能向顾客传递更完整的价值。

9.4.1　企业观念障碍

由企业观念所产生的障碍是企业最难克服的障碍，这些障碍往往不易被企业察觉到。但是，在企业管理者进一步了解顾客价值的过程中，这些隐形的障碍就会显现出来。比如，"我已经知道我的顾客想要什么了""我没有时间进行全面的调查"等思维反映出，企业缺乏对顾客价值学习效果的认识，也缺乏对顾客学习和作为回报的反馈信息之间关系的理解。此时，企业观念障碍便是阻碍企业传递顾客价值的重要因素。

企业观念障碍产生的原因在于，企业在营销过程中主要考虑如何把最好的产品或服务提供给顾客，而忽视了顾客的期望。当竞争市场中存在深度挖掘顾客期望的企业时，只考虑顾客当下需求的企业就会处于劣势。比如，顾客的需求是一辆能够安全快速到达目的地的汽车。有些企业只满足了顾客当前的需求，而一些深度挖掘顾客期望的企业会生产出具有安全快速、舒适美观、智能操控等优点的汽车，在同等的价格下，顾客显然更倾向于购买超出自己期望的汽车。因此，企业观念障碍阻碍了企业将价值传递给顾客。

9.4.2　组织程序障碍

每个组织都有被普遍接受的、管理者适应的程序，即使一些程序无助于提升顾客价值传递效能，但是因为思维方式或组织惯性，它们仍然被管理者所使用。例如，识别消费者需求是很多企业需要解决的问题，一些企业利用头脑风暴法来研究顾客期望的价值。但是这种方法忽视了一个事实——企业内部的人员不善于利用个人经验推测消费者需求，因此这一程序无法达到预期的目的。即使是一些通过系统研究来了解顾客的组织也可能存在程序障碍，它们可能过度依赖熟悉的研究技术或遵从报告程序，从而阻碍了顾客价值信息向需要它们的上层管理者传递。例如，企业的管理者要求调研人员将调查结果整理为简短的概要报告，但这不利于传递内容丰富且复杂的顾客价值质性研究结果。事实上，调研人员希望将完整的调研结果以更详细的报告形式呈现。然而，由于组织程序的障碍，管理者往往只接受简短的汇报。由此，他们很有可能错失了很多重要的发现，这进一步强化了管理者对固有组织程序的依赖。

这就需要组织善于发现固有程序的缺点，不能被各种标准和个人偏好所左右。组织应该善于打破僵化的程序，不断调整顾客价值传递的策略。随着技术的发展，组织也应该善于利用新的技术，解决之前存在的问题，不断进步。

9.4.3　管理学习障碍

企业只有不断获取新的技能，才能在顾客价值战略竞争中取得更卓越的表现。当顾客价值产生新的问题时，企业只有通过学习才能解决这些问题。企业的领导者可能太专注于既有的运营范式，而忽略了那些关键的新工具和新方法。一部分原因可能是难以超越的组织文化，另一部分原因可能仅仅是缺乏研究新问题、新工具、新方法的条件和环境。对于前者，企业短时间内很难改变，这需要长期的规划；对于时刻可能发生改变的研究新问题、新工具、新方法的条件和环境，企业随时可以跟进和更新，只要投入相应的人力、物力资源，便可实现与时俱进。随着互联网技术的快速发展，营销的渠道也更加多样化，企业如果不及时学习新的知识与技术，便会在竞争中处于劣势，被乐于学习的竞争对手甩在身后。

党的十八大以来，党中央出台了一系列保护和支持企业发展的政策措施，促进各类企业健康发展，一些行业领军企业已经形成较强的国际竞争力。这些行业佼佼者正是通过识别并超越顾客价值传递障碍，促进了各类创新要素向企业集聚，实现了技术创新、管理创新、商业模式创新，从而在激烈的市场竞争中脱颖而出。

课后思考题

1. 什么是顾客价值传递？简述其含义、步骤，并解释每个步骤的重要性。
2. 什么是价值传递的模式？列举两种常见的价值传递模式，并解释它们的特点和适用场景。
3. 促销在顾客价值传递中起到什么作用？结合实际案例进行分析。

实训案例

品牌认知与品牌价值传递策略——以某品牌酸奶为例

> 案例概要

近年来，受技术、需求、供给、政策等多方面因素的驱动，我国低温酸奶市场规模逐渐扩大。在这一发展赛道上，某乳业品牌作为中坚力量，面临机遇与挑战。如何抓住市场机会、精准定位目标客群、应对市场考验、提升产品销量，是该品牌未来发展的关键。通过本案例，学生将全面了解该品牌在低温酸奶市场开发中面临的关键问题和挑战，掌握顾客价值传递的渠道、策略和障碍。

> 实训知识点

顾客价值传递的渠道：通过分析消费者对品牌、包装和产品的认知，探讨如何通过打通线上线下渠道、提升包装设计等方式传递顾客价值，提高品牌认知度和产品销量。

顾客价值传递的策略：分析现有问题，提出品牌IP化、产品IP化、包装设计升级、线下推广、线上渠道搭建等五个策略方向，以满足企业的需求并达成目标。

顾客价值传递的障碍：总结调研结果，明确市场潜力和企业遇到的障碍，如品牌认知度低、线下门店衰退、包装设计对年轻群体吸引力不足等，为制定策略提供支持。

> 数据分析与实训操作

学生将有机会使用数据平台分享的问卷和调研数据，进行描述性分析、聚类分析、回归分析等实际操作。实际数据的操作分析，有助于学生学习如何提升产品销量和品牌认知度，吸引年轻消费者，为其在未来从事市场营销等领域的工作提供实用技能和经验。实训项目PPT、实训项目报告、数据建模分析可登录教学实训平台（edu.credamo.com），加入"智慧营销"课程（在学生端点击"加入课程"，输入加课码：jkm_6229750854424576；教师可以在课程库中搜索该课程并直接导入），在相关章节的实训项目中获取。

第 10 章
智慧营销：顾客价值传递拓展

教学背景

顾客价值传递不仅是实现商业成功的关键，也是构建长期顾客关系和满足顾客需求的核心，更体现了以人为中心的发展思想。精准传递顾客价值已成为现代企业可持续发展的核心能力。诚实和信誉对商业成功十分重要，建立持久的顾客信任关系是企业实现有效价值传递的关键。这将帮助企业更好地弥补它们的产品或服务与顾客需求之间的差距，提高价值传递效率。企业文化作为价值传递的重要载体，通过践行一致的价值观和道德准则为构建持久的客户关系奠定基础。

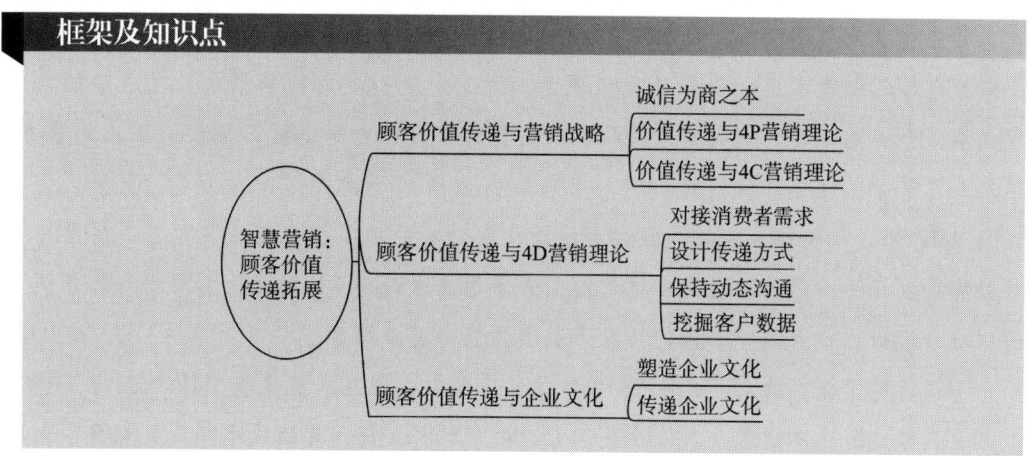

框架及知识点

引导案例

红星美凯龙"全球家居智慧营销平台"

有装修需求的消费者普遍面临着信息不对称的问题。消费者大多不具备家装的专业知识，对家装深层次的问题不甚了解，而家装又是一家一户单独进行的，缺乏横向对比，在这样的情况下，消费者就很容易遇到各种各样的装修风险。消费者在装修完成后可能会发现一些问题，例如，插座发热、瓷砖脱落、墙面开槽、墙体开裂、地面找平危害楼体等。而这些问题在装修过程中甚至装修完成后的短时间内都是不会暴露出来的，消费者发现问题后往往很难再追究责任，即使能够追究责任也很难挽回自己的时间和金钱损失。此外，在家居用品的选择搭配上，由于要购买的产品太多，还要保持风格统一，因此消费者面临着众多的困难。

这些问题产生的根本原因是商家和顾客间的信息不对称，从而引发了道德危机。据统计，消费者在装修房屋时平均要和7种不同角色的关键人物进行沟通，在各种影响下购买近百种品类的商品，前后经历20多个环节。在众多环节中，很容易出现前后矛盾、购买的商品不匹配等问题，而服务提供商也很难完全了解消费者的需求，因为这些需求通常比较笼统，且由于消费者缺乏专业知识，在具体的商品选择上也需要参考服务商提供的各种建议，如果服务商对消费者的需求理解不到位，就很容易引发各种问题。

目前，人工智能和大数据技术的发展为家居行业面临的挑战提供了新的解决方案。中国家居行业龙头企业红星美凯龙联合腾讯，推出全球家居智慧营销平台（Intelligent Marketing Platform，IMP），为行业创新发展提供助力。

2018年10月，红星美凯龙和腾讯宣布建立全面战略合作伙伴关系，双方推出的第一个合作产品就是IMP。IMP是一个比线下零售场更大的综合类家居服务平台，计划将家居行业涉及的各种商品、技术、数据、媒体、服务等项目经营商都纳入其中，形成一个综合性的垂直家居行业智慧营销平台，改变家居行业的商业模式。在目前的商业模式下，企业要花费大量成本寻找顾客、花费大量时间为每个顾客提供个性化的服务，尽最大可能留住顾客，而通过IMP，未来的商业模式不再是"人找货"，而是"货找人"。IMP通过收集顾客信息，经过大数据技术分析处理，智能化地为顾客提供最适合他们的系列产品，之后再通过立体式的图景展示技术乃至VR技术为其提供身临其境般的体验，进而在投入较少资源的情况下赢得顾客，留住顾客。

IMP获得了极大的成功，在2019年元旦大促中，红星美凯龙在IMP的助力下完成了32.27亿元的商户销售收入，收获了15.04万参团人数，营销成本降低了40%，老顾客重复购买率提升了131%。

在IMP的支持下，红星美凯龙凭借自身强大的线下优势，结合腾讯庞大的社交流量，打破角色、场景和内容之间的壁垒，将商品、技术、内容和数据连接起来，形成一个家居行业的智慧营销生态。IMP上线了超精准数据系统、全场景流量系统、一站式内容系统、数据化工具系统、智能化管理系统，具备用户360度画像、潜在顾客雷达扫描、全域精准互动、达人社交裂变等能力，从而可以助力企业最大限度地发挥优势，实现由人找货到货找人的转变，提高企业的运营效率。在 IMP 上，每个品牌都可以了解它们的目标顾客，包括目标顾客的价格、风格、功能、品类、品牌等维度的偏好，进而通过全域精准互动能力，利用精准实时广告跟踪投放系统，最终掌握整个家居行业的全域流量，实现精准营销。

IMP 本质上是一个顾客与商品的匹配平台，其成功的原因在于借助现代化的互联网大数据及人工智能技术对产业链进行整合，对顾客及品牌进行"扫描"，掌握双方的动态变化并了解双方现阶段需求，预测未来变化并缓解双方信息不对称问题，进而降低双方成本，以达到为顾客提供精准服务、为服务提供商增加利润的目的。

资料来源：作者根据相关资料整理。

10.1 顾客价值传递与营销战略

在营销学理论的发展过程中，价值传递始终贯穿其中。自古以来，"无信不商"的理念就深植商业文化，强调诚信经营、杜绝伪劣商品是经商的基本准则。到现代，营销学逐渐建立，各种理论蓬勃发展，其中最为著名的要数 4P、4C 等营销理论，诞生于移动互联时代的 4D 营销理论更是把价值传递纳入理论框架。价值传递作为营销中的关键一环，随着技术的进步，其形式、渠道更加多样，可行性与价值也不断提升，使得它在互联网时代的 4D 营销理论中占有一席之地。

10.1.1 诚信为商之本

西方商业文明将诚信视为核心。罗斯柴尔德家族是欧洲最古老、最显赫的金融世家，家族创始人梅耶·罗斯柴尔德留给子孙后代的家训中便有这样的话语：要想真正成功，必须具备谦虚、诚信、乐于助人的品质。美国石油大王洛克菲勒提醒儿子：诚实是一种方法，坚韧而无往不利。

在中国近代经济发展史上，驰骋欧亚商界的晋商举世瞩目。晋商乔致庸非常讲究诚信，他把诚信作为乔家的传统，希望能够代代相传下去。乔致庸生长在商人家庭，深受诚信经商理论的熏陶，加上儒家"仁义礼智信"的思想教育，形成了宁可赔钱也不失信的经营原则。

复盛油坊是乔家最大的商号之一，主要经营粮油等商品。在多年的经营中，复盛油坊坚持诚信为本，保证所售商品的质量，绝不缺斤短两，绝不掺假卖假。凭借诚信为本的理念，复盛油坊很快在当时弄假成风的市场中占据了一席之地。有一次，乔致庸发现，复盛油坊的掌柜在优质胡麻油中掺入了一些劣质的胡麻油，他便对掌柜进行了严厉处罚，告诫其他人无论如何也不得掺假卖假。但是，乔致庸也有"掺假卖假"的时候，乔家经营的米面粮油根据不同的质量定价不同，每逢年关，乔家都会在劣等的米面之中掺入优质的米面，并且仍然按照原本的价格出售给民众，当地的百姓很是感激。

乔家世代经商，以诚立信，以信立商。正是凭借良好的商誉，乔家方能在乱世之中不断发展，在一次又一次的危机之中突围而出。乔家之信，重在信誉，重在信义，对待顾客不分贵贱，同等礼遇，以此赢得顾客的喜爱和市场的青睐。

由此可见，在营销学理论建立之前，在数千年的历史长河之中，商人们就已经意识到，要想让商号保持生机与活力，就必须讲究诚信，这种朴素的品质在历朝历代大商人的经历中都有所体现。商家要把自家商品品质优良、绝不缺斤短两的信息传递给顾客，以此吸引顾客，做大做强自家商号，提升市场份额，并进一步借助"一传十，十传百"的口碑效应，实现基业长青。

在社会主义核心价值观中，公民层面就有诚信这一价值准则。企业要积极弘扬诚信文化，为健全诚信建设长效机制作出扎实贡献，推动全社会见贤思齐，营造更好的经营风气。

10.1.2　价值传递与 4P 营销理论

1960 年，密西根大学教授麦卡锡提出 4P 营销理论，4P 指的是产品、价格、促销、渠道 4 个要素。麦卡锡把复杂多样的营销简化为这 4 个要素，为营销理论的发展作出了重要贡献。通过分析这 4 个要素，可以发现它们都和价值传递有着千丝万缕的联系。

4P 营销理论中的产品指的是核心产品及其他产品，包括实体产品及非实体的服务等，也就是企业所销售的东西，传统意义上的"产品与服务"中的服务指的是作为商品出售的服务本身，而非销售产品之后为了维护客户而提供的服务。对于企业而言，产品是核心，只有提供优质的产品才能够与时俱进、跟上时代的潮流、跟上消费者偏好的变化，进而赢得市场、赢得顾客。产品是连接企业与顾客最直接的存在，顾客通过使用产品进而形成对生产制造商的印象，好的印象会促使顾客继续购买该厂商生产的其他产品；企业通过产品向顾客传达信息，树立并维持自身的良好形象。在当今产品快速迭代、个性化服务层出不穷的市场环境中，企业必须坚守质量底线，通过持续提供优质产品来应对激烈竞争。

4P营销理论中的价格指的是企业出售产品的价格，包括各种价格制定方法，如竞争比较法、成本加成法、目标利润法等。无论如何定价，价格都传递着产品或服务的信息，"质优价高，质劣价低"是总体的原则。例如，星巴克将咖啡售价显著提升至行业平均水平之上，不仅覆盖了运营成本，更传递了其"高端咖啡体验"的品牌定位。消费者通过较高的价格，自然联想到优质咖啡豆、舒适环境和专业服务，从而认可其溢价合理性。相反，低价速溶咖啡则通过亲民价格传递便捷、实惠的定位，吸引不同需求的客群。定价策略的差异，清晰地向市场传递了不同的产品品质与价值信息。此外，针对不同偏好的顾客，个性化的服务要比标准化服务定价更高，但个性化商品更高的价格却不一定意味着更高的质量。以手机为例，同一品牌同一型号的手机往往会根据颜色的不同收取差价，这个差价从几十元到几百元不等，仅仅根据不同的颜色就收取不同的费用，依靠的正是个性化的服务。总有一部分顾客喜欢某种特定的颜色，他们有意愿并且有能力支付超额的价格选择自己喜欢的颜色，因此，他们会为获得心仪的颜色而付出更多的金钱。

在4P营销理论中，产品和价格都是价值传递的内容。企业开展营销活动的本质就是向顾客传递信息，让更多的人了解企业的产品，并转化为企业的实际顾客。企业开展营销活动要传递给顾客的就是企业的产品及价格信息，企业要尽其所能让顾客相信该企业的产品就是最适合顾客的产品，或者至少是最适合一部分顾客的产品；企业的产品在各方面都是最优的或者是同等价格下最优的；企业提供的产品价格是合适的，顾客购买是合理的；等等。这种信息的传递无疑会使顾客更加了解产品，同时也会提高顾客的转化率。

在4P营销理论中，促销指的是通过人员或广告、公关等手段促进企业产品的销售。针对组织类的顾客，企业一般都设有公关部门，针对特定的个人展开全方位的促销攻略，目的是通过赢得特定个人进而赢得其所代表的组织的订单。事实上，互联网电商开始掀起的人造购物节，如淘宝"双十一"大促、"双十二"大促、"618"大促也是数字经济时代企业集中销售，以活动优惠获取消费者注意力的一种手段，这种提供一定优惠的集中销售比日常销售能够获得更高的销售额。

4P营销理论中的渠道指的是企业把产品销售给顾客的过程中所经过的一系列中间环节。传统的制造业产品从制造者手中流通到顾客手中通常需要经历代理商（甚至有不同层级）、批发商、零售商等中间环节，每一次中转都会增加一部分价格，层级过多的话就会使商品的价格远远高于出厂价，甚至是出厂价的数倍。如今，随着跨境电商的发展，越来越多的企业开始尝试直销模式，希望减少中间环节，以更低的价格来争夺市场份额。主打"没有中间商赚差价"的瓜子二手车直卖网，专注于推动国内个人二手车市场发展,是直接面向二手车买卖双方的交易服务平台,在促成二手车成交的过程中,省去了中间环节(中介、车商等),以互联网连接买家和卖家,减少中间商赚差价的情况,给买卖双方留出了更大的利益空间。

4P营销理论中的促销和渠道都是企业价值传递的方式。企业要把产品及价格信息传递给了顾客必须通过一定的载体,可以通过面对面交流的方式告知顾客,也可以通过促销,以优惠的价格吸引更多的人群,还可以通过专业的经销商来拓展市场。总之,促销与渠道为企业价值传递提供了载体,把企业的产品及价格信息传递给了更多的顾客。

由以上内容可以看出,传统的4P营销理论和价值传递息息相关。然而,随着实践的发展,传统营销理论并不能合理解释价值传递的内涵,也不能适应营销学的发展,这对营销理论提出了新的要求。

10.1.3 价值传递与4C营销理论

1990年,美国营销专家劳特朋提出了著名的4C营销理论。4C营销理论强调的4个要素分别是:顾客、成本、便利和沟通。4C营销理论是在4P营销理论的基础上提出来的,对传统4P营销理论进行了拓展与补充。传统4P营销理论强调的是企业以产品为核心,其余一切活动都围绕产品展开。到了20世纪末,营销活动开始以顾客为核心,企业把顾客放在核心位置,一切活动围绕顾客展开。

4C营销理论的4个核心要素中,顾客指的是顾客个人,是理论的核心;成本则要求企业尽最大努力控制支出,以更低的价格向顾客提供产品;便利强调的是从顾客利益的角度出发为顾客提供方便;沟通指的是营销过程中企业要与顾客保持密切的沟通,及时了解顾客需求,为其提供尽善尽美的服务。4C营销理论以顾客为中心,认为顾客就是上帝,企业的产品或服务都必须随着顾客的需求改变而改变。

4C营销理论与企业价值传递密切相关。在4C营销理论中,顾客是狭义的价值传递对象,包括已有的和潜在的顾客,企业需要调查了解顾客的需求,根据顾客的需求来制定产品设计、生产策略;成本是价值传递的内容,与4P营销理论中的价格相对应,但是更强调企业要竭力控制支出,为顾客提供价格更低的产品,这也是节约资源的体现;便利指的是企业提供产品及顾客购买产品、使用产品的过程更加方便快捷,不会遇到太多的阻碍,减少供不应求或产品使用过程繁杂给顾客带来的不便,它既是价值传递的内容,也是价值传递的方式;沟通指的是企业要与顾客保持密切的沟通,维护客户关系,以便随时响应顾客的需求,根据顾客需求的变化来优化、完善产品,它是对4P营销理论中促销要素的发展,也是企业价值传递的方式。

由此可见，4C 营销理论是在以顾客为中心的市场环境中建立起来的，是对传统的 4P 营销理论的发展，4C 营销理论也更好地解释了企业价值传递的对象、内容与方式，以及价值传递的意义。但是，随着互联网的兴起，以及大数据技术及电商的发展，企业对营销理论的发展提出了更高的要求，正是在这样的背景下，4D 营销理论应运而生。

10.2　顾客价值传递与 4D 营销理论

价值传递是 4D 营销理论的重要组成部分，与消费者需求、动态沟通、数据收集密切相关。价值传递是为了获知消费者需求，动态沟通是价值传递的方式，数据收集为价值传递提供智能化支撑，4 个要素紧密相连，构成了新的营销理论。

可以说，消费者需求是营销的前提，企业先要了解消费者需要什么，然后提供符合其需求的产品或服务，再以超出其预期的方式去满足其需求；数据是开展营销活动的支撑，只有在数据的支持下，企业才能通过现代化的互联网大数据技术追踪用户轨迹并分析用户特点，进而更精准地服务用户；传统的营销追求单次交易的达成，而在竞争极其激烈的今天，只有与顾客保持动态的沟通，了解消费者需求变化，才能够留住顾客，最终获取顾客终身价值；最后，价值传递是现代营销的桥梁，无论消费者需求多么急迫，无论企业产品多么优质、与消费者需求多么匹配，都必须有一座桥梁来连接双方，对接双方需求，最终实现交易。

10.2.1　对接消费者需求

消费者需求研究的核心在于分析用户痛点，预测消费趋势并创造消费者需求，这就要求企业必须了解消费者，对消费者行为模式进行建模。消费者需求研究要求研究者必须具有用户思维，在价值链的各个环节都要以顾客为中心，从顾客的角度去考虑问题。企业要了解消费者需求，根据消费者的反馈，对现有的产品质量、服务流程、渠道环节进行分析研究，洞察消费者实际体验和痛点之间的深层次逻辑——企业在了解消费者现有需求的基础上要预测消费者未来的需求。消费者需求并不是一成不变的，而是动态的、随时间的推移而不断调整变化的。因此，企业需要利用 LBS 等技术，通过分析消费者购物行为、消费情况等数据来掌握和预测消费者需求变化。企业在拥有一定市场地位后还要创造消费者需求，引领消费者需求变化。企业可以通过 KOL 引领等方式来获取和创造消费者需求。

10.2.2 设计传递方式

企业在了解消费者需求之后就面临着如何恰当地传递企业产品信息的问题，价值传递是连接企业产品与消费者需求之间的桥梁。然而，企业也面临着如何正确传递价值等问题。售前阶段，企业进行价值传递的目的是实现销售，把本企业的产品销售给顾客，从而实现短期盈利；售后阶段，企业价值传递的目的则是为顾客提供售后服务，与顾客保持沟通，进而最终留住顾客并获取长远价值，以提升企业利润。价值传递是营销活动中最重要的一环，顾客会遇到不同企业具有相同或类似功能的产品，当面对大同小异的产品时顾客应如何选择？企业应如何使自家的产品脱颖而出，让顾客主动购买？这正是企业价值传递所面临的难题。

企业进行销售并不是要满足所有的消费者需求，而是要满足与自家产品最为匹配的消费者需求，用最少的营销成本获得最大化的顾客价值，所以，企业进行无差别的广告覆盖是存在极大浪费的。企业应准确把握市场定位，根据目标顾客的需求进行精准营销。企业要尽可能全面地收集顾客信息，识别出一部分最适合自家产品的顾客，同时根据消费者需求调整现有产品，或者开发新的产品，以提高市场占有率，扩大销售规模。

例如，红星美凯龙根据高离散性、高联合性、高复杂性的行业特点，针对家居行业广告转化率低、销售成功率低、价格竞争激烈以及顾客评价差的痛点，打破常规，积极尝试，与腾讯合作开发出 IMP，彻底改变传统的家居行业营销方式，把消费者需求和价值传递环节转移到 IMP 上，实现由传统的"人找货"到智慧营销的"货找人"的转变，极大地降低了企业产品匹配消费者需求的成本，通过整合品牌服务商缓解信息不对称问题，减少顾客选择难题，降低企业营销成本，进而赢得顾客、留住顾客，获得了巨大的成功。

10.2.3 保持动态沟通

现代互联网社交情境下的营销要求企业与顾客保持动态沟通。动态沟通是一种实时的、双向的信息交换方式。传统的沟通是通过见面交谈、电话交流等方式进行的，这种沟通方式存在诸多问题，如沟通本身存在一定的时间、经济成本；沟通是一对一的、静态的；沟通难以得到实时的、积极的反馈，顾客难以了解问题处理进展、解决进度；沟通形式单一，往往只通过语音、图片等方式了解产品，缺乏实际体验；沟通效率低下，会使企业产生极高的成本，不利于企业提升服务效率；沟通局限于企业与顾客之间，而顾客与顾客之间的沟通几乎不存在……随着移动互联网社交媒体的发展，现代化的动态沟通具有快捷、方便、立体化、效率高、形式多样、反馈明晰等优点。科技使得沟通的成本不再高昂，人们随时随地都可以开启沟通与互动，这种双向的、动态的沟通使沟通效率大幅提升。沟通形式越多样，顾客对产品的了解就越深刻，而其他已经购买产品的顾客的评价让顾客之间被动地建立起了桥梁。企业需重视的是，已购买产品或服务的顾客的评价对潜在顾客的决策有着重要的影响，好的评价会促使潜在顾客购买，而表示产品有瑕疵、体验感不佳的评价会使潜在顾客失去购买的意愿。

激烈的竞争使得企业在向目标顾客进行价值传递时需要保持动态的沟通。企业要做好随时响应消费者需求的准备，及时为顾客解决问题，回答顾客疑问，解除顾客疑虑，为顾客提供无微不至的服务，赢得顾客信赖，获取顾客"好评"，进而留住顾客，获取长远利益。

社交网络的发展使得产品的口碑愈发重要，动态沟通并不仅仅指企业向顾客传递信息，也涉及如何正确引导顾客之间的沟通交流，面对所出现的不利于企业或产品的有较大影响力的言论，企业如何展开沟通、消除负面影响，是决定产品能否成功、企业能否长久经营的关键。

10.2.4 挖掘客户数据

大数据技术的发展为企业开展营销活动提供了极大的便利，企业可以借助大数据技术对客户进行分析，更准确地构建用户画像，细分客户群体，开展聚类分析，对潜在需求进行预测，进而提供具有针对性的产品或服务，进行精准营销、交叉营销。例如，银行在开展销售活动时，可以从多个维度对客户进行更细致的划分，而不仅限于按收入、职业等传统的方式来划分。通过细分客户群体，银行可以通过提供个性化服务来吸引不同需求的客户。新加坡华侨银行（OCBC Bank）推出子品牌 Frank 银行，契合了年轻人喜欢新科技、崇尚消费的特点。广东南粤银行推出网络微贷产品"南粤 e 贷"，主要为电商小微企业提供服务，从大数据中透视企业网店经营情况和企业主社交行为，实现市场细分下的业务拓展。

通过大数据，银行可以挖掘不同客户群体的不同需求，从而设计相应的产品进行精准营销。例如，拆迁户拥有大额的拆迁补偿款，有着强烈的资金保值增值需求；很多家庭主妇对家庭的理财规划、资产配置等有较大的需求；农民在收成不好的时候有贷款需求；等等。银行还可以通过大数据模型，对客户所属的群体中其他人的行为进行分析，预测该客户的潜在需求，从而设计相应的产品，实现精准营销。

通过大数据技术可以开展交叉营销，进而增强用户黏性，减少客户流失。交叉营销是通过挖掘客户的多元化需求，尽可能地满足同一客户多种需求的营销方式。企业在满足了客户的单一需求之后，尝试满足客户的其他需求，可实现横向市场的开拓。例如，面包店除了提供面包，还会为有酸奶、果汁需求的顾客提供相关饮品。

美国富国银行在业内有"交叉营销之王"之称，在零售领域，富国银行的顾客通常能享受储蓄、信用卡、住房抵押贷款、汽车贷款、投资和保险等多种金融服务。交叉营销能为企业节约不少获取客户的成本，同时，便捷高效的服务能够提升顾客留存率，提高客单价，实现利润增长。国内交叉营销的典范是平安集团，其各子公司新增客户量的26%来自保险平台的客户迁移。平安集团通过自己旗下的保险、银行、投资产品之间的互补性销售，建立了一个完整、闭环的生态圈。

大数据技术不仅可以辅助企业达成销售目标，更可以优化企业业务流程，提高运营效率，降低财务风险，提高资源利用率，提升风险管理能力。例如，银行可以根据多元数据进行综合分析，提高信贷评估速度和准确度。传统的银行风险计量更多的是依靠客户以往的财务数据，而大数据时代，银行可以通过丰富的顾客数据源，对客户进行更全面、更准确的信用评估。美国第一资本金融公司（Capital One）的用户风险决策模型涵盖了美国三大征信局数据、平台积累的用户数据、用户社交数据等多种类型的数据，且每三个月验证一次其准确性。在循环贷款时，该模型会筛选出低风险客户，自动加快业务办理速度，而高风险客户则需要提供最近的信用资料，并接受再评估。

银行可以利用大数据识别欺诈行为，防止信用卡盗刷，提高风险控制能力，保障客户账户安全。我国电信诈骗、网络诈骗活动频发，每年给全国网民造成巨额直接经济损失。鉴于此，银行应该利用大数据，识别具有高欺诈风险的客户和交易，并确定最佳的行动计划。维择科技（Data Visor）是一家成功应用大数据来监督、检测各类欺诈攻击的企业，它能通过识别微妙的关联性模式，在恶意活动的萌芽阶段或者恶意账户尚未攻击个人用户时，检测到有组织的恶意或欺诈、攻击行为，从而在恶意行为发生之前将其封杀。

10.3 顾客价值传递与企业文化

在全球5G市场中，中国科技企业华为名列前茅。其官网的信息显示，华为向3GPP贡献超过2.1万件提案，其5G基本专利提案占比超20%，为全球第一。在当下日益紧张的国际贸易形势下，华为不仅生存了下来，而且更加强大，成为全球5G领域的领导者，这依靠的正是华为全体员工自强不息、团结合作、艰苦奋斗、坚信产业报国的企业文化。

华为规定，新员工报到之后需要接受为期180天的培训，除了基本的业务技能培训，华为更注重培养员工艰苦奋斗、团结合作的精神。华为创始人任正非在给新员工的一封信中写道：华为共同的价值体系就是要建立一种为世界、为社会、为祖国作出贡献的企业文化。该企业文化黏合全体员工团结合作，走群体奋斗的道路。任正非还说道，企业要求每一个员工都要热爱自己的祖国，热爱我们这个刚刚开始振兴的民族。只有背负着民族的希望，才能无怨无悔地进行艰苦的搏击。任正非认为，物质资源终会枯竭，唯有文化才能生生不息，才能支撑高新技术企业持续发展，华为的文化就是奋斗文化。

华为的每个新员工在入职的时候都要学习企业文化，培训期间的每一天都会接触到企业文化，这种文化会逐渐根植于员工思想的最深处。华为员工坚信自己能够实现产业报国，坚信自己可以让世界更美好，这种文化使华为人有着崇高的理想和信念，在面对任何艰难险阻的时候都有信仰的支撑，其影响力不可谓不强大。

华为的文化不仅可以使员工在面对困难时迎难而上，决不放弃；在平时的销售工作中，华为人根植于内心深处的"让世界更美好"的信念使他们能够始终为顾客提供最适合的服务，这种理念下的销售已不再是单纯的交易行为，它更有利于培养与顾客的长期关系，赢得顾客的信任，获取顾客终身价值。

10.3.1　塑造企业文化

企业需要系统性地向顾客传递产品价值，而员工在这个过程中扮演着关键角色。也就是说，企业员工作为连接产品和顾客的桥梁，其自身对产品的认同度将直接影响产品的销售。如果员工不认可企业产品，就可能被迫采用虚假宣传、夸大功效等不当手段促成交易，这不仅会导致售后纠纷频发，更会严重损害顾客终身价值和品牌声誉。当顾客发现产品与宣传严重不符时，企业的售后部门将疲于应对投诉，而客户忠诚度和复购率也会大幅下滑。

在企业规模不大、人员不多的时候，企业文化的重要性或许不会凸显出来，而随着企业规模扩大，企业文化的重要性显著提升。因此，每一家优秀的企业都必须塑造自身文化，根据所处的行业以及自身发展的长远目标来逐步建立企业文化。企业文化根植于企业发展的历史进程中，成长于企业所经历的每一次困难中，企业要不断总结提炼自身发展过程中的企业文化精神，积极吸取其他优秀企业所具有的、适合本企业的文化，并在实践中全员参与，由领导带头，积极践行，使企业文化不断丰满、成熟。

塑造企业文化要以人为本，全员参与。要牢固树立以人为本的思想，坚持全心全意依靠员工办企业的方针，尊重劳动、尊重知识、尊重人才、尊重创造，用美好的愿景鼓舞人，用宏伟的事业凝聚人，用科学的机制激励人，用优美的环境熏陶人。积极完善员工发展平台，为员工提供更多发展机会，开发人力资源，挖掘员工潜能，增强员工的主人翁意识和社会责任感，激发员工的积极性、创造性和团队精神，实现员工价值与企业蓬勃发展的有机统一。坚持为增强综合国力作贡献，为社会提供优质商品和优良服务，妥善处理各方面的利益关系，实现报效祖国、服务社会、回报股东、关爱员工的和谐一致。在企业文化建设过程中，要坚持把领导者的主导作用与全体员工的主体作用紧密结合。尊重员工的首创精神，在统一领导下，有规划地发动员工广泛参与，从基层文化抓起，集思广益，群策群力，全员共建。努力使广大员工在主动参与中了解企业文化建设的内容，认同企业的核心理念，形成上下同心、共谋发展的良好氛围。

华为的企业文化来源于其艰苦的创业历程，以及在这一历程中无数华为人披星戴月、艰苦奋斗的精神。1987年华为刚刚成立时，国内通信市场被国外企业占据，华为通过"农村包围城市"的战略，先攻占基层市场，然后向城市进军，最终成长起来。在这一过程中，无数华为人作出了极大的牺牲，他们艰苦奋斗、牺牲自我，为中国通信事业的发展立下了汗马功劳，形成了华为特有的"床垫文化""不穿'红舞鞋'文化"等。华为的文化不断激励着一代又一代华为人奋勇前进。

10.3.2 传递企业文化

企业文化的传递分为两部分：一部分是企业把自身的文化传递给企业的员工；另一部分则是员工在内心深处认同企业文化后，再把企业文化传递给顾客，这一过程正包含在企业把产品价值传递给顾客的过程之中。员工向顾客交付产品，实质上就是在向顾客传递自家企业的文化内核。

正如任正非所说，只有企业文化才能支撑科技企业的发展。科技企业与传统的制造业及资源密集型企业不同，后者只需要有资源就可以生存下去，资源是企业的核心资产，虽然资源是有限的，但世界对资源的需求是永无止境的，因此，只要企业能够控制相当数量的资源，那么在资源耗尽之前，企业就可以一直生存下去。与后者不同的是，前者的核心资源是人才，而人是会受到各种因素影响的，要把人团结起来应对各种各样的挑战就必须依靠企业文化，也只能依靠企业文化。企业文化是形成企业内部凝聚力的核心。

企业要把企业文化传递给新员工，使其长久地传承下去，并且在发展过程中得到不断丰富和完善，使其成为企业生存和发展的支撑。大多数成功的企业都会在新员工入职时对其进行技能培训，以及企业文化的灌输，此后，在日常工作中通过实践不断强化员工对企业文化的认知和认同。等员工从内心深处真正认同这家企业的时候，新员工才真正称得上是企业的一员。

华为对新员工的培训体系可谓相当完善。华为新员工入职时要经历180天的培训。在这180天里，华为不仅会对新员工进行系统的通信理论培训，让新员工参与通信设备修理和安装，还会对员工进行全面的文化灌输。如果不能真正认同华为的文化，是很难在这个组织中生存下去的。在180天的培训之后，华为的新员工会有半年的实践期。处于实践期的员工会被派遣到各个城市参与企业业务，在实践中感受企业文化，加深对企业文化的认同。

华为通过培训把企业文化传输给员工，还通过物质激励加强员工对企业文化的认同。正是在这种氛围下，华为形成了以顾客为中心、坚持艰苦奋斗的企业文化，为世界更美好而奋斗。

华为向员工传递了这种企业文化，华为的员工在为顾客服务时会自然而然地受到企业文化的影响，从顾客角度出发，为顾客提供最优的产品或服务，并积极帮助顾客解决在产品生命周期中遇到的各种问题，维持与顾客的长期关系，进而获取顾客终身价值。

课后思考题

1. 什么是诚信为商之本？它与顾客价值传递有什么关系？
2. 如何利用4P/4C营销理论来实现顾客价值传递？举例说明。
3. 在智慧营销中，传递顾客价值与传递企业文化之间的关系是什么？

第 11 章
智慧营销：动态沟通价值

教学背景

动态沟通是智慧营销的核心概念之一。顾客价值的沟通是企业成功的关键，企业应利用不同的媒体和策略动态地与顾客进行沟通，以提升顾客满意度和实现顾客价值。在现代社会中，顾客可以通过多种渠道获取信息，企业可以通过多种媒介来传递顾客价值，了解顾客价值沟通媒介有助于企业理解各种沟通方式的独特性质，从而选择合适的方式与顾客沟通。在现代市场中，顾客希望获得更加个性化和有参与感的体验，通过运用体验营销、情感营销等策略以及多渠道整合传播方式，企业可以在与顾客的沟通中引入互动元素，提供独特的体验，从而更好地获取顾客价值，建立稳固的顾客关系。

框架及知识点

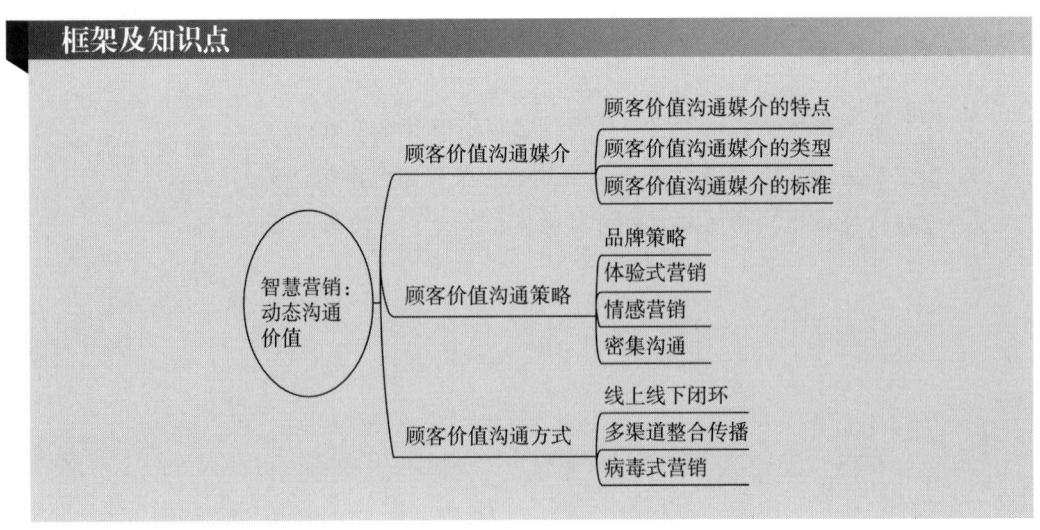

第 11 章
智慧营销：动态沟通价值

引导案例

时尚奢侈品品牌的商业模式创新

互联网的蓬勃发展为企业的营销创新提供了无限可能：一方面，顾客价值观念和生活方式的变化产生了新的市场需求；另一方面，互联网催生了电子商务、众包、个性化定制等全新商业模式及微信、微博等低成本传播媒介。而后者由于具备动态沟通的特点，为企业获取顾客体验与评价提供了最便捷的通道。英国传统奢侈品品牌博柏利（Burberry）正是利用动态沟通方便、快捷的特性，于2019年9月与苹果合作推出了名为"R Message"的个性化聊天服务功能，该功能与博柏利原来的iOS应用程序结合起来，形成了一个更加强大的应用程序。

博柏利允许店员在R Message上直接向特定顾客发送商品资讯，以实现不受时空限制的即时沟通与互动，打造全新的奢侈品购物体验。目前，这项服务采用定向邀请的方式，为该品牌的部分门店及顾客提供升级的奢侈品购物体验，待系统成熟稳定之后将逐渐推广到博柏利全球所有门店中。

根据权威时尚杂志 *Vogue Business* 的报道，博柏利全球的门店采用了一款名为"R World"的App作为内部库存管理系统，通过R World，每个员工都能够同步接收到企业内部的动态和第一手信息。该App多次受到博柏利前CEO、后来担任苹果零售业务高级副总裁的安吉拉·阿伦茨的大力推介。

R Message可以被视为R World向外部延展的分支之一，它巧妙地将博柏利的内部库存管理系统与面向顾客端的App串联起来，最终实现顾客"在指定门店预约专属的销售人员，接受个性化商品推荐，最后成功购买产品"的全新购物体验。

在使用R Message之前，博柏利也曾通过iMessage的商业聊天功能与顾客进行一对一的直接沟通，但R Message功能更加独特。通过R Message，销售人员可以一次性联系到特定范围内的所有目标顾客，这样，他们就可以为这些特定的顾客提供更多个性化的服务，而不是通过一个大家普遍熟知的常用系统提供标准化的服务。

传统的奢侈品行业运营思维与电子科技行业的运营思维并不相同，虽然两者都面向大众提供产品，但奢侈品行业的核心客户是有较强消费能力的群体，差异化的创新销售模式将关注点放在核心顾客的需求上，让企业能保持并持续提升与核心顾客之间的关系。

R Message将首先在博柏利位于英国曼彻斯特的旗舰店投入使用，并会与Apple Pay（苹果支付）进行整合，打通消费链上的支付环节，从而构建并优化整个商业模式的闭环。

资料来源：作者根据相关资料整理。

11.1 顾客价值沟通媒介

随着新技术的兴起,尤其是社交网络的出现,企业与顾客的沟通已经不再是一对一、点对点的静态沟通机制,而是转变成多对多、立体化的动态沟通机制。①

11.1.1 顾客价值沟通媒介的特点

企业在将价值传递给顾客时,为了确保传递过程的有效性,需要与顾客进行有效的沟通。企业在与顾客进行价值沟通时,需要利用某些方式把有利于价值传递的信息与顾客共享,很多时候,沟通的效果取决于企业所选择的价值沟通方式,即顾客价值沟通的媒介。顾客价值沟通的媒介在形式上虽然与品牌传播媒介、公共关系媒介相同,但是在沟通过程中,其所承载的信息量要远远大于品牌传播媒介和公共关系媒介所承载的信息量,且其蕴含的信息深度也是品牌传播媒介和公共关系媒介所无法比拟的。这是因为在沟通的过程中,顾客价值沟通媒介所承载的不仅是一个品牌的公众形象和内涵,还承载了实体化的产品信息。也就是说,顾客价值沟通媒介所承载的信息是一种更为具体且有可能直接导致顾客产生购买行为的信息。表 11-1 区分了几种沟通媒介的不同之处。

表 11-1 沟通媒介的比较

差异项	类型		
	顾客价值沟通媒介	品牌传播媒介	公共关系媒介
信息量	大	一般	小
信息深度	最深层次	一般	流于表面
信息流向	双向	单向	单向
作用	现实与长远利益统一	品牌美誉度、知名度	良好的公众形象

从表 11-1 中可以清晰地看出三种媒介在信息量和信息深度等维度的差别,顾客价值沟通媒介的信息流向也明显不同于品牌传播媒介和公共关系媒介,正是这种信息流向的差别揭示了为什么三种媒介在形式上相似,在作用上却大不相同。顾客价值沟通媒介的信息流向是双向的,这实际上反映了媒介需要承担的是双向沟通的任务,从而实现良好的顾客价值沟通,这种良好的沟通不仅能持续提升企业的公众形象和品牌底

---

① 张淑宁. 顾客价值沟通与传递策略研究[D]. 哈尔滨:哈尔滨工业大学,2005.

蕴，还能在短期内显著促进企业的效益增长。可见，顾客价值沟通媒介有着兼顾现实利益与长远利益的作用。不过，相较于其他媒介，对顾客价值沟通媒介的把握更加困难。

11.1.2 顾客价值沟通媒介的类型

根据媒介在顾客价值沟通过程中所发挥的不同互动作用，可以将顾客价值沟通媒介划分为表11-2所示的三种类型。从顾客价值沟通媒介的发展方向可以看出，不管什么类型的媒介，其最终都是为了使信息在企业与顾客之间形成双向沟通。并且，这三种类型的媒介在顾客价值沟通过程中会不断地更新迭代，在发展到一定阶段以后，这些媒介会构成一个整合的媒介体系，从而帮助企业实现与顾客之间良好的价值沟通。

表 11-2 顾客价值沟通媒介分类

差异项	类型		
	全双向信息流媒介	准双向信息流媒介	单向信息流媒介
特征	企业可以和顾客进行充分的即时信息交流	企业可以和顾客进行简单的即时信息交流及充分的后续信息交流	企业只能将信息传递给顾客，而很难与其互动
典型媒介	互联网、电话	电视、广播	报纸、杂志
发展方向	充分利用网络终端设备，使沟通达到文字、声音和图像的统一	利用家电信息化技术，接入互联网，最终实现完全即时信息交流	补充电子版本，基于互联网尽量增加反馈信息流

11.1.3 顾客价值沟通媒介的标准

任何企业都想充分利用现有媒介提供更有效的价值沟通服务。但事实上，考虑到资源的有限性和相对获益水平等因素，企业往往会放弃一部分媒介，选择最有利于企业价值沟通的媒介并进行整合。这种顾客价值沟通媒介的选择需要遵循三个主要的原则，分别是适应性原则、区别性原则及经济性原则。

适应性原则是指根据顾客价值沟通的对象特征来选择和使用沟通媒介，即根据不同的顾客类型选择对应适用的媒介作排列组合，通过这样的排列组合有效地将信息传递给目标顾客，并使其最终被目标顾客所接受。在这个原则下，顾客反馈的信息会流回企业内部，达到双向沟通的目的。

区别性原则是指根据顾客价值沟通的内容特点和要求来选择和使用沟通媒介。很多企业盲目选择某些"接触率"高的媒介而忽视了那些对该企业价值沟通最有优势的媒介，从而造成大量的人力、物力和财力的浪费，本末倒置。因此，只有根据沟通的内容来决定沟通的形式，才有可能充分发挥顾客价值沟通媒介的优势。

经济性原则是指根据企业的经济能力和最经济的条件选择和使用价值沟通媒介，即利用企业本身的经济能力及现有资源形成最佳配置，在资源有限的情况下获得最大的传播效益，这一概念与投入产出比类似。假定企业希望与顾客沟通的价值信息用数字表示为100，那么在表11-3中，企业应该选择哪一种沟通媒介呢？

表11-3 顾客价值沟通媒介的经济性

媒介	识别项		
	有效的价值沟通中的信息量	沟通中所需的成本	顾客价值沟通媒介的经济性水平
甲	99	100	0.990
乙	90	80	1.125
丙	40	50	0.800

从表11-3中可以看出，乙媒介的经济性水平最高，虽然甲媒介的有效沟通信息量最大，但就经济性水平来说，企业应该采用乙媒介。不过，在现实中，企业有时会选择丙媒介，这可能有两种原因：第一，企业过于关注成本因素。在选择沟通媒介时，企业可能由于关注成本因素而忽视了有效的价值沟通中的信息量。第二，企业资金方面的因素。企业在沟通媒介方面的预算可能并不充裕，因而被迫选择成本较低的顾客价值沟通媒介。从上述顾客价值沟通媒介的基本选择标准中可以看出，企业应该综合考虑各种因素，正确选择适合本企业的顾客价值沟通媒介。

11.2 顾客价值沟通策略

顾客在进行消费时，追求的是一种使自身价值最大化的交易，但是在采取购买行为时，他们往往对企业的价值信息缺乏全面的认知，导致不能作出最优选择。如果企业缺少与顾客之间最基本的桥梁——沟通，就不能较好地了解顾客对价值的认知程度，最后也就无从着手来解决信息不对称的问题。因此，企业要采取适当的沟通策略，使自己提供的顾客价值和顾客期望的价值趋于一致，并以最低的成本满足顾客最大的需求，达到事半功倍的效果，增强企业的竞争力。

沟通的作用主要体现在三个方面：一是提供信息，使人了解；二是改变习惯；三是改变态度。最简单的沟通模式就是AIDA，即注意（Attention）——让潜在顾客了解产品或服务的存在；兴趣（Interest）——关于产品或服务现有的信息刺激潜在顾客获取其他有关该产品或服务的信息；欲望（Desire）——如果潜在顾客认为你的产品或服务能解决一个问题或满足一种需求，就会出现购买欲望；购买行为（Action）——企业如果能恰当地运用沟通手段，就有助于顾客形成购买行为。

与顾客的直接沟通还有两大优点：第一，顾客的反应更真实。虽然产品说明书也会给顾客提供大量的产品信息，但是如果企业的销售人员只是记住说明书的内容并转述给顾客，这显然没有必要而且显得生硬。如果销售人员结合自身的使用感受和以往的顾客反馈与顾客进行沟通，往往能让顾客觉得更加真实。第二，销售人员的讲解更有说服力。如果销售人员能对顾客提出的问题作出解答，顾客就会更加了解和信任产品。

11.2.1 品牌策略

从对顾客价值信息不对称的分析中可以看出，顾客愿意为认知中的高质量价值支付溢价，那么如何才能让顾客在对有关价值的信息不充分了解的情况下愿意支付较高的成本呢？换句话说，要如何让顾客在信息掌握不完全的情况下作出对企业最有利的决策呢？这就要让顾客对企业建立起信任，而这种信任的载体就是品牌。品牌可以提升企业的顾客价值，能在顾客价值沟通中发挥举足轻重的作用。比如，人们崇尚和追逐名牌，从某种程度上说明了相较于一般品牌，名牌为顾客提供了更全面的价值信息，并且，顾客更愿意在这种情况下与企业就价值质量水平进行沟通。所以，企业实施品牌策略建立品牌知名度、美誉度以后，只要选择合适的沟通媒介，就可以与顾客进行有关价值信息的紧密沟通。

所谓品牌策略，就是企业通过创建自己的品牌，持续做好品牌的维护与发展工作，并逐渐培养一批忠实用户，从而建立品牌优势，并最终打造具有国内乃至国际影响力的品牌的过程。企业要想在品牌竞争的浪潮中立于不败之地，并日益突出自己的特色，就要进行产品竞争、价格竞争、技术竞争、服务竞争等。企业的品牌策略一般包括品牌定位策略、品牌推广策略、品牌维护策略等几个部分。企业在实施品牌策略时必须正确理解几种细分策略之间的关系，分清轻重缓急，有序推进。

11.2.2 体验式营销

当顾客需要在两个信誉度相近的品牌之间作出选择时，品牌策略的作用就不那么明显了，此时企业就必须采取其他策略来与顾客进行沟通。除了用品牌策略消除顾客对价值质量水平的疑惑，企业还可以通过体验式营销让顾客在付出成本之前感受产品实际价值，以此来解决信息不对称的问题。

体验式营销是企业从顾客的感觉、感受、思维、行动和关系等五个方面对营销方式进行重构，如图 11-1 所示。体验式营销可以给顾客留下深刻的印象，然后利用氛围烘托抓住顾客的情感诉求，最后使顾客身临其境地感受到企业为其创造的价值。这样，顾客就能得到较为全面的价值信息，从而作出购买决策。

图 11-1　体验式营销模式

体验式营销可细分为三种类型，分别是产品体验、服务体验和事件体验。

产品体验是顾客在试用产品的过程中产生的，其可以在卖场实际体会获得，也可以通过与其他购买者的交流获得。产品体验能够在购买前就培养顾客对产品的好感，而传统营销方式往往只能在顾客购买后才会产生这种好感。例如，体验式营销做得比较好的美式卖场好市多（Costco）就是通过产品试吃这种先尝后买的方式让顾客立即感受到产品的价值的。良好的产品体验能有效促进企业与顾客之间的价值沟通，从而显著提升购买转化率。

服务体验会影响顾客对企业所提供服务质量（或服务价值）的预先判断。顾客通过对模拟性（一种实际与期望相结合的）服务的感知，可以充分感受到在选购企业产品之后所能享受到的快速、热情、完善的服务。在此基础上，顾客会对企业的服务质量提出自己的个性化建议，从而促使其与企业之间的高效价值沟通。以索尼为例，其通过体验中心从三个方面来服务顾客：一是设计独特的体验效果，吸引顾客；二是让工作人员担当起导游的角色，调动顾客的体验兴趣；三是举办各种活动，吸引顾客光临。这不仅展示了索尼的品牌魅力，也使顾客零距离地体验了时尚数码生活。

最后一种体验式营销是事件体验。以新茶饮品牌喜茶为例，其 2021 年在上海 TX 淮海商场打造的"轻乳茶反重力基地"限时快闪店颇具代表性。该快闪店的外形具有外太空的时髦设计感,内部设置弹跳步道营造失重体验,吸引大量消费者参与互动。消费者还可以在 DIY 展台免费领取原料,自由调配专属饮品。这种体验式营销不仅强化了喜茶"灵感之茶"的品牌定位,更通过用户自发传播形成口碑效应,成功将普通消费行为升级为兼具趣味性与传播价值的品牌营销事件。

11.2.3　情感营销

体验式营销能为顾客带来心理上的满足,但是当顾客的注意力转移到其他事物上时,其影响就会消失。特别是在激烈的市场竞争下,顾客的注意力很容易被转移,所以,单纯依靠体验式营销有时并不能达成企业的沟通目标。最吸引人的体验是最能触动顾客的体验,要与顾客进行无障碍沟通,无疑要借助情感营销手段。情感营销不仅会在感官和理智层面给人以触动,最终还会因其触及心灵而留存于人们心底。

情感营销是从顾客的情感需要出发,唤醒和激发顾客的情感需求,引起顾客心灵上的共鸣,寓情感于营销之中,以有情的营销赢得无情的竞争。在情感消费时代,顾客购买商品不仅关注商品数量的多少、质量的好坏或价钱的高低,更追求情感上的满足和心理上的认同。

企业在充分了解消费者需求的前提下,要不断地从情感层面取胜,在引导顾客作出购买决策的同时,更要用自己周到而独特的服务使顾客对自己的产品从情感上、心理上产生认同。事实上,情感营销的最高境界是通过对产品或服务各要素及营销过程注入情感,把原本没有生命的东西拟人化,赋予其感性色彩,从而引起顾客的共鸣。简而言之,就是让顾客爱上你的产品和品牌。企业在品牌服务与营销中如果能充分关注人性和情感,便能同顾客产生共鸣,提升与其进行沟通的效率,从而塑造鲜明的品牌个性,提高品牌亲和力。高端玫瑰及珠宝品牌诺誓(ROSEONLY)"一生只爱一人"的品牌理念便是利用情感营销,打动了无数热恋中的情侣顾客,从而快速成为高端爱情信物品牌。

11.2.4　密集沟通

当企业与顾客进行大量集中的信息沟通时,常常会使顾客对自身价值的期望与感知被放大。也就是说,在现实的顾客价值基础上,这种密集沟通创造了"虚拟价值",从而导致顾客产生价值幻觉,影响其购买决策。例如,在地铁、公交车等大众交通工具上重复播放相同的广告,就是通过高频曝光强化顾客的品牌认知,最终促使他们进行购买。密集沟通是一种很好的顾客价值沟通策略,但在采取密集沟通策略时需要注意的是，这种"虚拟价值"不能对顾客价值产生副作用。而与顾客保持密切的联系，经常与顾客沟通，理解顾客的期望，了解顾客关心的问题，如实地向顾客介绍产品或服务，并对顾客的光顾表示衷心的感谢，则能够扩大顾客的容忍区间。

11.3 顾客价值沟通方式

在 4P 营销理论中，促销指的是企业利用各种信息载体与目标市场进行沟通的传播活动，包括广告、人员推销、营销推广和公共关系等。在 4P 营销理论转变为 4C 营销理论的过程中，"促销"演变成了以顾客为中心的"沟通"，因为归根结底，企业的促销活动都是为了能与顾客建立良好的沟通机制，从而维护好企业与顾客的关系，进而将顾客与企业的利益整合在一起。

随着社交网络的影响范围逐渐扩大，顾客的品牌感知以及购买决策极大地受到网络和社交媒体的影响。因此，企业在与目标顾客沟通的同时，也必须重视与 KOL 的合作。在信息快速流通的当下，顾客会从各种社交网络上搜寻品牌和产品的相关信息，因此企业必须建立立体的、动态的沟通机制，确保品牌信息能全面覆盖目标顾客。

11.3.1 线上线下闭环

商业闭环是线上线下融合的核心。对上游企业而言，向下游延伸是实现价值提升和利益最大化的关键路径。若企业无法直接布局下游产业，构建商业闭环就成为必然选择——因为单纯的广告模式难以充分释放线上线下融合的价值，唯有通过闭环才能实现精准的用户洞察与个性化营销。正如大众点评 CEO 张涛所言：企业要想做大，必须完成闭环。

星巴克通过"星享俱乐部"会员体系实现了线上线下全渠道的无缝整合，构建了完整的消费闭环。该体系以数据驱动为核心，通过微信小程序、App 等数字化平台与线下门店深度联动，极大地提升了消费便捷性。同时，星享俱乐部利用大数据和人工智能技术分析会员消费习惯，推送个性化优惠券和新品试饮邀请，增强用户黏性并提升转化率。此外，星巴克还通过"啡快"服务，为用户提供线上下单、到店自取的便捷体验，并结合社交营销活动，鼓励用户生成内容，进一步扩大品牌影响力，实现"线上引流—线下体验—数据反哺—精准运营"的营销闭环。

闭环的核心在于跟踪和记录用户的每一次行为。闭环的关键是把用户行为流程的最后一个环节引导回线上,使顾客的购买行为为线上系统所掌握和记录。这些被完整记录下来的用户行为数据,正是实现线上线下闭环运营的核心所在,也为进一步挖掘商业价值奠定了基础。

通过统一策划线下活动与线上宣传,可以形成双向闭环。由线上发起活动吸引顾客关注,再由线下体验引发线上二次传播。借助互联网扩大品牌曝光,通过实体体验增强用户黏性,最终以品牌内涵赢得顾客忠诚度。这种线上线下协同模式能促使传播效果数倍放大,更易获得理想的品牌影响力。

营销的核心在于对人的洞察,也就是对人的尊重。要想获得顾客的认可,可以从探讨他们的生活态度和习惯、与他们做朋友、融入他们的生活圈开始。互动营销聚焦于社交媒体,是因为社交媒体的互动性更强。随着互联网的迅速兴起和发展,正如 4D 营销理论所阐释的,沟通已经演变成企业与顾客多对多、立体化的动态沟通机制。

案例11-1

同道大叔实现线上线下闭环,不断发展壮大

同道大叔不仅是微博认证的知名星座博主,用星座形象地讲述着普通人的情感故事,还是个连续创业者,从美术学校到社交平台,他都曾有所涉及。实际上,与"大叔"形象背道而驰的是其"小鲜肉"的外表,再加上他毕业于清华美院,画得一手好画,二者形成了强烈的反差,引起了粉丝对同道大叔品牌的兴趣。同道大叔为十二星座设计了十二个卡通形象,并由此进行图文故事的衍生创作。同时,同道大叔团队还进驻优酷、爱奇艺等视频平台,持续发布星座主题的短视频。

不同的自媒体各有其独特的属性,在打造个人品牌时也有不同的策略,作为一个定位于星座号的自媒体,同道大叔通过绘画与"粉丝"建立并巩固联系,把十二星座形象化是同道大叔进行 IP 沉淀的第一步,而通过线上品牌运营及线下活动拓展来巩固品牌以及吸引新的关注则是第二步。

2015 年 4 月,同道大叔文化传播有限公司成立(以下简称"同道文化"),之后其获得红杉资本中国、创东方资本等多家顶级机构的投资。在资本的推动下,除了开淘宝店、卖广告、做品牌营销,同道大叔还开始通过合作授权等形式,着力推动星座文化的 IP 产业链化。

从 2016 年开始,同道大叔将微博与微信的知识产权和使用权逐步"公司化"。同时,围绕着同道大叔自有 IP 及自媒体渠道,同道文化下设 IP 与品牌管理公司同道创意，以及新媒体公司同道传媒。前者做好基本的 IP 形态建设，搭建基于星座文化与卡通形象的文化品牌，后者以其自媒体影响力进行营销与传播。除此之外，同道文化还下设影视公司和衍生品公司，打造品牌战略下相应的影视产品与衍生产品。同道文化还将触手伸到导购和电商平台，扩充除广告以外的自媒体变现方式。

同时，同道大叔还一直在推进和线下商场的合作，用其品牌形象开展主题活动，帮助商场改善消费氛围，增加主题消费的趣味性，并为商场进行推广宣传与导流。在实现多种方式变现的同时，同道大叔还开设了相对固定的、长期的线下实体店，为"粉丝"提供固定的聚会场所，同时作为新产品体验的前导站，吸引关注星座的顾客关注同道大叔，强化对现有"粉丝"的品牌影响与情感联结，而线下互动与反馈也可以为线上品牌推广提供助力，让更多的"粉丝"参与品牌的建设与推广，线上线下形成闭环，通过动态沟通的方式传递顾客价值，从而更全面地满足消费者需求并提升顾客忠诚度。

资料来源：作者根据相关资料整理。

11.3.2　多渠道整合传播

传统渠道中，价值传递往往借助广告等单向传播模式和人员销售等双向沟通模式，互联网的引入对传统渠道来说虽然丰富了形式，但并未打通各渠道并发挥整体优势。企业真正需要的是整合多种传播渠道，即通过电子邮件、社交媒体、官方网站、实体门店和 App 等多渠道协同发声，形成一致的品牌信息覆盖，从而有效吸引消费者的注意力。互联网思维的核心是用户。因此，企业要深刻洞察用户需求，不断引导用户需求，在满足用户需求的过程中不断改进产品，创造更多的附加价值。

互联网带来了营销环境大变革。新媒体营销不仅要在技术上紧跟互联网的时代步伐，营销观念也要紧随时代潮流。在互联网时代，人们的消费行为和生活观念与以往大不相同，人们获取信息的积极性和自主性加强，信息量的爆炸式增长无形中强化了人们对外界的抵触心理。因此，要想使人们对媒介或信息有所期待，就必须从人们的个性化需求出发，制定因人而异的传播策略。分众化是伴随媒体日新月异的发展而衍生出的一种营销观念，它认为受众必然被种类日益繁多的媒体分化为更多的细分群体，因而面对不同类型的受众，必须采取不同的营销手段。企业要想有效覆盖目标受众，必须发挥分众媒体的独特优势。

可口可乐昵称瓶运用"点对点"传播模式，在独具特色的瓶身上设计了属于用户的个性标签，唤起了用户的归属感。可口可乐可能是全世界最会将包装瓶玩出花样的饮料企业,从昵称瓶、自拍瓶、歌词瓶、台词瓶,到生日瓶、无国界瓶、表情瓶,再到与各路时尚品牌和大咖艺术家合作的包装瓶,"死磕"瓶子营销的可口可乐玩得完全停不下来。但年年都要挖空心思,推出这么"叫好又叫座"的瓶子创意也不是那么容易的事。2019 年 6 月中旬,这家饮料巨头与知名音乐人萧敬腾合作推出了"老萧音乐瓶",并结合"扫 Coke 劲享互动惊喜"活动抽取萧敬腾的演唱会门票,再次创造了话题。

可口可乐除了在客群稳定的地区年年推出新活动制造话题,在一些销售比较棘手的地区也做了不少努力。2017 年 5 月,可口可乐在罗马尼亚结合音乐节活动推出了"腕带瓶"。根据可口可乐的市场调查,罗马尼亚有近 40% 的年轻人在过去一个月里没有喝过一瓶可口可乐。为了扭转这种局面,可口可乐与在罗马尼亚的创意设计机构 McCann Bucharest 想出了一个颇具创意的点子。可口可乐发现,罗马尼亚的年轻人都特别喜欢参加当地的音乐节,根据统计数据,大部分罗马尼亚年轻人都至少参加过一个音乐节。于是,可口可乐和 McCann Bucharest 就如何将可口可乐与音乐节相结合进行了头脑风暴。经过一番讨论后,一个富有创意的想法——音乐节瓶诞生了。活动推出之后果然反响很大,可口可乐在当地的销量增长了 11%,改变了至少 75% 的罗马尼亚年轻人的选择,受到了福布斯等各大媒体的报道,连为活动推出的特制 App,在苹果应用商店和谷歌应用商店上也一度冲到了地区排行榜的第一名。

此外,可口可乐在 2017 年还参加了阿里巴巴旗下的二手物品交流平台——闲鱼——的拍卖会,展出了一瓶 1950 年产于美国的原封未拆的"古董可口可乐",这瓶古董可口可乐最终以 2 005 元人民币成交。这次拍卖会除了让可口可乐获得大量的品牌曝光度,还让顾客以一种有趣的方式了解了这家百年企业的历史。如今,除了一般的营销方式,周边产品拍卖也成为企业和顾客互动、赚取大量关注的一种方式,其能帮助品牌获得更多曝光量并增强话题性。

可口可乐近几年成功的营销推广的关键在于根据顾客特征修改了原有包装,使其更贴近顾客喜好。从营销的步骤来看,可口可乐首先针对 KOL 进行产品投放,并结合明星效应,利用明星、社会名人在社交媒体上的活跃度,制造话题热点。在通过分布式的信息投放引起公众兴趣之后,再将更换了全新包装的产品大量投放市场。在大量投放产品的过程中,其使用了定制的形式制造稀缺效应,激发大众对于产品的渴望,并引发二次讨论,最终间接提升了产品的整体销量。

信息能否对顾客产生影响取决于三个方面的因素:信息量、信息压力和媒体。可口可乐的瓶子营销之所以能在社交媒体上产生轰动效应,并非因为其信息量有多大,而是由于顾客在线上和线下多次接收到的来自可口可乐的相关信息,产生了较大的信息压力。人性中普遍存在好炫耀的弱点，可口可乐利用成本优势使顾客获得炫耀资本并自发地为其信息增加流量的方式可以说是一种非常取巧的做法。当某种信息属于稀缺信息时（如某娱乐明星收到了来自可口可乐的昵称瓶），社交媒体所起到的传播作用就会非常大。尤其是可口可乐利用分布式的信息投放，使一系列信息投放点或KOL同时释放特定信息，此时产生的信息压力是最大的，传播效果也是最好的。当可乐瓶身真的被印上昵称并大量开始发售时，之前积累的信息稀缺优势便荡然无存；当每个人都可以拥有一个标签化产品时，那么拥有一个昵称瓶就再也不是一件值得炫耀的事了。

11.3.3 病毒式营销

病毒式营销是通过用户进行口碑传播，使信息像病毒一样传播和扩散，利用快速复制的方式传向数以百万计的受众。病毒式营销的经典范例是Hotmail.com（现已变为Outlook.com）。Hotmail是世界上最大的免费电子邮件服务提供商，在创建之后的一年半时间里就吸引了1 200万注册用户。Hotmail的爆炸式发展就是利用了病毒式营销的巨大效力，在其创建的12个月内，只花费了很少的营销费用就实现了快速成长。

病毒式营销利用的是用户的口碑传播，是一种网络营销方法，即通过提供有价值的信息和服务，利用用户之间的主动传播来达到网络营销信息传递的目的。在互联网上，这种口碑传播更为方便，可以像病毒一样迅速蔓延，因此，病毒式营销成为一种高效的信息传播方式。而且，由于这种传播是用户之间自发进行的，因此其几乎是无成本的。

天下没有免费的午餐，任何信息的传播都要为渠道的使用付费。之所以说病毒式营销是无成本的，主要指它利用了目标顾客的参与热情，但渠道使用的推广成本依然是存在的，只不过目标顾客受商家的信息刺激自愿参与到后续的传播过程中，原本应由商家承担的广告成本转嫁到了目标顾客身上，因此对于商家而言，病毒式营销是无成本的。

与在大众媒体上投放广告相比，病毒式营销尽可能地克服了信息传播中的噪声影响，增强了传播的效果。在大众媒体上发布广告的营销方式是"一对多"的辐射状传播，实际上无法确定广告信息是否真正传递给了目标受众。在大众媒体上投放广告还有一些难以克服的缺陷，如信息干扰强烈、接收环境复杂、受众戒备/抵触心理严重等。以电视广告为例，同一时段有各种各样的广告投放，其中不乏同类产品"撞车"现象，大大降低了受众的接收效率。而病毒式营销是自发的、扩张性的信息推广，它并非均衡、同时、无差别地传递给社会上的每一个人，而是通过类似于人际传播和群体传播的方式，使产品和品牌信息被顾客传递给那些与他们有着某种联系的个体。受众从熟悉的人那里获得的信息，在接收过程中自然会有积极的心态；其接收渠道也比较私人化，如微信等。在日常生活中，目标受众在社交媒体（如微博、Meta 等）上读到一篇有趣的文章，他的第一反应或许就是将这篇文章转发给好友、同事，无数个参与转发的"大军"就构成了庞大的传播主力。

弹幕网站实现营销成功

任何形式的文化都有自身的载体，传统文化多以报纸和电视为载体，而弹幕文化的载体便是弹幕网站。

弹幕网站在 2008 年左右被引入中国，后来逐渐演化成如今的 AcFun（A 站）与哔哩哔哩（B 站）两大主要弹幕网站。

在没有弹幕网站之前，国内观众如果要观看动漫或动画的话需要自行下载，或者去主流视频网站观看，之后再去论坛参与讨论，造成做同一件事情却要往返多个站点的窘境。弹幕网站的出现解决了这个问题。它将这些功能和资源整合在了一起，所以弹幕网站可以说是一种追求高效互动的产物，它迎合了快节奏生活与快餐文化下中国"二次元"[①] 群体的心理与效率需求。

随着移动通信网络环境的日渐完善以及平板电脑和智能手机的普及，弹幕视频发展到现在，除了有原本的电脑端界面，还覆盖了包括手机、平板电脑在内的多个移动终端。目前，国内最大的两个弹幕网站 A 站和 B 站也有针对 iOS 系统和 Android 系统的 App 可以下载，方便用户随时随地编辑、发表和分享弹幕评论。

在传统的传播关系中，信息从信息源到受众的传递方向是单向的；而在新媒体时代，受众不再是被动的信息接收者，而是逐渐转变为主动的一方。借助互联网的力量，用户拥有了一定的主动权，可以随时发表评论、表达自己的观点，而不是单纯吸收外界的信息和接受他人的观点。这个时代也要求用户不仅要当信息接收者，还要充当内容分享者，乐于分享自己的所见所闻并经常与其他用户进行沟通互动，分享对产品或服务的正面或负面看法。在弹幕网站中，用户可以根据自己的喜好个性化地选择发送的弹幕内容和形式，还可以自由选择观看其他用户上传的内容；既可以通过"吐槽"的方式表达自己的不满情绪，也可以用"刷礼物"的方式向创作者表达自己的认同。

---

① 二次元是一个 ACGN（动画、漫画、游戏、小说）亚文化圈专门用语，来自日语的"二次元"，意思是二维。

这类即时互动让用户更加主动、积极地参与其中，促使内容创作者根据用户的反馈不断调整上传的视频内容，同时也为自媒体品牌建设提供了参考。

随着弹幕的日渐兴起，腾讯、爱奇艺等主流视频平台也纷纷引入弹幕功能。弹幕不仅能够让观众在短时间内对视频内容产生共鸣，还能让他们快速找到有共同喜好和观点的知音，营造出边看视频边聊天的氛围，提升其幸福感。

资料来源：作者根据相关资料整理。

课后思考题

1. 列举三种常见的顾客价值沟通媒介，并简要说明它们的特点和作用。
2. 在顾客价值沟通策略中，有哪些方法可以提升顾客的体验感？举例说明。
3. 如何实现线上线下闭环的顾客价值沟通？提出一种具体的方法或策略。

实训案例

顾客价值沟通与情感体验营销——以某品牌预制菜为例

> 案例概要

本案例聚焦预制菜产业，通过多元媒介传递品牌理念，强调传统文化与创新。采用品牌策略、体验式营销、情感营销等方式，构建线上线下全方位的顾客价值沟通体系。学生将通过对数据平台分享的实际调研数据进行数据分析，深入了解消费者需求，为该品牌制定科学的品牌决策提供支持。本案例旨在帮助学生全面了解营销策略，并运用数据分析技术，推动该品牌在预制菜产业中取得长期且良性的增长。

> 实训知识点

顾客价值沟通媒介：

该品牌通过多元化媒介传递顾客价值。利用社交媒体、电商平台等传递品牌理念；同时，通过线下实地考察、深度访谈，感知消费者期望，建立真实互动。

顾客价值沟通策略：

（1）品牌策略：该品牌突出传承非物质文化遗产、创新预制菜的双重优势。借助品牌故事，引发消费者的情感共鸣，树立品牌价值观。

（2）体验式营销：通过开展营销活动、设立体验店等方式，让消费者亲身感受该品牌食品的独特文化，提升消费者对品牌的认知度和好感度。

（3）情感营销：通过广告营销，强调食品安全与传统工艺，促使消费者信任和喜爱该品牌的产品，从而建立深层次情感联结。

顾客价值沟通方式：

线上线下营销：线上，通过社交媒体、电商平台传播品牌理念，提供便捷购物渠道；线下，则通过实地考察、设立体验店等方式，建立实际感知和情感联结。

> **数据分析与实训操作**

通过数据平台分享的问卷和调研数据，学生可以进行实际的数据分析，挖掘消费者行为模式，深入了解消费者需求与反馈，了解市场趋势，为该品牌的营销策略制定提供科学依据，推动企业的可持续发展。实训项目 PPT、实训项目报告、数据建模分析可登录教学实训平台（edu.credamo.com），加入"智慧营销"课程（在学生端点击"加入课程"，输入加课码：jkm_6229750854424576；教师可以在课程库中搜索该课程并直接导入），在相关章节的实训项目中获取。

第 12 章
智慧营销：动态沟通信息

教学背景

在当今时代，信息不仅仅是一种技术手段，更是一种推动社会进步的重要力量。在营销中，信息沟通承载着崇高的使命，从经济发展的角度来看，信息传播是促进商品和服务流通的重要途径，加强信息传播的发展，可引导企业提高产品质量和服务水平，推动技术创新，为我国经济发展注入新的活力。从文化传播的角度来看，推动信息传播积极向善、向上和向美，有助于弘扬中华优秀传统文化，传播正能量，营造良好的社会风气。在实际应用中，推动信息沟通的建设，提高信息传播的质量和效果，可为广大用户提供优质的信息服务，为人民群众提供更加丰富、多样、真实的信息。

框架及知识点

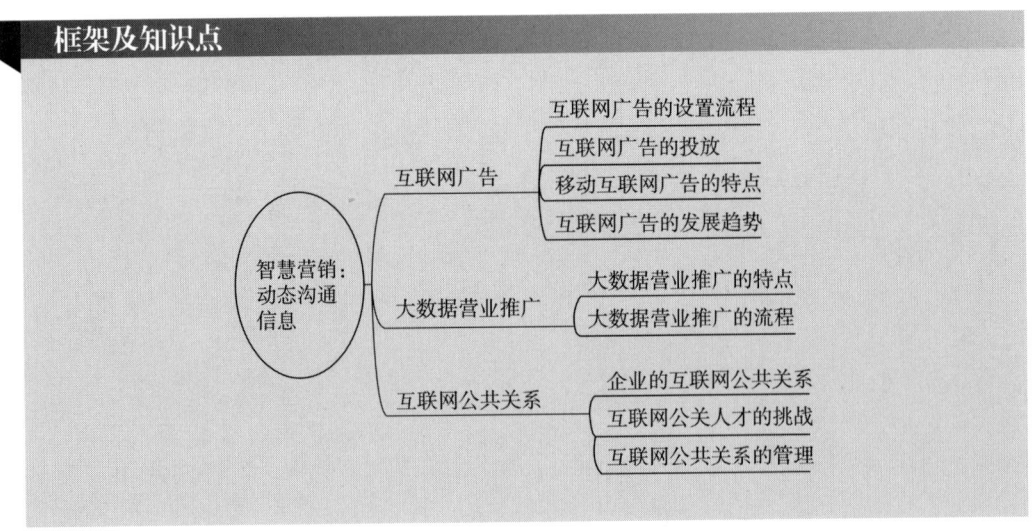

亚马逊的动态信息系统

智能冰箱之所以能判断冰箱里的牛奶何时该补货，智慧门锁之所以能通过家庭成员的进出时间判断物流配送的最佳时间，背后全都是大数据的功劳。随着市场和用户行为的改变，根据数据作出预测显得越来越重要。

作为电商巨头，在你下单之前，亚马逊早已作出预测，为你提供最实惠的价格、最精准的推荐和最快速的物流配送。

个性化推荐 借助大数据技术为顾客推荐其真正想要的商品，使亚马逊的营收增加了10%～30%。亚马逊个性化推荐的算法要考虑多种因素，包括用户的购物记录，商品浏览、加购、点击历史，朋友关联性分析，特定产品趋势等，从而为顾客提供更准确的推荐，使其拥有更好的购物体验。

动态价格优化 俗话说，货比三家不吃亏。在信息透明的时代，顾客或多或少都会进行比价，在电商市场上，价格是一个重要的竞争因素，卖家会想尽办法给商品制定最合适的价格，消费者会想尽办法找到最低的价格。亚马逊通过对价格进行严密监控，以保持产品的最佳竞争力。基于对竞争对手的定价、商品的预期利润及其他数据的分析，每隔十分钟，亚马逊就会调整一次网站上商品的价格。如果观察得仔细一点你会发现，亚马逊总是给最畅销的商品以最低的折扣，同时，在不那么热销的商品上获得更高的利润。

举个例子，亚马逊对一款卖得最好的智能手机的定价比同行低25%，与此同时，另一款相对不那么受欢迎的智能手机却在亚马逊上卖得比其他网站贵10%。有分析指出，亚马逊不一定是某一款商品售价最低的商家，但它的高人气和畅销商品一贯的低价让顾客产生了一种错觉，认为亚马逊商品的价格甚至比沃尔玛还划算。

供应链优化 尽管亚马逊把它的成功归因于改善了顾客的购物体验，但也可以说它的成功是建立在强大的供应链基础上的。凯捷管理顾问公司的一项调查显示，89%的美国顾客在其购物需求无法及时获得满足时，就会转向其他的购物平台，以在最短的时间内获得他们想要的商品或服务。在强大的供应链优化作用之下，沃尔玛运送50万件商品期间，亚马逊能够运出1 000万件。

亚马逊会与生产商保持实时联系，根据数据追踪存货需求，为顾客提供当日/次日配送的选择。亚马逊还利用大数据系统查询供应商和顾客间的距离，挑选最合适的仓库出货，并且预测每个仓库的库存数量，从而最大化降低配送成本。同时，亚马逊通过运用图论选择最佳时间安排、路线和产品分类来进一步降低配送成本。

预测式购物——下单之前就发货　不满足于传统的个性化推荐，亚马逊早在2013年就获得了"预测式购物"的专利。通过这项技术，亚马逊能根据顾客的购物偏好，提前将他们可能购买的商品配送到距离最近的快递仓库，一旦购买者下了订单，商品很快就能送到顾客指定的地址，这大大减少了货物的运输时间。不过，如果预测出错，亚马逊将面临来回运送商品的高昂成本。未来预测式购物还将面临新的挑战，亚马逊如何在保持自身竞争力的同时解决这些棘手的问题，我们拭目以待。

资料来源：作者根据相关资料整理。

12.1　互联网广告

广告能以很低的单位展示成本，将信息重复多次地传达给地理上分散的广大潜在购买者，如互联网视频广告、微信软文广告等。广告的规模和密度还反映了品牌的规模、受欢迎程度以及企业的市场地位。广告还具有表现性，企业可通过巧妙地应用视觉、声音和颜色等元素来使广告引人注目。一方面，广告可用于建立产品的长期形象（如华为的广告）；另一方面，它能够促进快速销售（如京东的"618"大促广告）。

广告的历史由来已久：罗马人在墙上绘画，宣扬角斗士的搏斗场景；腓尼基人在航行路线沿途的大石头上画图宣传他们的陶器；在古希腊的繁荣时期，街头公告员会宣布手工艺品甚至化妆品的贩售。现代广告比早期的广告要有效得多，除了电视广告等传统媒体广告，互联网和移动互联网广告也有着广泛的应用。

互联网广告的应用已超越商业范畴，成为传递理念的高效工具，无论是企业推广商品，还是非营利组织传播公益理念，亦或政府推行公共政策，都能通过广告实现精准告知和有效说服。

12.1.1　互联网广告的设置流程

互联网广告的设置流程主要包括图12-1所示的设定广告目标、确定广告预算、制定信息决策、制定媒体决策和评价广告效果等五个步骤，下面将依次进行介绍。①

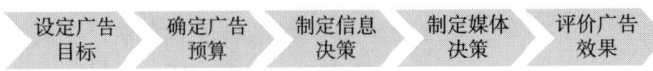

图12-1　广告设置流程

---

① 科特勒,阿姆斯特朗,洪瑞云,等.市场营销原理:亚洲版[M].何志毅,等,译.北京:机械工业出版社,2006.

第一步,设定广告目标。

广告目标的设定基于目标市场定位和营销组合策略,这些策略决定了广告在整个营销方案中必须执行的任务。广告的总体目标是通过传播顾客价值,帮助企业建立客户关系。在这里,我们讨论具体的广告目标。

广告目标指在特定的时间内向特定目标群体传播信息。广告目标可以基于主要作用来进行分类,分为告知、说服和提醒。告知性广告主要用于新产品的开拓阶段,以唤起消费者的初级需求为目的。例如,小米在推出新款手机采取饥饿营销的过程中主要采用的是告知性广告,详细介绍商品属性及抢购时间等。随着竞争的加剧,说服性广告变得越来越重要。此时,企业的目的在于建立选择性需求,例如,小米手机希望说服消费者选择小米手机而不是其他品牌的手机。提醒性广告主要通过持续提示维持品牌记忆,防止产品被竞品替代。

广告的核心目标在于推动消费者在购买决策过程中迈出关键一步。大部分广告的目的在于让顾客直接进行消费,也有许多广告的目的是维护品牌和顾客的长期关系。例如,在耐克的电视广告中,知名运动员身着耐克服装完成极限挑战,虽然这并不会直接促成产品销售,但它能改变顾客对品牌的感知。

第二步,确定广告预算。

设定好广告目标之后,企业就可以着手为每种产品确定广告预算。常见的确定广告总预算的方法有量入为出法、销售百分比法、竞争对等法和目标任务法。[1]

量入为出法是根据企业能够接受的水平来确定广告预算。但是这种安排预算的方法完全忽视了促销对销量的影响,给制订长期市场计划带来了困难。

销售百分比法是根据目前或预期销售额的百分比来确定广告预算,或者根据单位销售价格的百分比来确定预算。但是市场机会是由广告创造的,若反过来用销售结果来决定广告投入,往往会使企业忽视潜在的市场机会,错失发展良机。

竞争对等法是根据竞争对手的投入来确定自己的广告预算。但是企业之间的情况有很大的不同,每家企业的广告需求也不同;另外,基于竞争对手的预算也有可能引发广告战,从而降低双方的利润。

目标任务法是指企业根据它想要通过广告达成的目标来确定广告预算。这种预算方法的步骤是:①确定具体的广告目标;②确定达成这些目标所需要完成的任务;③估算完成这些任务的成本,这些成本的总和即广告预算。目标任务法能促使管理层厘清费用和广告结果之间的关系,但在实际运用中也存在一定的困难。

---

[1] 李蔚,牛永革.创业市场营销[M].北京:清华大学出版社,2005.

第三步，制定信息决策。

成功的广告需要创意部门制作出好的广告，媒体部门选择向目标群体投放广告的最佳渠道。企业必须进行有效的广告投入，才能吸引相对应的关注。在广告费用高昂、外界干扰颇多的环境下，好的广告创意非常重要。它们往往有以下几个特点：

（1）独具吸引点。企业必须创造出足够有趣、有用、有娱乐性的内容去吸引消费者。有趣的广告能激发消费者与品牌的主动对话，而无趣的广告只会让消费者觉得浪费时间。

（2）广告与娱乐相融合。广告和娱乐正在产生新的交汇点，其目标是让广告成为娱乐而不是干扰。广告不应该干扰或打断人们感兴趣的内容，而应该成为人们感兴趣的内容的一部分。

（3）信息战略清晰。在选择广告信息时，企业必须先了解消费者的利益和产品的地位，再决定要向消费者传递的信息内容。信息战略应该清晰、直接地概述广告所要强调的利益。

（4）信息执行到位。广告创意的执行需要灵活运用不同的表现形式，通过调整语气、表达方式、视觉形象和文案词汇等元素，找到最能吸引消费者注意力的组合，使广告脱颖而出。

（5）促使用户生成信息。互联网和社交媒体在用户生成信息方面发挥着越来越重要的作用，比如，"小米发烧友"组成的小米社区、电影《大圣归来》的"自来水"（自发地宣传该影片）等。

第四步，制定媒体决策，主要步骤如图12-2所示。①

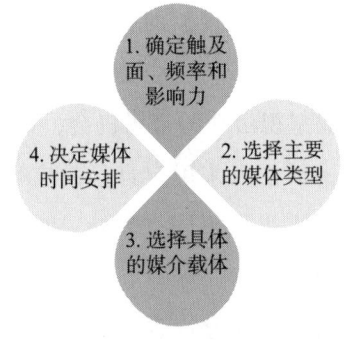

图12-2　制定媒体决策的主要步骤

（1）确定触及面、频率和影响力。在制定广告策略时，必须确定一定时间内的目标人群覆盖率和广告频次。

---

① 彭晓佳.科技型企业成长的传播需求［J］.机电信息，2008（17）：56-59.

(2)选择主要的媒体类型。媒体规划者必须了解各种主要媒体（如广播、电视、报纸、互联网、杂志等）的优点和局限性，要综合考虑媒体特点、信息有效性和成本。

(3)选择具体的媒介载体。电视有各种不同的频道，杂志也有不同的目标受众，在选择媒介载体时，必须综合考虑受众类型、成本、媒体影响力等因素。

(4)决定媒体时间安排。企业需要决定广告发布的模式、时间和节奏，如是采取连续播放的形式还是采取集中投放的形式。

第五步，评价广告效果。

广告的效果分为两方面：传播效果和销售效果。广告的传播效果可以通过单个广告在投放前和投放后的差别来评价，了解受众在接收广告前对产品的初始印象，以及在接收广告后，对于产品的认知度、偏好度是否有态度上和记忆上的转变。

评价广告的销售效果时，除了与过去的销售额、利润及广告费用作比较，还可采用实验法。比如，可口可乐在不同的市场上通过差异化的广告费用支出来衡量其产生的不同效果，借以评估其销售效果的差异。此外，企业也可以设计更复杂的、包含其他变量（如广告差异和媒体差异）的实验。

12.1.2 互联网广告的投放

通过大数据分析，可以使互联网广告的投放在三个方面达到更高的精准度（如图12-3所示）。①

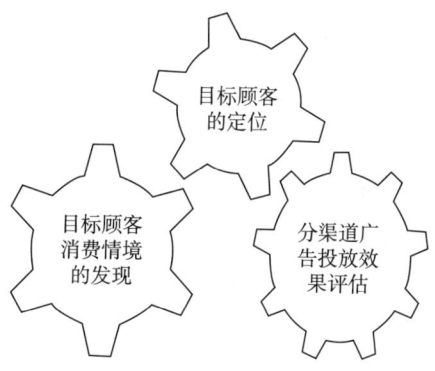

图12-3 互联网广告通过大数据分析在三个方面达到更高的精准度

过去，传统广告很难精准地定位目标受众，不论是媒体还是广告主，对于目标消费者的判断都非常模糊。而当下，通过大数据、实时竞拍（Real-time-bidding，RTB）

---

① 张辉锋,金韶. 投放精准及理念转型:大数据时代互联网广告的传播逻辑重构[J]. 当代传播,2013(6):41-43.

等技术，互联网平台能对消费者行为进行更加全面的追踪、分析、记录和深入挖掘，收集各种维度的数据（如年龄、性别、地理位置、职业等人口统计学上的自然属性特征，以及购物偏好、线上游戏参与、社交互动、搜索、评论等社会属性特征），判断消费者的消费偏好，精准地发现目标消费者，从而有针对性地投放广告。

借助大数据技术，企业除了能精准地定位目标消费者群体，还能够精准地发现其消费情境。比如，通过终端设备的地理定位和各种"签到"应用，企业能获知消费者的地理位置和消费场所；通过消费者在网上的评论留言，企业能得知消费者的人际互动和社交连接；通过消费者在网络上的搜索词，企业能了解消费者的购买目的和偏好。通过实时、动态的追踪，企业能够精准地找到消费者的具体消费场景，并且针对不同的时间段和场景提供更准确的广告信息，提升转化率和用户体验。

通过大数据分析，企业除了能精准地发现目标消费者及其消费情境，还能做到对不同渠道广告投放效果的精准评估。

互联网广告的投放效果，可以从两个层面来评估：总量效果和分渠道效果。总量效果包括广告的总投入和转化率，包含用户的点击次数和 UV 订单转化率（即订单数/访客数×100%）等，传统互联网广告基本上能实现对这些数据的分析，但是很难准确评估各个不同媒介渠道的投放效果。通过大数据分析，企业可以完整记录消费者从看到广告、搜索产品到点击进入品牌页面或完成购买的整个行为路径。对这些关键步骤进行拆解和评估，能够更精准地了解不同广告渠道的实际投放效果。

12.1.3　移动互联网广告的特点

移动互联网广告是以移动互联网和智能移动终端为主要传播载体的广告形态①，带有明显的移动媒体传播方式的特征。移动互联网广告的内容具有以下四个特点：

（1）基于地理位置的定向个性化。移动运营商能够基于电子地图及 GPS（全球定位系统）定位的支持，得到用户的地理信息，提供与用户位置相近且与其偏好匹配的饮食、生活、交通、住宿、旅行等方面的广告服务。此外，企业还能借助移动互联网的庞大数据库和较强的数据处理能力，分析用户的人口统计学特征，为不同消费者群体提供个性化的"广告定制服务"。

（2）信息接收更加迅速、便捷。移动终端产品的体积小，用户能够随身携带，随时随地获取最新的资讯，有效利用碎片化时间。相对于传统广告，移动互联网广告的

---

① 夏超群.移动互联网广告发展现状、问题及对策[J].中国广告,2016(9):117-119.

信息接收便捷性更高,用户在任何时间和地点都能够直接浏览并接收广告信息。

(3)受众和传播者具有双向性。传统广告的特点是受众单向接收信息,无法与传播者进行互动。而移动互联网广告具有交互性的特点,受众和传播者之间的界限变得模糊,双方可以更方便地进行双向沟通,同时,受众也能成为广告的发布者和制作者,形成双向的传播。

(4)广告效果可实时评估。移动互联网广告可以即时、快速地分析受众的行为数据,利用移动终端的特点,实时监测、调整广告的策略,提供更符合受众需求和行为特点的广告内容。

12.1.4　互联网广告的发展趋势

(1)从"以媒体为中心"转变为"以顾客为中心"。对于传统广告来说,只需选对合适的媒体渠道,就能产生很好的投放效果、达到较高的目标受众覆盖率。但是大数据时代的互联网广告则不同,其重心已不再是媒体,而是顾客。企业必须明确判断目标顾客的身份、偏好、兴趣等特征,追踪其在网上的行为轨迹,并进行分析,还要考虑各个网站的广告投放价值,做到精准投放。

(2)"技术+创意",实现精准投放。传统广告注重创意性、艺术性的传达,针对消费者痛点,以感性、有创意的方式来引发目标消费者群体的情感共鸣,可以说,传统广告是由"创意驱动"的。而互联网广告的核心是运用技术去搜集并分析网络用户的行为、偏好,通过数据反映的状况去挖掘用户特征和使用场景,最终有针对性地精准投放广告。因此可以说,互联网广告是由技术与创意共同驱动的。

(3)响应互联网的快节奏,创造潮流热点。过去几年,广告营销领域持续突破传统边界,朝多元化的方向发展。从线上到线下,从快闪店到年轻人的亚文化,伴随着消费升级与年轻消费群体崛起,品牌面对的市场经历着前所未有的细分,传播渠道也日益复杂多变。另外,互联网讲求"快",传统4A广告机构完成一个项目可能需要半年的时间,决策链长、效率低,现今的互联网企业营销频次高、节奏快,创意不断更新迭代。以阿里巴巴为例,包括视频、H5页面(可交互的移动端网页)、动图等,一个创意从产生到最终执行,周期仅需一个半月左右。现在的市场人士深知,营销必须紧跟潮流和热点。

"小米提醒你,该穿上 PUMA 去酷跑啦!"

2016 年,小米发布 4M 智能营销体系,通过对情境的感知获取消费者的需求,再运用大数据做到准确地投放和"匹配"(Matching),并且用最合适的"媒体"(Media)进行展示,在最优的"时刻"(Moment)触及顾客并与其沟通,最后对实际的效果进行"衡量"(Measurement)。

在启动生态链战略 5 年之后的 2019 年 3 月,小米已投资了 270 多家生态链企业,构建了种类繁多的物联网产品体系,手机、电视、手环等小米生态链产品都存在许多应用场景及与用户的真实互动,使得小米拥有"全场景"的覆盖能力,这些大数据的积累,为小米的营销业务带来了许多优势。

2016 年 4 月,国际知名运动品牌 PUMA(彪马)与小米开展营销合作,宣传 PUMA 新发布的 PUMA IGNITE DISC 跑鞋,小米手机用户可以通过主题商城下载 70 多款 PUMA 定制的手机界面。配合主题"一旋即发",小米手机的解锁方式也被设计成以旋转屏幕上的虚拟 DISC 旋钮来解锁。

同年冬季,PUMA 全新上市的 IGNITE evoKNIT 跑鞋再次与小米开展合作,推出名为"酷跑街头"的营销活动。小米整合跨平台的数据,结合"小米运动"的生态体系,使用户在锁屏画面上能看到相关的运动数据,如跑步时长、消耗的卡路里等,从而提醒顾客穿上 PUMA 跑鞋,搭配小米手环,一起酷跑街头。

通过小米生态全场景的曝光,PUMA 此次的营销活动实现了总计 1.4 亿次的品牌曝光,以及超过 39 万次的总点击量。小米营销通过全生态和场景营销的方式,实现了品牌营销与用户使用习惯的完美结合。

资料来源:作者根据相关资料整理。

12.2 大数据营业推广

广告通常与营业推广和公共关系这两种大众促销工具相结合。营业推广是指以短期促销的方式来鼓励购买、销售产品及服务。广告提供了购买产品或服务的理由,营业推广则创造了立即购买的动机。例如,京东商城提供购物满 500 元减 50 元的优惠券,刺激大额订单达成;天猫商城的限时抢购活动引发顾客冲动购买商品。

营业推广有不同的目的。比如，利用营业推广吸引潜在顾客，提高顾客的购买率，用奖励忠实顾客的方式来巩固与顾客的关系，提供免费试用品来吸引新试用者等。其中，新试用者可以分为三种：非此类商品的试用者，此类商品其他品牌的顾客，经常转换品牌的顾客。营业推广通常并不会吸引前两个群体，因为他们不会经常注意此类促销活动或实际购买。而经常转换品牌的顾客为了寻求更低的价格或更大的价值则会被营业推广吸引，但并不会成为品牌的忠实顾客。因此，营业推广在品牌差异度不大的市场能带来短期的销售增长，但很难长期增加企业的市场份额。在品牌差异度较大的市场中，营业推广能永久地改变市场份额。

12.2.1 大数据营业推广的特点

企业不能盲目进行营业推广，而要对目标顾客进行精准定位，从而最大化营销效果。

大数据营业推广的特点之一是精准推广。在大数据时代，企业首先能通过获取的数据来分析产品的定位，充分了解市场的信息，掌握竞争对手商品的情况和动态以及产品在行业中所处的市场地位；其次，根据区域人口数量、顾客的消费水平、顾客的习惯和爱好，企业能对产品认知及市场的供求状况进行评估。最后，企业还可以针对新顾客、潜在顾客及老顾客三大类人群进行分类推广，利用更具针对性、精确性的推广方式，提供最合适的产品或服务。

大数据营业推广的另一个特点是，可以运用数据挖掘等技术来预测顾客的购买意向或更深层次的需求，进而优化推广策略、加大推广力度，达成利润最大化的目标。

12.2.2 大数据营业推广的流程

营业推广的分析流程主要包括三个方面：设定营业推广目标、选择营业推广工具、制定营业推广策略（如图 12-4 所示），下面将依次进行介绍。

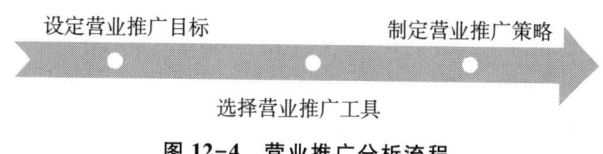

图 12-4　营业推广分析流程

（1）设定营业推广目标。营业推广的目标有很多不同的类别，可以是促使短期销量的增加或建立长期的市场份额，也可以是吸引竞争对手的顾客，使其购买大量的成熟商品。一般而言，营业推广主要是通过建立客户关系来提高产品的地位和巩固长期客户关系，其目标并不只是增加短期销量或吸引经常转换品牌的顾客。

（2）选择营业推广工具。① 营业推广的工具有样品，代金券，返现，特价包装，奖品，广告特赠品，光顾奖赏，购买点陈列，比赛、抽奖及游戏等9类，以下分别对它们进行介绍：

- 样品。样品是指企业提供产品的货样或试用品来对产品进行宣传。虽然用赠送样品来介绍新产品是最有效的方法，但其成本也是最高昂的。
- 代金券。代金券是指顾客在购买特定商品时，凭券可享的优惠，它可以刺激品牌的销量或促进新产品的提前试用。代金券可以与产品一起邮寄或在广告中插入。
- 返现。返现与代金券的不同点在于，返现是在购买之后才进行的，而代金券则是在购买时直接抵扣。例如信用卡返现或电商平台上确认收货返红包等。
- 特价包装。特价包装又称减价交易，是指在产品正常价格基础之上提供优惠，如企业将优惠价格写在标签或包装上，或提供特价包装，降价出售（如买二赠一），或是将两件相关的产品绑在一起销售（如洗衣液与洗衣袋）。在短期促销方面，特价包装有时甚至比赠送代金券更为有效。
- 奖品。奖品是指在顾客购买某特定商品时，免费或低价提供礼品作为一种激励消费的方式。
- 广告特赠品。广告特赠品是指将印有企业标识或名字的物品作为礼物赠送给顾客，常见的礼物包括购物袋、水壶、饭盒、帽子、咖啡杯等。
- 光顾奖赏。光顾奖赏是指以现金或其他方式给经常使用企业产品或服务的顾客以奖励。例如，当顾客使用顺丰快递寄件或评价快递员时可获得积分，积分累积到一定数量可在其兑换中心兑换商品。
- 购买点陈列。购买点陈列指的是在购买点或销售点进行商品的展示，如在商品旁边张贴海报或设立招牌来吸引顾客的目光。
- 比赛、抽奖及游戏。指通过比赛、抽奖和游戏等活动为顾客提供赢得现金或奖品的机会。比赛由顾客报名参加，企业在比赛过程中可宣传产品；抽奖是邀请顾客参加抽奖活动；游戏是指顾客在购买商品后，需要采取某些行动如收集画片等来换取奖励的方式。

（3）制定营业推广策略。周全的营业推广方案需要营销人员作出几个方面的决策：决定激励的规模、设定参加者的条件、决定如何促销及传递促销信息、设定促销时间的长短及确定营业推广的预算，如图12-5所示。

---

① 科特勒,阿姆斯特朗,洪瑞云,等. 市场营销原理:亚洲版[M].何志毅,等,译.北京:机械工业出版社,2006.

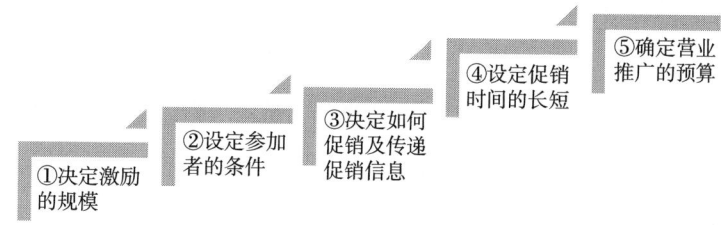

图 12-5　营业推广决策流程

第一，决定激励的规模。促销要取得成功，需要设置最低激励程度，低于最低程度的激励是无效的；较高程度的激励将带来更大的销量，但成本也更高。

第二，营销人员必须设定参加者的条件。激励的对象可以遍及所有人，也可以只限于某些特定的群体。

第三，营销人员须决定如何促销及传递促销信息。每种方法传递信息的程度和成本都不尽相同，因此，促销信息是以传单的形式摆在店内任人取用、邮寄还是刊登在广告中，都是营销人员考量后要作出的决定。

第四，设定促销时间的长短非常重要。如果促销时间太短，可能错失与潜在顾客达成交易的机会；但如果促销时间过长，顾客会认为是长期性的削价推销，从而丧失立刻购买的冲动。

第五，必须确定营业推广的预算。营业推广预算的确定，需要仔细考虑营业推广策略的成本效益，推广策略的方案预算通常会在营业推广的总预算中占有一定的比例。

案例12-2

云南白药——百年医药品牌利用大数据开拓新销路

2017 年 6—9 月，线上店铺"云南白药牙膏官方旗舰店"全新开业。就如何通过新店开业进行营销，为品牌打造长期营销优势，云南白药与阿里妈妈展开合作，开启了一系列的营业推广活动。

首先，阿里妈妈基于海量的电商大数据，对搜索、浏览、点击、收藏、加购云南白药产品的用户的数据进行深度挖掘，圈出了一个云南白药的"品牌人群包"，找到符合产品定位的目标人群，达到精准营销的目的。

基于对目标人群的深度分析，云南白药打造了针对年轻人群的定制包，精心挑选了黄晓明、井柏然两位明星代言人，并通过"帮爱豆上头条"的明星 PK（对决）、AR 互动游戏比赛，吸引了 30 多万"粉丝"参与游戏。在短短数天内，就为新店制造了上亿的曝光量，而这些"粉丝"也沉淀为云南白药店铺的"粉丝"，为品牌打下了长效

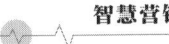

的营销基础。

2017年8月,借电视剧《春风十里,不如你》在优酷热播的契机,云南白药与其原著小说作者冯唐合作,推出了"春风十里旅行套装"。通过将阿里妈妈和优酷的数据打通,经ID比对,抓取该剧的观影人群,云南白药成功打造了爆款产品。

在一系列的大数据营销推广下,除了新店获得强势曝光,云南白药的天猫店铺也获得了不错的数据提升,IPV①达821万,同比上升74%。云南白药与阿里妈妈合作探索并优化了"大数据+明星"赋能新店开业的全新营销模式,在精准条件下实现规模化的触达,也为行业大数据营销树立了全新的标杆。

资料来源:作者根据相关资料整理。

12.3 互联网公共关系

公共关系,是指通过树立良好的企业形象,消除不利的传言或舆论,处理危机、纠纷事件等,赢得公众信任,建立顾客的消费信心。企业通过公共关系可与顾客、投资者、媒体和行业团体建立良好关系。

公共关系能以低于广告的成本对大众认知产生更深远的影响。企业仅需承担内容创作和活动执行的常规人力成本,而无须支付昂贵的媒体投放费用。当企业打造出具有传播价值的故事时,便能吸引媒体自发报道,这种第三方背书形成的曝光不仅能节省巨额广告开支,其可信度相较传统广告也更高。但需警惕的是,负面消息在公共关系中的破坏力同样会被放大,其造成的品牌价值损失非常大。

12.3.1 企业的互联网公共关系

尽管公共关系的作用很大,但它仍然不被大多企业所重视,因为公共关系会使有限的资源被分散地使用。公共关系部门经常设在企业总部或者由第三方代理充当。公共关系部门的员工忙着处理与各利益相关方,包括股东、员工、政府和新闻界的关系,以至于支持产品营销目的的公共关系方案往往被忽略了。营销经理和公共关系执行者的想法并不总是一样的,很多公共关系的执行者认为他们的工作仅仅是沟通,相比之下,营销经理更感兴趣的是广告和公共关系如何影响品牌的建立、销售额和利润,以及客户关系。

---

① 指买家找到店铺的商品后,点击进入商品详情页的次数,可累加。

然而这一情况正在发生改变,尽管公共关系投入在大多数企业中只占整体营销预算的一小部分,但公共关系在品牌建设方面起着越来越重要的作用。在今天的数字时代,公共关系与广告的界限越来越模糊。例如,品牌主页、短视频到底是广告行为还是公关行为?答案是两者皆是。广告与公共关系应该在整合营销传播项目中紧密合作以建立品牌和客户关系,这对企业来说十分关键。

12.3.2 互联网公关人才的挑战

在互联网公共关系越来越重要的今天,公关从业人员面临着更多的挑战,而优秀的公关人员需要具备四个方面的能力,如图 12-6 所示。

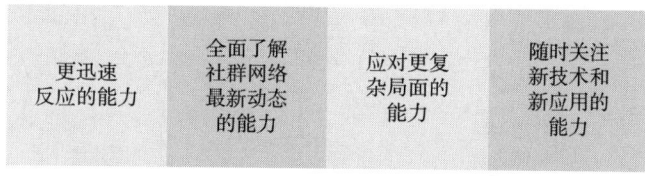

图 12-6　互联网时代对公关从业人员的能力要求

(1)更迅速反应的能力。在传统媒体时代,企业在面临负面新闻时,公关人员有充足的时间去进行公关应对,面向公众表述立场、澄清事实。而在互联网时代,关于企业的负面消息会在极短的时间内散播到网络的每个角落,因此,公关人员必须能够迅速地反应并作出应对。

(2)全面了解社群网络最新动态的能力。这是指互联网公关人才具备实时监测、深度解析并快速响应社交媒体平台动态、用户行为变化及舆论热点的综合能力,具体包括掌握各平台算法规则与功能迭代、预判舆情发酵路径、解码圈层文化语言、数据化分析传播效果、建立危机预警机制等核心维度。这种能力要求公关人员通过每日平台巡查、定期输出分析报告等系统化工作,保持对社交生态的敏锐度,最终实现 48 小时热点预判、分钟级快速响应,使品牌传播自然融入社群语境,避免官方化表达带来的沟通壁垒。

(3)应对更复杂局面的能力。如今,传统媒体与网络媒体的互动变得更加复杂,以往传统媒体获取新闻资源的渠道比较有限,现在它们能从互联网上迅速获知热点话题、小道消息,接着深入挖掘进行报道;而网络媒体编辑则会跟进传统媒体的深度报道,进一步地传播、转发,如此循环互动,引发更广泛的公众关注。传统媒体和网络媒体的互动,将使局面更加复杂,危机效应也逐渐扩大。公关人员不仅需要协调复杂、多元的各方力量,还需要快速应对大众舆论的压力,因此需要具备良好的素质。在移动互联时代，即便是少数顾客的负面意见，一旦通过论坛、社群等扩散发酵，都可能引发重大的危机事件，因此，公关人员会不断面临新的挑战，应谨慎处理相关事件。

（4）随时关注新技术和新应用的能力。在互联网时代，新的技术和应用层出不穷，公关人员必须关注和学习最新的互联网玩法，否则将很快被时代淘汰。

12.3.3　互联网公共关系的管理

公关人员应该如何适应互联网的变化和发展，利用网络媒体进行公关传播呢？以下介绍了几种常见的方法，如图12-7所示。

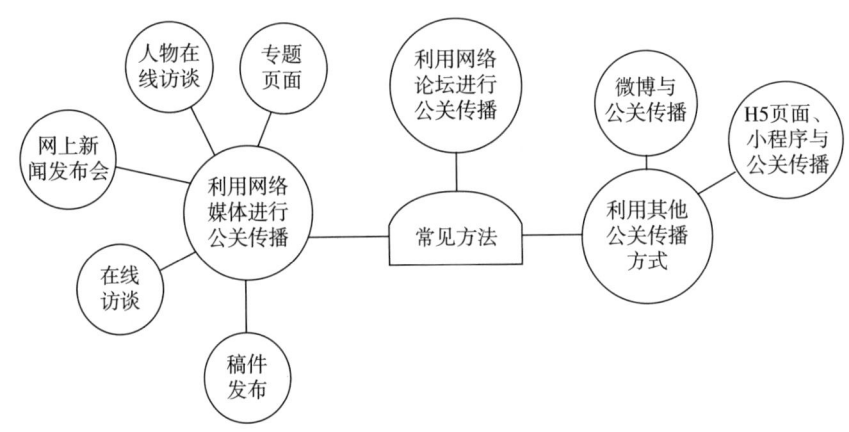

图12-7　互联网公共关系管理中的常见方法

传统媒体由于版面、新闻性等的要求，所能呈现的文章往往篇幅较短，甚至影像的呈现也有很大的限制；而网络媒体则没有这些制约，它拥有海量的信息空间，不管是图像还是视频，都能够更好地呈现企业的产品信息，促进品牌形象的推广，因此，网络媒体越来越多地被公关人员关注和使用。

在网络公关宣传中，网站首页和重要的栏目位置具有非常可观的流量，可以带来很好的传播效果。另外，网络搜索词也相当重要，就算展示的位置不理想，通过搜索引擎匹配，同样可以向目标受众展示相关内容，达到一定的宣传效果。根据传播目的的不同，如品牌形象、产品服务、科学技术、战略合作等，搭配不同的文章类型和新闻题材，能更深入地进行网络营销，具体而言，有以下几种策略可供公关人员选择使用。

（1）稿件发布。公关传播最基础的方式是撰写软文、定期发布稿件，让品牌在网络上有一定的曝光度，利用网络媒体进行有计划性、规模性的专题化运作，让消费者对企业产品、品牌形象有更深入的认知。

(2）在线访谈。利用某些特殊场合，如展会、新品发布会等，邀请企业高管进行在线访谈，与网友进行在线互动，宣传企业的产品和品牌已经成为常见的公关手段。例如苹果的产品发布会，就是一场精心策划的隆重的产品秀。

（3）网上新闻发布会。网上新闻发布会与传统新闻发布会相比，成本相对较低，互联网的亿级用户规模为企业信息的传播提供了良好的受众基础，使信息能实现"病毒式"的高速传播。如今，许多的大型网络新闻平台如新浪，直播平台如哔哩哔哩、抖音等，都是网络新闻发布的良好渠道。

（4）人物在线访谈。企业领导者可以通过分享自身的成长经历、企业经营理念，与网民进行互动，从而拉近企业与利益相关者的距离。

（5）专题页面。企业可以针对某一焦点事件，搭配图像、视频、文案、链接等组成特殊的专题报道，完整地传达企业的产品信息及品牌形象，从而引起网络受众的话题讨论和关注。

此外，网络媒体的监测对于公共关系也非常重要，公关人员必须在第一时间获取最新的相关信息（包括竞争对手的最新动态、媒体报道、即时舆情、产品和品牌的重大危机、产业最新趋势等），才能作出最及时的应对。

滴滴出行的危机公关

2018年，滴滴出行发生两起乘客遇害的恶性事件，引发了公众关于滴滴顺风车产品设计、法律合规、道德伦理、广告宣传方式等全方位的质疑，滴滴出行经历了重大危机公关事件。

5月6日，一名空姐在郑州乘坐滴滴顺风车时遇害，在主流媒体纷纷曝光此事后，滴滴出行未能及时应对，直到3天后才发表声明，错失危机爆发初期的主动权，舆论早已在网上迅速蔓延、发酵，滴滴出行迟来的歉意在公众面前显得苍白无力。本应是社会与企业责任参半的问题，却因为企业危机意识不足，导致公众将矛头指向滴滴出行，认为其是在逃避责任。

5月10日，处于风口浪尖的滴滴出行发布了一则让人诟病的"悬赏百万"的声明，并自行公开了嫌疑人的个人信息，却依旧对大家关心的平台审核机制避而不谈。此举被网友批为"作秀"，滴滴出行事后也并未兑现"悬赏"承诺，演变成二次危机。

同年8月24日，距离上次事件不过百天，温州乐清再次发生女孩乘坐滴滴顺风车遇害的事件，引发社会各界舆论巨浪。互联网公开的相关信息显示，事发前遇害人好友曾向滴滴平台求助，当时的滴滴平台不仅不作为，甚至还推诿敷衍。

事后滴滴出行发表声明，为平台责任和自身缺陷强行开脱，如嫌疑人身份正常无前科、接单通过人脸审核、嫌疑人车牌系私下伪造等。另外，"协助警方14小时内迅速破案""将参照法律规定的人身伤害赔偿标准给予3倍赔偿"等直白的抢功式声明也难以被公众接受。滴滴出行几次草率的危机公关处理方式，对企业声誉造成严重损害，也衍生出一系列后续问题，实属危机意识不足、公关应对不成熟的表现。

2019年3月，滴滴出行再次发生一起"网约车司机被害事件"，经过数次危机的洗礼，滴滴出行这次的公关应对和处理方式相较以往显得更加稳妥和人性化，展现出积极负责的态度，并且措辞不再使用"补偿"，而是改用"人道主义援助"。在慰问受害者家属、料理受害者后事等方面也展现出了大企业应有的成熟和稳健，成功将不良影响降至最低程度。

在现今网络信息传播如此迅速、新闻报道如此及时、公众如此关注社会公共利益的时代，企业如果没有良好的舆情监测和危机预警、应对、处理能力，又不具备足够的危机意识和对公众负责的观念，一旦发生危机事件，将给企业形象和声誉带来严重损害。滴滴出行的公关策略与舆论演变，对于现在的互联网企业来说，是非常值得借鉴的样本。

资料来源：作者根据相关资料整理。

课后思考题

1. 移动互联网广告有哪些特点？未来有哪些发展趋势？
2. 大数据营业推广的特点和流程是什么？
3. 在智慧营销中，如何通过动态沟通信息来提高企业的市场竞争力？

实训案例

上海市餐饮行业大数据分析实训案例

➢ 案例概要

本案例将以某网站上的餐饮数据为基础，利用大数据技术进行综合性的餐饮店数据分析。通过对上海市餐饮店数据的深入分析，本案例旨在培养学生在大数据广告、大数据营业推广等领域的综合能力，使他们具备相关实际操作经验和数据分析技能。

➢ 实训知识点

1. 数据收集与清洗：首先通过网络爬虫技术获取某网站上的上海市餐饮店数据，

包括店铺信息、评分、评论等。通过数据清洗，处理缺失值、异常值，确保数据的质量和完整性。

2. 文本分析：利用文本分析技术，对用户评论进行情感分析、关键词提取等，以了解消费者对餐饮店的看法和需求。这将有助于企业制定更有针对性的营销策略。

3. 数据可视化：运用大数据可视化工具，将分析结果以图表等形式生动展示出来，使复杂的数据变得更加直观。这不仅有助于企业快速了解数据背后的商业逻辑，还为决策者提供直观的参考。

4. 多元线性回归分析：运用多元线性回归分析，探讨不同变量对餐饮店人气的影响。这有助于企业发现影响业绩的关键因素，为业务经营提供科学依据。

5. 营业推广策略：基于数据分析的结果，制定有针对性的营业推广策略。企业通过了解受欢迎的菜品、高评分店铺的共性，可以推广类似的餐饮业务。同时，通过在特定时间和地点投放广告，企业能吸引更多目标消费者。

> 数据分析与实训操作

学生通过本案例，可以学习网络爬虫、数据清洗、文本分析以及多元线性回归分析等方法，并体会数据挖掘的价值，为餐饮以及其他行业提供有针对性的营销策略和业务决策支持。实训项目 PPT、实训项目报告、数据与代码可登录教学实训平台（edu.credamo.com），加入"智慧营销"课程（在学生端点击"加入课程"，输入加课码：jkm_6229750854424576；教师可以在课程库中搜索该课程并直接导入），在相关章节的实训项目中获取。

第 13 章
智慧营销：动态沟通渠道

教学背景

党的二十大报告提出"加强全媒体传播体系建设，塑造主流舆论新格局。健全网络综合治理体系，推动形成良好网络生态"。动态沟通渠道是智慧营销的重要组成部分，它通过利用新媒体平台和社交网络进行信息传递及互动，实现精准营销。渠道对动态沟通具有重要意义，通过选择合适的沟通渠道，企业可以实现信息的快速传递和与顾客的实时互动。首先，由于消费者的需求和反馈是不断变化的，及时获取和回应信息对于企业来说至关重要。通过利用动态沟通渠道，企业可以与消费者进行实时互动，了解他们的需求和反馈，并及时调整和改进相应策略。其次，企业需要根据不同的产品特点和市场需求，选择适合的沟通渠道进行宣传和推广。最后，通过多样化的渠道与消费者进行沟通，可以提高企业的品牌曝光度和影响力，向消费者传递品牌形象和价值观，建立良好的品牌认知。

框架及知识点

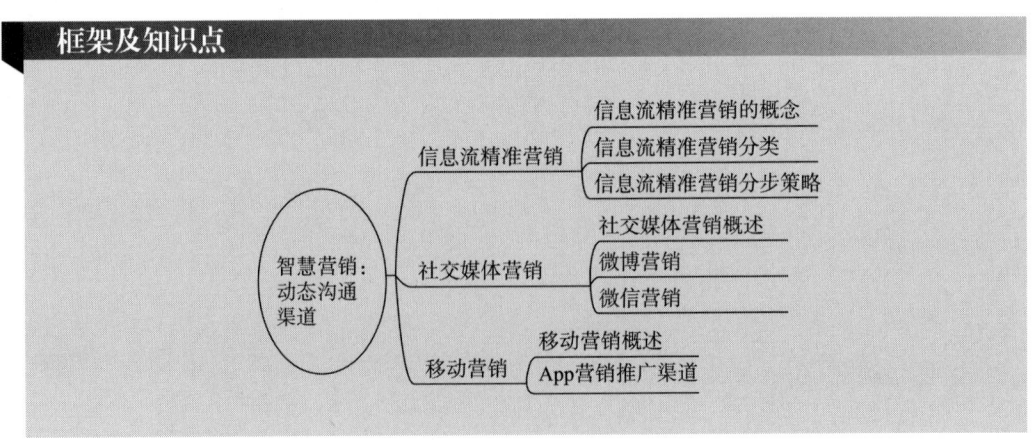

第 13 章
智慧营销：动态沟通渠道

国货黑马：完美日记的营销逻辑

完美日记（Perfect Dairy）是一个彩妆品牌，由广州逸仙电子商务有限公司于2017年顺应美妆潮流而创立，该品牌秉承"美不设限"的理念，将口红与眼影作为主打产品。经历快速成长后，完美日记在2018年名声大噪，占据了天猫"99大促""双十一"美妆排行榜榜首，正式进入"国货之光"行列。不仅如此，凭借"爆品+病毒"的营销逻辑，完美日记仅用了一个小时就登上"2019年天猫'618'大促"美妆榜榜首，在2019年"双十一"活动中夺取"首个销售额破亿的国货彩妆品牌"的桂冠，成为年轻人"人手一支"的国货品牌。完美日记是怎样在创立三年内就做到如此成功的呢？一方面，其利用线上渠道针对目标顾客进行精准营销，推出符合"95后"个性化理念的爆款单品，吸引目标顾客群体。另一方面，其通过"抖音+小红书+微博+微信"的全方位社交媒体及KOL宣传，进行病毒式营销并与顾客进行互动。

1. 线上营销精准化

第一财经商业数据中心发布的《2018美妆趋势报告》显示，"男色经济""口红经济"和"'95后'经济"是美妆行业的三大趋势。因此，"95后"女性成为完美日记的主要顾客群体。"90后"年轻人群体对于颜值的追求深刻地影响了美妆行业，他们更注重外在形象，并且愿意在个人护理及美妆护肤领域进行消费。完美日记紧盯"95后"市场，主要推广适应"95后"购买力的价格为30～200元的眼影及口红等日常彩妆产品。但如何才能让"95后"最大限度地了解完美日记呢？

北京大学心理与认知科学学院发布的《95后手机使用心理与行为白皮书》（以下简称《白皮书》）显示，"95后"平均每天使用手机的时间为8.33小时，因此线上渠道无疑成为完美日记的首选营销渠道。完美日记抓住大数据时代的机遇，摒弃单纯由线下渠道进行推广的间接营销方式，向"95后"新青年群体直接宣传丰富多彩的产品矩阵，吸引崇尚个性化和便捷性的"95后"。

另外，完美日记还聘请了朱正廷、赖冠霖、王一博等备受年轻人喜爱的流量明星来吸引目标顾客。同时，年轻人群体更注重与品牌的互动，完美日记的线上渠道运营完美地解决了线下营销通常使用的"人员+展板+试用"模式互动性差的痛点，通过"线上视频+品牌故事+病毒式营销+虚拟试色"等动态化方式使潜在顾客由被动转为主动，对品牌从认识到熟悉，为后续的销售转化积累了顾客基数。

2. 全平台营销多元化

《白皮书》针对人们常用的App类型进行分析发现，社交类App的使用占整体使用时间比例最大，平均每天接近两个小时。完美日记使用"社交媒体+带货平台"的方式，成为全平台营销的领先品牌，其官方微博拥有超过 50 万"粉丝"，可以称为"品牌大 V"，并成为有官方背书的头部 KOL。与此同时，完美日记还联合小有名气的博主在新品上市前后进行集中营销，形成"明星+头部 KOL+腰部 KOL"营销全链条，为品牌积累了极具价值的公域流量。几乎在完美日记诞生的同时，抖音、快手及哔哩哔哩等视频 App 也迅速走红，逐渐成为零售品牌的带货主战场。基于此，完美日记逐渐开拓了"小红书 App 种草+短视频/淘宝直播带货"的营销模式，在为品牌进一步带来公域流量的同时实现部分潜在顾客的营销转化。

除了在哔哩哔哩、小红书、抖音及微博等 App 进行公域流量的运营，完美日记还在官方公众号推送新品，并通过朋友圈个性化推荐吸引目标顾客，促进公域流量与私域流量的联动并最终实现流量转化。仅仅拥有流量并不足以支持完美日记的成功，将私域流量不断转化成存量顾客才能创造利润，完美日记利用"会员制+社群运营"的方式促成顾客多次复购，直至潜在顾客成为真正的忠实顾客。

3."爆品+联名"品牌化

在将品牌理念注入主打产品并进行全方位营销后，完美日记对全平台、多元化营销的时间点选择也非常重视。除了不间断地进行公域流量和私域流量的转化，完美日记还集中在新品推出前在全网进行病毒式营销，携手代言人和美妆 KOL 将"粉丝"效应最大化。2024 年"天猫新春开门红"活动期间，点开完美日记官方旗舰店，便可看到周迅、刘昊然、鞠婧祎代言的明星单品，这促成了完美日记爆款产品的诞生。

除了全平台的流量运营推动自身品牌理念的转化，完美日记还与大英博物馆、大都会艺术博物馆推出联名彩妆，为品牌增添了艺术与文化气息，吸引了一大批文艺青年。2019 年，完美日记与《中国国家地理》联名推出地理系列眼影盘，并与 Discovery 探索频道联名推出"探险家十二色眼影盘"，将野生动物捕猎的瞬间与消费者在重要场景中主动出击捕捉"猎物"进行深度联动，形成美妆与科学的完美结合，受到年轻人群体的热捧。直至 2020 年 2 月，"探险家十二色眼影盘"依然热度不减，在某直播间实现了瞬间售罄的销售业绩，完美日记的品牌形象也给顾客留下了深刻印象。

资料来源：作者根据公开资料整理。

13.1 信息流精准营销

13.1.1 信息流精准营销的概念

信息流精准营销是指在社交媒体用户或移动 App 用户浏览相关动态或信息时，穿插广告信息的一种营销推广方式。信息流具有实时性、信息化和主动推荐的特点,信息流精准营销的核心在于依托社交媒体或标杆 App 的大流量,结合所选媒体的特点,充分考量用户的浏览场景和浏览习惯,精准定位用户的社交群体属性和兴趣爱好,然后以一种非常自然的方式将广告信息传递给用户。

13.1.2 信息流精准营销分类

信息流精准营销是移动互联时代的主流推广形式,根据投放渠道的不同,分为以下五种类型:

(1) 搜索引擎类——百度、360、搜狗搜索、UC 浏览器及各类手机自带的浏览器(如苹果的 Safari 浏览器)等搜索媒体。这些媒体整合大量的流量资源,在页面的下拉展示页和关联信息页等进行广告呈现,其核心是基于用户搜索行为进行精准的广告推送。

(2) 新闻资讯类——今日头条、网易新闻、澎湃新闻、腾讯新闻、一点资讯、新浪新闻、央视新闻、搜狐新闻等资讯媒体。这类媒体的信息流精准营销方式主要是在新闻内容中插入广告。

(3) 社交媒体类——微博、微信、Meta、抖音、QQ、豆瓣、快手、虎扑社区等。这类媒体的广告推送策略是以"好友动态"形式推送用户感兴趣的内容。

(4) 视频媒体类——爱奇艺、优酷、芒果 TV、腾讯视频、咪咕视频等视频播放平台。这类媒体通常在剧集或影片中插入视频广告。

(5) 标杆 App——知乎、携程、网易云音乐等在细分领域中处于领先地位的 App。这类 App 出于营利或其他目的,在其浏览界面插入广告。

13.1.3 信息流精准营销分步策略

信息流精准营销策略要关注的是选择合适的广告投放媒体,确定有效的内容传递方式,并最终将媒体的用户转化为企业的目标客户。

(1) 定向。选择企业产品或服务的目标定向人群。企业在选择信息流广告的定向投放目标时,可以从两个方面进行考量。第一,根据企业的实际顾客数据或者第三方专业机构的数据来确定目标人群。电商、游戏、金融、生活服务类等拥有大量用户信息的企业可以根据客户关系管理系统、App 后台用户数据中的用户属性和分布来确定目标人群;教育、旅游等用户分布范围较广或目标顾客不太明确的企业,可以借助百度司南、艾瑞咨询、易观、IT 桔子等第三方专业机构的数据,结合企业自身拥有的用户信息构建用户画像，确定信息流广告定向投放人群。第二，根据企业目前的营销策略和产品类型来选择定向维度。如果企业投放信息流广告的目的是提高品牌知名度，则可扩大目标人群，广泛覆盖并加强品牌曝光；如果企业投放信息流广告的目的是实现销售转化、提高销量，则需要将广告精准投放给最核心的目标用户人群；如果企业产品是小众的，则需要将产品广告精准投放给有某种兴趣爱好或个性特征的消费者群体；如果企业产品是面向大众的，则可放宽定向条件，扩大定向范围。

企业目标定向人群的选择决定了投放媒体的选择。每个媒体都有其特定的用户人群画像，因而企业在选择信息流广告媒体时，要选择那些目标受众能够覆盖企业顾客人群的媒体。被选择用来投放信息流广告的媒体，要么其受众群体非常广泛，如微信；要么其受众群体与企业的消费者群体高度重合，如在外语学习类 App 中投放外语教育机构或留学机构的广告。

（2）体验。信息流精准营销的一个特点就是将企业信息自然而然地传递给处于浏览状态的用户。为了做到这一点，就需要了解所选择的动态沟通媒体的特点、用户浏览习惯和浏览场景。

- 动态沟通媒体的特点。动态沟通媒体的特点及核心功能各不相同。搜索引擎类媒体的核心功能是响应用户的主动搜索需求，通过问题解答与知识分享，使用户获得所需信息或解决方案；新闻资讯类媒体的核心作用在于使用户了解时事热点新闻或专业潮流动态，满足其浏览、阅读的需要；社交媒体通过社会化网络，满足用户与他人沟通的欲望和需要，实现人与人之间跨时空的沟通、表达和交往；视频媒体的核心作用在于满足用户休闲、娱乐的需求；细分领域的标杆 App 则满足细分市场用户的特殊需求，比如，网易云音乐满足用户听音乐的需求。各类动态沟通媒体展现的信息内容和形式有所不同；有的媒体信息内容偏新闻类，有的偏娱乐类，有的偏问答类，等等；有的媒体信息形式为图文类，有的为视频类，等等。企业在投放信息流广告、与用户进行动态沟通时，为了不打扰用户，使其有良好的浏览体验，要以媒体的核心定向人群为前提，了解所选媒体的核心功能，尽量让信息流广告在内容和形式上与媒体一致。

- 用户浏览习惯。在动态沟通媒体上进行信息浏览的用户，不是仅有单一需求的个体，而是兴趣不断变化、有着多次浏览行为，并在性别、年龄、地域、职业等基础信息方面较为稳定的群体。因而，企业的任务是依托大数据，即时满足用户单一需求，挖掘发现用户多个需求，预测其潜在需求，并发现定向用户的基础信息、兴趣爱好和生活方式等标签属性。比如，关注金融类、教育类等问题的知乎用户，其浏览界面会被推送金融求职、教育培训机构的广告信息；若用户搜索或浏览关于情感方面的问题，其浏览界面便会出现一些相亲交友平台广告。

• 用户浏览场景。社交媒体的浏览场景就是社交场景，具有高度的动态沟通性；新闻资讯类媒体通常是人们在吃饭时、坐地铁时或者睡前使用的；人们通常会在下班后、周末或者节假日时使用视频类媒体，其场景是比较悠闲、放松的；餐饮外卖 App 如美团，通常在人们有就餐需求时使用。企业在投放信息流广告时，需要结合用户使用媒体的时间段、时长、场景等进行广告的优化。比如在新闻资讯类媒体中，早上投放肯德基等快餐广告，晚上投放台灯、玩偶等广告。

（3）转化。信息流广告投放的最终目的在于实现用户的转化。转化完美承接用户体验和用户定向，精准的用户定向和良好的用户体验是为了更好地激发人们的兴趣，引导用户进入着陆页。此时，着陆页的页面布局、转化入口和转化流程决定了媒体用户能否正式转化为企业顾客。

• 着陆页页面布局。根据人的视觉浏览和手动操作习惯，一般来说，应将内容和图片置于页面左边或上方，操作按钮置于右边或下方。着陆页的内容应与投放媒体的内容保持一致，符合用户的浏览场景、浏览习惯和兴趣爱好。比如，在微信、微博和 QQ 等社交媒体上投放广告，其着陆页应该具有更多互动性设计；在今日头条和腾讯新闻等新闻资讯类媒体上投放广告，其着陆页应更多地提供品牌文化、产品功能等信息，满足用户的探索欲，使其获得一种增长知识的满足感。

• 转化入口。从着陆页的第一屏到最后一屏，应该循序渐进、由浅入深地向用户介绍企业产品。展示内容应尽可能简洁、充满故事性，不断激发用户兴趣。最好在每一屏都设置转化入口，比如添加"测一测""试一试""点我吧"等转化词，这既可以增强与用户之间的互动，也可以防止用户跳转页面。

• 转化流程。转化流程应尽可能简便快速，让用户对企业或产品信息有一定的了解并产生兴趣即可，不可加载过多信息，因为用户在转化为顾客时会主动搜索更多的信息。此外，转化时简单地让用户填写手机号码和验证码即可，更多的用户个人信息可以在用户成功转化为企业的顾客之后再去收集，因为此时用户还没有正式转化为企业的顾客，还没有建立品牌信任度和忠诚度，此时若要求其填写太多信息会"吓跑"他们。

美妆品牌在微信朋友圈的信息流广告投放——雅诗兰黛和兰蔻

微信作为几乎所有智能手机用户必备的一款社交软件，成为众多企业投放广告、与顾客保持动态沟通的主要媒体。在微信朋友圈刷到美妆品牌广告并点赞和评论，对于许多用户尤其是女性用户来说,已成为常态。现以雅诗兰黛和兰蔻这两大女性用户喜爱的美妆品牌投放在微信朋友圈的信息流广告为例,从定向、体验和转化三个方面分析信息流广告的投放策略。

1. 定向:雅诗兰黛"明星送祝福"

2019年春节期间,雅诗兰黛亚太地区品牌代言人陈坤空降朋友圈,为不少用户和"粉丝"带来了惊喜。用户点击陈坤的头像或名字,页面会自动跳转至雅诗兰黛"小棕瓶"的视频推荐广告。就这样,雅诗兰黛以朋友圈"好友动态"形式展开与用户的平等对话,增强了品牌和用户之间的情感互动,提高了广告的点击率和互动率。

然而,并不是所有的用户都接收到了这条"好友动态",雅诗兰黛借助微信广告大数据,在多次投放广告后对目标人群进行了定向投放。这些目标人群包括陈坤的"粉丝"群体,对广告进行点赞、评论或转发的用户,搜索过产品关键词的用户,等等。

2. 体验:兰蔻"视频轻互动"

2019年2月,兰蔻与腾讯广告合作,在朋友圈投放以"吻你,闻我"为主题、"一笔画心,解锁惊喜密码"为标语的视频信息流广告,推广新上市的口红和香水套装。该广告以红色为基调,通过"一笔画心"的互动形式,展现出浓郁的中国风和浓烈的浪漫气息,完美契合了春节和情人节的气氛。用户打开广告视频,根据提示在屏幕上一笔画出心形图案,就能收获一份情人节专属礼品码,并直接跳转至兰蔻官网精品商城兑换使用。此外,用户不仅可以在信息流广告下进行点赞和评论,还可以通过更进一步的"@好友评论"互动功能,与朋友相互讨论和"种草"。借助"一笔画心"的触屏互动和朋友圈社交裂变的双重功效,兰蔻此次广告投放收获了潜在用户300多万次的"画心",互动点击率是大盘均值的3.5倍。

3. 转化:兰蔻"广告+商城"的高效闭环转化

广告投放效果的一个评价标准就是广告的转化率,如何精准地实现"粉丝"引流、闭环转化是信息流广告投放的关键。

在微信中,用户搜索并点击"兰蔻LANCOME"就可以进入兰蔻的官方微信公众号,查看品牌更多的产品信息。用户点击广告视频就能进入着陆页,着陆页的每一屏都设置了转化入口(如"即将拥有"),布局也都符合内容或图片在上、操作在下的便捷原则。用户点击进入后,页面会自动跳转至"活动专场"或"兰蔻官网精品商城",用户可在上面购买产品,且只需填写生日和手机号就可以成为兰蔻精品商城的会员。

13.2 社交媒体营销

13.2.1 社交媒体营销概述

社交媒体营销，也称社会化营销或社会化媒体营销，指在微信、微博和在线社区论坛等社交媒体上发布和传播企业品牌、产品或促销活动的相关资讯，借助社交媒体传播速度快、覆盖面广、影响力大、推广成本低廉以及与用户互动沟通性强的特点，帮助企业打造病毒式营销，迅速树立品牌形象，从而促进销售或者持续维护客户关系。

社交媒体的本质是分享。现在，几乎所有的网络媒体都有社交属性，视频播放网站或 App 客户端都属于社交媒体，但就社会传播力而言，常见的社交媒体有微信、微博、播客、论坛等。下面以微博和微信这两大最具影响力的社交媒体为例进行论述。

13.2.2 微博营销

新浪微博是由新浪网推出的具有即时消息分享和互动功能的社交媒体平台。该平台具有高度曝光、无门槛的特点，因而无论是谁，只要传播内容有吸引力，在平台上保持活跃，就有可能成为拥有众多"粉丝"的"网红"。将微博平台作为社交营销媒体具有以下几个优势：

（1）速度快。微博的传播形式是一对多的，一个账号发出一条内容，看到的人都可以进行评论，评论的人群具有多样性，评论的内容具有多维性和多向性。微博的互动性转发效果亦十分明显，一条关注度较高的微博能够在非常短的时间内经历上万次转发并引发全民讨论。微博好友之间的轻关系，使得一个账号即使一天发布多条消息，也不会引起关注该账号的用户反感，因而其比微信朋友圈更适合高频次的信息传播。微博的这些传播特性使其具有其他社交媒体所不具备的传播速度。

（2）立体化。文字、图片、视频和链接等多种多媒体技术的灵活应用极大地满足了企业常规的营销宣传需求。多种多媒体技术的巧妙使用也有利于企业吸引不同类型的客户，并通过社交网络形成病毒式营销。

（3）广泛性。微博营销因其传播速度快、形式多样化的特点，能够产生比其他社交媒体更广泛的影响力，尤其是名人相关事件的传播效果，往往能达到其他平台难以实现的曝光量级。

（4）经济性。企业通过微博开展营销宣传活动，无须投入太多的资源，也没有过多的限制条件，因而可以节约大量的时间和金钱成本。

通过微博平台进行社交媒体营销的策略主要有以下几种：

（1）打造明星形象。企业通过自己的数据库或第三方专业机构的数据获取用户地域、性别、年龄、学历等基础信息以及个性特征和兴趣爱好等，对用户进行标签化，从而获得用户画像。企业基于不同的用户画像，可塑造多种具体而又生动的形象，卫龙正是基于精准用户画像，通过微博塑造企业明星形象的典范。无论是《卫龙大电影之逃学卫龙》《一根辣条引发的血案》等恶搞视频，还是与游戏绑定进行产品宣传——《假如我离开了英雄联盟》，都塑造了一种俏皮搞怪甚至带些"江湖气息"的品牌形象，很符合当代青年想要逃离高压环境和释放压力的心理需求。

（2）"粉丝"经营。"粉丝"经营可从吸引"粉丝"关注和维持"粉丝"关系两个方面来入手。

- 吸引"粉丝"关注。吸引"粉丝"关注的方法有三种。第一，通过发布有趣或实用的内容主动吸引特定人群，如有着相同兴趣爱好或消费特征的人群。第二，通过关注、评论或转发行业大咖的微博吸引用户，这种做法将企业置于与潜在用户同样的地位，即都是某个大V的"粉丝"。巧妙的、独树一帜的评论很容易吸引用户的注意，同样能博取关注度。第三，通过发起有奖互动、有奖转发、有奖问答等活动，吸引用户转发微博并关注企业微博账号，例如，关注、转发或集赞可以领取相关书籍、求职资料等。

- 维持"粉丝"关系。维持"粉丝"关系的方法有两种。其一，经常与"粉丝"互动，即动态沟通。企业可以通过微博获取"粉丝"的意见和建议，定期举办"粉丝"见面会，定期赠送有纪念意义的礼品，送上生日及节日祝福等。其二，为"粉丝"创造收益，例如，给予一定的折扣或赠品，通过差异化定价和会员特权，不断提高"粉丝"的转换成本，从而使其成为企业的长期顾客。

（3）借助娱乐明星、大V和KOL的力量。微博是一个偏娱乐的媒体，娱乐明星在微博上的影响力和号召力都非常大，赵丽颖、林志玲等明星结婚的新闻都曾导致微博平台一度瘫痪。借助娱乐明星的形象及流量进行品牌宣传是企业常用的营销手段，其优点在于能迅速吸引一批"粉丝"用户，缺点在于代言费高昂，且品牌形象与明星捆绑在一起，易受明星负面新闻的影响。大V和KOL的力量也不容小觑，例如，2023年5月31日晚8点，罗永浩现身京东"交个朋友"直播间带货，全场成交单量达13万单，销售额突破1.5亿元，当日累计访问人次超1 700万，居直播热度榜达人榜第一名。

（4）事件营销。事件营销主要指企业通过组织、策划或利用新闻价值和社会影响力大的人或事件吸引大众的关注，使之成为被媒体、社会团体和消费者广泛热议的话题,从而提高品牌知名度和美誉度,促进销售额的增长。事件营销的传播效果虽然非常明显,但是其发展方向很难控制,因而企业在利用微博平台进行事件营销时,应注意舆论导向,避免营销流于恶意或低俗炒作。

13.2.3 微信营销

微信是一个基于强社交关系的较为私人的内容交流、消息传播与互动的社交工具。作为一款月活用户数达 13.36 亿(截至 2023 年第三季度)的社交软件,微信成为众多企业和商家进行营销推广的信息传播媒体。微信推广品牌和产品的渠道主要有四种:购物群、朋友圈、公众号和游戏。微信购物群通常是微信用户自发建立的,如代购群、二手物品买卖群等,在这里不作过多介绍,我们将重点论述朋友圈、公众号和游戏这三种微信营销渠道。

(1)朋友圈。通过微信朋友圈进行广告宣传的方式主要有三种:第一种是微商在朋友圈晒图或转发公众号文章,这种传播方式是一对多的。因为朋友圈具有强社交属性,所以微商通过朋友圈发布的广告信息应是低频次的、相对柔和的,否则容易引起好友的反感甚至被屏蔽。第二种是企业购买朋友圈广告位发布信息流广告,因为朋友圈传播的内容偏生活化,所以企业在发布这类广告时,应以文娱类的信息为主。第三种是通过分享、集赞有折扣或赠品等方式让用户自发在朋友圈发布内容,因为微信好友之间的戒备心理较弱,且有着维系好友关系的心理,所以这种传播方式能够得到有效且友好的回应。

(2)公众号。公众号作为企业与顾客保持动态沟通、维系顾客品牌忠诚度的一种手段,其打造过程需注意以下三点:

第一,精准定位平台功能。公众号与企业品牌文化及产品一样,需要定位精准,针对性强,以吸引特定的消费人群,比如教育机构的公众号,要明确定位是针对小学或中学的哪一科或哪几科的教育辅导。

第二,增加有效"粉丝"。公众号增加有效"粉丝"的途径有两种:一是通过活动和某种功能引导关注,二是通过活动或优质文章引导用户分享至朋友圈以增加关注。为了维系和增加有效"粉丝",企业需要按一定的频率进行公众号的内容更新和消息推送。社交媒体的核心在于分享,不同于微博的轻关系,微信属于强社交,因而在一般情况下朋友圈发布的内容或具有强社交性,或具有强知识性,或具有强故事性。所以,微信公众号的内容应是至少满足这三点中一点的简短文章,以便用户转发至朋友圈。

第三，价值转化。这涉及两个层面的内容：其一，企业发布的文章应具有一定的实用性，可以传授某种知识，例如，化妆品企业的公众号可发布关于美妆技巧的文章；也可以提供信息服务，如折扣信息、同城实体店搜索信息。其二，可在公众号中添加某些功能，从而为顾客带来便利，如利用肯德基公众号上的自助服务，用户可以用手机点餐，减少等待时间。

（3）游戏。微信游戏是基于微信平台开发的交互游戏，其社交功能和社会传播力不容小觑。羊了个羊、跳一跳等游戏都曾火爆网络，成为年轻用户追赶朋友圈潮流的一种手段。2013年9月，吉利汽车为提高新产品吉利GX7的知名度，开展了一场微信游戏营销活动，借助当时很火的一款微信游戏——"经典飞机大战"有效地宣传了产品。

马蜂窝旅游——"一场未知旅行"

"Don't fear the unknown"——不要惧怕未知，是马蜂窝旅游的品牌价值理念，"未知+旅行"是马蜂窝旅游极力打造的品牌差异化认知。2016年9月，作为马蜂窝品牌价值传承和实践的"未知旅行实验室"成立，旨在与全球旅行爱好者共同探索世界上与旅行相关的一切未知与可能，定期面向大众发起以"未知"为主题的旅行活动。从2016年9月到2019年1月，未知旅行实验室共策划了"未知旅行""Tripmon Go""造梦机器""陪你去世界尽头""分手急救包""爱是一场未知的旅行""未知小黄盒""异地恋解救计划""攻略全世界网红墙""极简旅行实验""约驾未知""未知饭局"和"好吃的圣诞"等13次现象级品牌营销活动，成功开创了旅游社交、目的地营销的旅游营销新思路，并打造了旅游圈和旅游爱好者热捧的大IP。

以未知旅行实验室策划的第一场"未知旅行"为例，马蜂窝旅游充分利用了微博和微信等社交媒体平台作为营销引爆渠道。2016年9月7日零点，马蜂窝旅游官方微信公众号发布了一条题为"再见了"的消息推送，内容是"我要用一段未知的旅行检验未知的感情"。这篇带有想象力和渲染力的文章，激发了大众的兴趣，引起了大量转发，成为刷爆朋友圈的爆款文章。紧接着，马蜂窝旅游官方微信公众号推送了一个"一场未知的旅行即将开启"的小程序，除寥寥几字和倒计时之外，没有提供更多其他信息。这种操作制造了悬念，吊起了大众的胃口。此后，又一篇微信公众号文章《你敢不敢？3小时后，用一场未知旅行检验一段感情》彻底揭开了此次活动的神秘面纱，原来这是马蜂窝旅游新推出的一款双人自由行产品，价格为1 314元，限额27份，出发时间、旅行地点、旅行体验均未知。该文引用了钱钟书的著作《围城》里的一段话："结婚以后的蜜月旅行是次序颠倒的，应该先共同旅行一个月，一个月舟车仆仆以后，双方还没有彼此看破，彼此厌恶，还没有吵嘴翻脸，还要维持原来的婚约，这种夫妇保证不会离婚。"成功将双人旅行定性为一种感情测试的手段，是与朋友或恋人分道扬镳，还是相守相伴，那就通过一场"未知"的旅行来检验吧！这篇文章在微信上的阅读量超过500万，并通过张佳玮等大V的热捧，经过一夜的发酵，成功登顶微博热搜话题榜，微博话题阅读量超过1.6亿，讨论量达到4.6万。

这款双人自由行产品在开始销售的几分钟内就被抢购一空，虽然限额27份，但是马蜂窝旅游此次宣传的目的并不在于提高销量，而是希望借此打造一个"未知旅行"的爆款旅行IP，有效传达品牌理念、树立品牌形象，用"未知"重新定义"旅行"。

资料来源：作者根据相关资料整理。

13.3 移动营销

13.3.1 移动营销概述

移动营销指企业以移动端设备（手机、平板电脑等）为载体，以大数据为支撑，利用移动互联网无边界的特征，充分挖掘线上线下资源而产生的互动营销活动。PC时代的互联网营销是以搜索引擎为核心展开的，移动时代的互联网营销是以App为主要载体的，因而移动营销的核心在于App营销。其有两个重要方面：一是如何推广App；二是如何在App中插入营销信息，包括品牌广告、营业推广活动和公关等信息。App营销的关键在于以下三点：

（1）精准定位用户。一般来说，智能手机用户只会使用他们感兴趣或必备的App，因而企业要做的第一件事就是构建清晰的用户画像，对用户的基本信息和个性特征进行标签化，据此找到匹配度最高的App。之后，企业可选择信息流精准营销模式，在该App内插入广告信息。

（2）匹配浏览场景。微信和QQ等社交媒体的浏览场景就是社交场景，因而在社交媒体上推广App或者广告信息时，应该采用偏生活化、娱乐化的形式。比如，在微信朋友圈以"好友动态"的形式投放文案+视频的信息流广告。

（3）"跟踪"用户行为。每个App的使用背后都隐藏着用户的行为轨迹，包括用户来源、用户访问路径和用户最终转化。用户来源指用户下载App的渠道，用户可能是通过各种应用商店或从其他 App 的广告信息转化而来；用户访问路径指用户的浏览习惯，包括其对内容的偏好、停留时间和浏览顺序等；用户最终转化是指用户使用 App 的目的，其中蕴含着用户的需求或痛点。

13.3.2 App 营销推广渠道

本书中，App 营销推广渠道指的是"如何推广 App"的渠道。

（1）App 应用商店——最主流的推广渠道。国内常见的应用商店有手机自带的应用商店（如苹果应用商店）、安智市场、腾讯应用宝、百度手机助手以及豌豆荚等。用户可通过关键词搜索或者平台提供的热门推荐及分类排行寻找想要的 App。据相关统计，2019 年在中国安卓市场的第三方移动应用商店中，排名前十的有应用宝、360 手机助手、OPPO 应用商店、华为应用市场、vivo 应用商店、小米应用商店、阿里应用分发（含豌豆荚、PP 助手等）、历趣市场、百度手机助手和安智市场。市场占有率最高的是应用宝，占 20% 左右，紧随其后的是 360 手机助手，占 17%，排名第九、第十位的是百度手机助手和安智市场，如图 13-1 所示。

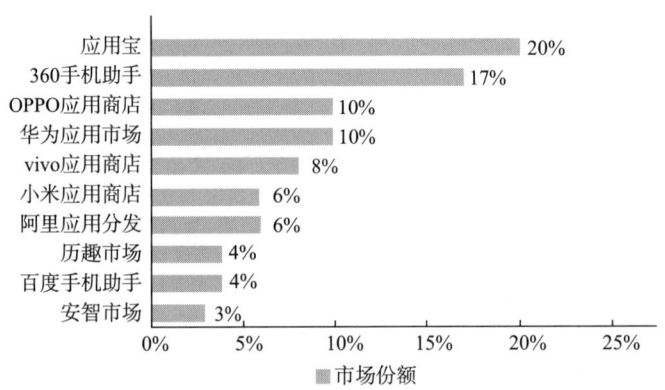

图 13-1　2019 年安卓市场排行榜前十位

（2）线下产业链渠道推广。线下推广主要依靠产业链的合理布局，主要有手机厂商预装推广和运营商合作推广等几种方式。

- 手机厂商预装推广。手机厂商预装推广指手机出厂自带或者用户通过第三方刷机渠道预装到手机中的 App。
- 运营商合作推广。运营商合作推广指借助国内三大通信运营商进行 App 推广，既可通过运营商平台进行推广，如中国联通的沃商店提供手机应用和手机游戏等的下载服务，也可通过运营商的定制机进行推广。

（3）新媒体——全面覆盖性渠道推广。新媒体主要指包括网络媒体、手机媒体、数字电视等在内的与报刊、广播、电视等传统媒体相对的新的媒体形式。企业利用新媒体进行 App 推广的途径有如下几种：

- 移动广告平台推广。移动广告平台提供软件开发工具包（SDK），开发者通过 SDK 将广告代码嵌入应用中，用户下载并点击广告后，企业通过相应的计费方式付费给开发者，常见的计费方式有浏览收费、点击付费和效果付费。国内常见的移动广告优化平台有多盟、有米科技、艾德思奇和亿动智道等。

- 搜索引擎推广。搜索引擎推广是指通过引擎优化、搜索引擎排名以及研究关键词的流行程度和相关性，在搜索引擎的结果页面取得较高排名的营销推广手段。国内主要的搜索引擎有百度、搜狗和 360 搜索等。随着用户行为习惯的改变，各种手机 App 应用市场、标杆 App 引流成为主要的 App 推广手段，而搜索引擎的推广能力逐步减弱。但是作为 App 的重要推广渠道，搜索引擎具有其他渠道所不具备的特点，例如，搜索引擎可提升 App 的技术开发能力并使企业的营销定位更明确等。此外，搜索引擎可依靠其强大的用户流量推广自己的应用商店，如百度手机助手。

- 网络视频平台。常见的网络视频平台有爱奇艺、腾讯视频、优酷、咪咕视频和芒果 TV 等，这些网络视频平台广告的投放方式有信息流式和捆绑式被动插屏。捆绑式被动插屏指在视频播放中途暂停时，以半屏的形式跳出的广告，这种推广方式曝光率高、视觉冲击效果强，但是用户体验不太好，因而实际转化率低。

- App 推广。微博、微信、知乎等大流量 App 都是很好的 App 推广渠道。比如，Keep 通过其 App 构建了一个完整的"内容+社区+电商"健身生态闭环，以精准的渠道组合实现高效推广。初期其在微信朋友圈投放"免费定制训练计划"广告锁定都市白领目标人群，同时在微博发起"自律给我自由"话题引发 UGC 传播，并邀请健身 KOL 在抖音发布 Keep 跟练视频。此后，其在 App 内设置"好友打卡排行榜"和"训练成果分享"功能驱动社交裂变，配合线下地铁站"扫码解锁课程"活动实现场景覆盖。这种立体化推广策略帮助 Keep 成功打造出国民级健身平台。

- 视频推广。视频推广是借助电视剧、电影、短视频、宣传片、直播等形式进行的营销推广活动。比如，2014 年由韩国通信软件企业 Line 发起拍摄的 3 集共 48 分钟的爱情微剧《一线钟情》，其目的就是在我国推广中文名为"连我"的 Line 软件。又如，从 2015 年成立到 2019 年这 4 年内，拼多多通过赞助多档热门综艺节目，迅速提高了知名度，成为家喻户晓的电商 App，其在《极限挑战》第四季节目中以贴片、滚动字幕和插播视频等方式，借助《极限挑战》这个大 IP 及明星嘉宾的流量，实现了非常好的传播效果。

除本章所介绍的通过各类媒体进行信息流精准营销，通过社交媒体营销进行口碑传播、病毒式传播和通过各种媒体进行的 App 营销外，企业还可以通过电子邮件、手机短信和电话回访等方式与顾客进行动态沟通。品牌战略专家李光斗在其著作《互联网下半场》中指出："多媒介、多触点、全渠道、全要素的循环论证，最为稳妥。"无论是传统媒体、PC 端还是移动端，只要是企业可以利用的资源，就应该全力进行全媒体整合传播，只有这样，才能真正实现社会化传播。最后，VR、AR 和 MR 技术的发展将进一步改变企业的动态沟通渠道。顾客通过 VR 设备或者不需要任何额外设备就可以体验到商品的使用效果，届时，企业的内容营销或将失去魅力，毕竟真实的体验就在眼前。

案例 13-3

咪咕阅读 App 利用多种营销方式快速抢占市场

咪咕阅读是咪咕数字传媒有限公司旗下的一款集阅读和互动等多种功能于一体的电子书 App。在 2018 年 1—6 月主要的移动阅读 App 日活用户数排名中，咪咕阅读以 400 万人次排名第四，如图 13-2 所示。

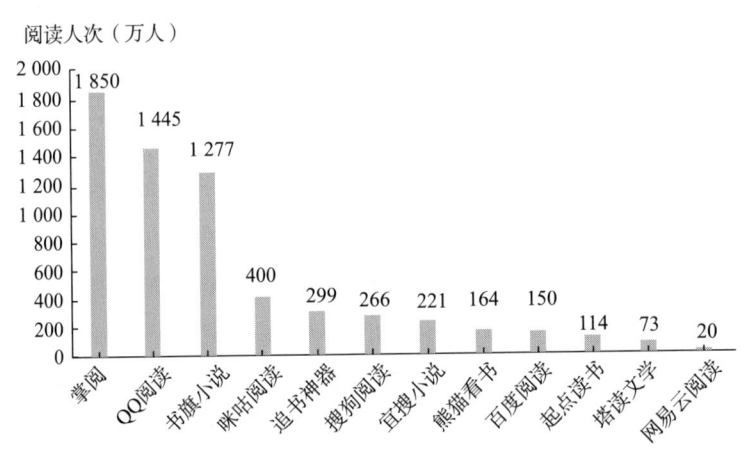

图 13-2　2018 年 1—6 月主要移动阅读 App 日活用户数

作为一款年轻的移动阅读 App，咪咕阅读之所以能快速抢占市场，营销方面的原因主要有三个：一是 App 本身的设计符合用户的阅读习惯；二是借助影视剧、直播、短视频等渠道推广产品；三是线上线下多种传播渠道相结合。

首先，咪咕阅读 App 拥有海量的图书资源，涵盖图书、各类杂志、漫画、网络小说、听书等类型，充分满足用户的阅读需求。2019 年，咪咕阅读界面添加"70 周年"专题，不仅涉及中华人民共和国成立 70 周年的相关专业书籍，还有大量的红色宣传视频、时事热点新闻推介等。其次，除了优秀的书稿呈现质量、精心的排版校对，咪咕阅读 App 最特别之处在于结合先进的中文语音识别技术，实现所有文章都支持语音播放，更友好的设计是用户可自由选择不同的朗读声音。最后，"阅读+社区"的设计将移动阅读社交化，用户可在"发现"功能里推荐自己喜欢的书籍，关注自己感兴趣的内容或咪咕用户，并在阅读内容时以记笔记的方式分享自己的心得。

2015年，电视剧《花千骨》热播，咪咕阅读借势与小说原著作者合作推出电子书稿，让影视剧的粉丝和明星的粉丝享受一边追剧一边看小说的感觉；咪咕阅读还趁机制作了一个画风简单的搞笑视频——《三分钟带你看完〈花千骨〉》，该视频一经推出，就在朋友圈、各视频网站上引起巨大反响。这些举动不仅为咪咕阅读打开了移动阅读App的市场，更为其收获了一大批忠实粉丝。深度利用抖音进行App营销也是咪咕阅读的一种高效引流途径，通过混剪经典或流行的影视作品，或以夸张的形式呈现小说内容，吸引用户观看，然后在剧情到达高潮时戛然而止，紧接着出现App的下载链接，将用户引流至App。

2017年9月咪咕阅读借助微博、地铁媒体和《都市快报》等多种传播媒介，推出了以"阅读群效应"为话题的系列营销活动。在微博平台上，咪咕阅读发布了一条内容为"据说具备以上9条的人都是坚持阅读的人"的微博，迎合当下网民喜欢被贴标签以达到自我呈现目的的偏好。在《都市快报》和地铁媒体上，咪咕阅读同样利用"坚持阅读的人满足的9个条件"，如"对纠正错别字的执念""旅行的其中一站必须是书店"等"贴标签式"的广告文案，进行其App的营销推广。对咪咕阅读App感兴趣的用户只要扫描文案下方的二维码，便可进行下载。

资料来源：作者根据相关资料整理。

课后思考题

1. 信息流广告与传统广告的主要区别是什么？这些区别如何有助于增强广告效果？
2. 微博营销与微信营销相比，有哪些不同之处？它们的特点和优势是什么？
3. 简述社交媒体在现代营销中的作用，选取一家企业，说明它如何成功地利用社交媒体来实现品牌曝光与客户互动。

第 14 章
智慧营销：趋势与展望

教学背景

智慧营销已经成为当今商业领域的热门话题。人工智能、虚拟技术等新一代信息技术对智慧营销具有深远的影响，将会带来重要机遇和变革。在我国，新一代信息技术产业是国民经济的战略性、基础性和先导性产业，近十年来，我国新一代信息技术产业规模效益稳步增长，创新能力持续增强。企业应了解新兴技术对营销的重要影响，以及智慧营销未来的发展趋势。总体而言，新兴技术赋予了智慧营销更多的工具和资源，能帮助企业更好地满足顾客需求、提高效率、增强品牌吸引力，这些技术的不断演进将继续塑造智慧营销的未来。

框架及知识点

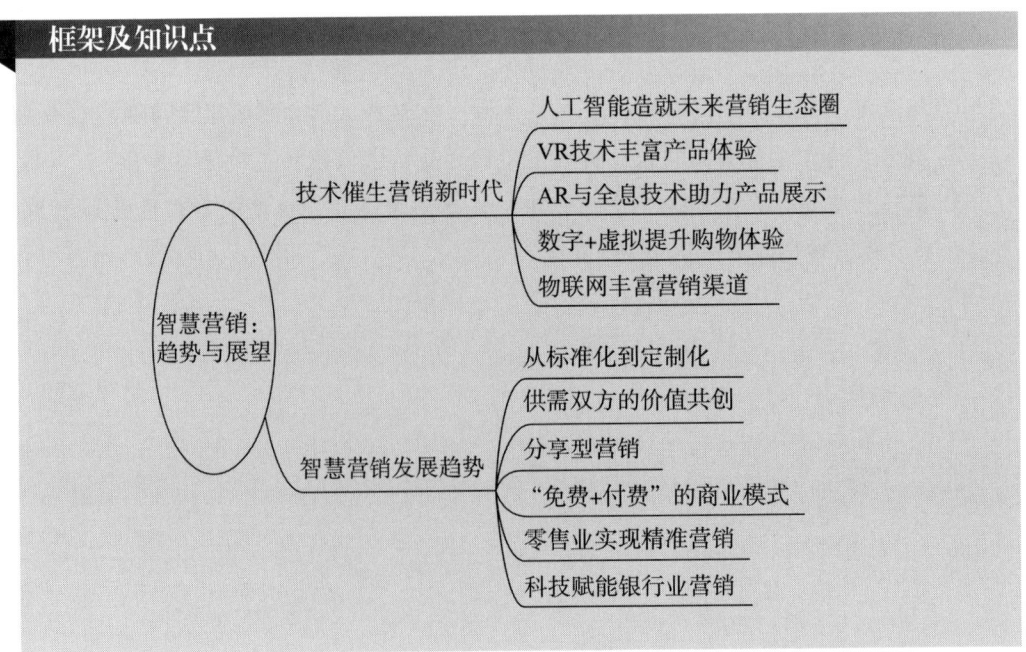

惠普在 3D 打印领域的智慧营销战略

随着科技的不断进步，3D 打印技术已经从原型制作的工具转变为制造业的一个重要分支。企业利用 3D 打印能够实现快速原型设计、定制化生产和复杂结构制造。作为全球领先的科技公司，惠普通过推出高性能的 3D 打印解决方案，结合智慧营销前沿技术，为不同行业提供了创新的制造和营销模式。其创新实践体现在以下方面：

- 产品创新。惠普推出了基于喷射熔融技术的 3D 打印机，这些打印机能够在速度、质量和精度上与竞争对手区分开来，满足专业级用户的需求。
- 个性化定制。惠普的 3D 打印技术允许用户按需打印个性化的产品，这在医疗、汽车和消费品领域尤为受欢迎。
- 数字库存。通过 3D 打印，惠普践行了数字库存的理念，即通过存储 3D 打印文件而不是实体库存，大大降低了仓储成本并提高了供应链的灵活性。
- VR 辅助设计。惠普利用 VR 技术为客户提供产品设计的预览，使客户在打印之前能够在虚拟环境中看到并评估他们的设计。
- 在线平台和数据分析。惠普建立了一个在线平台，客户可以上传和分享自己的设计，同时使用数据分析工具来优化打印过程和材料使用。

惠普在 3D 打印领域取得了以下成效：

- 用户体验提升。通过提供高质量的 3D 打印机和个性化服务，惠普提升了用户的满意度和忠诚度。
- 市场需求响应。惠普的智慧营销战略有效地响应了市场对快速制造和个性化产品的需求。
- 品牌形象强化。惠普将 3D 打印技术与智慧营销相结合，强化了其在创新技术领域的品牌形象。
- 销售增长。通过这些前沿技术的应用，惠普在 3D 打印市场上取得了显著的销售增长。

惠普在 3D 打印领域的智慧营销展示了产品技术创新与前沿营销技术的完美结合。通过个性化定制、数字库存、VR 辅助设计、在线平台和数据分析等实践，惠普不仅增强了其在 3D 打印市场的竞争力，也为其他行业树立了智慧营销的典范。这一案例证明了企业在数字化转型中，通过采用前沿技术和创新思维，可以实现商业模式的革新和市场优势的提升。

资料来源：作者根据惠普官方资料整理。

传统媒体的主要特点是以大众为目标、需要培养专业人员、资金投入大、营销周期长等；随着营销产业的发展，如今的媒体具有人人皆媒、极度细分、周期短、碎片化阅读等特点。在可预见的未来，营销将是万物皆媒、实时传播的。未来的营销方式与传统的营销方式截然不同，将与更多的可持续理念、高精尖科技、人文因素等相结合。未来共存的营销方式可能有绿色营销、文化营销、服务营销、闭环营销、全流程营销、大数据营销、互动营销等，除此之外，技术迭代加速，将更好地助力营销发展，催生更多新颖的营销方式，如在人工智能、AR技术、VR技术、全息技术、物联网等支持下的营销等。

14.1　技术催生营销新时代

14.1.1　人工智能造就未来营销生态圈

人工智能是计算机科学的一个分支，致力于探究智能的本质，并通过技术手段创造出能模拟人类思维与行为的智能系统。人工智能领域的研究包括机器人、语言识别、图像识别、自然语言处理和专家系统等。

在经历一个甲子的时间后，人工智能实现了起起落落、螺旋状向上的发展，人工智能的奇点临近。目前，人工智能已取得突破性进展，在自然语言处理方面，GPT-4等大模型实现了接近人类的文本生成能力，生成式人工智能在内容创作和合成数据方面表现突出，人工智能芯片技术突破推动大模型普惠化，超级应用如"豆包"月活用户超7 000万。这些成就标志着人工智能已从实验室走向产业落地，正在深刻改变人类社会的生产和生活方式。

例如，丰田推出的未来旗舰氢能源汽车Mirai的目标消费者群体是对科技和新能源有浓厚兴趣的人。为了迎合这些顾客的心理，丰田和盛世长城颠覆了传统广告，为不同的人群量身定做了不同风格的广告。为了达到更好的营销效果，盛世长城请来了IBM的机器人沃森亲自为丰田制作广告。由沃森制作的广告以"千言万语就是没毛病"（Thousands of Ways to Say Yes）为主题，上千条人工智能广告在Meta进行投放后吸引了很多人的目光，从而使丰田Mirai汽车的知名度大大提高，是一次较为成功的广告营销。

沃森仅用了两个半月就完成了常规方式两三年才能构想出的创新文案。沃森参考最初的50条文案，通过自然语言处理和深度学习等方法，以维基百科和YouTube（油管）上的视频为训练集构建神经网络，学习如何创作文案。虽然每条文案在发布之前还需要人工检查，但这已经使人类根深蒂固的信念——创意为人类所独有，是人工智能不能触碰的领域——被动摇。

2024年2月，国务院国有资产监督管理委员会召开"AI赋能 产业焕新"中央企业人工智能专题推进会，强调加快推动人工智能发展的重要性。10家中央企业签订倡议书，表示将主动向社会开放人工智能应用场景。相信在不久的将来，人工智能技术将成为划分营销圈层的重要因素。

目前，我们尚处于弱人工智能（Artificial Narrow Intelligence）时代——专注于单一方面的人工智能应用。随着人工智能技术的发展，我们会迎来通用人工智能（Artificial General Intelligence）时代——在各方面都能和人类比肩的人工智能，以及最终强大的超人工智能（Artificial Super Intelligence）时代，那时的人工智能几乎在所有领域，都拥有比人类更先进的认知和更发达的思维。营销是为了更好地满足消费者的需求，所以需要洞察消费者的心理。处于弱人工智能时代的人工智能想独立完成用户洞察等还相对乏力，其主要作为辅助创意生成的工具，落地场景比较具体。未来人工智能在营销方面的前景非常乐观，必将带来重大突破，颠覆整个营销产业圈。在这方面，有的企业已经走在了前列，以下就是几个例子：

（1）客户关系管理软件服务提供商Salesforce于2017年发布了"爱因斯坦AI平台"（Einstein AI）并推出三项认知服务，包括情感检测、意图检测及对象检测。"情感检测"支持企业通过分析邮件中的文本信息和社交媒体内容判断顾客的情感，并据此推断出顾客对产品的质量和服务是否满意。企业一旦收到负面情感提醒，就可以通知相关人员为有负面情绪的顾客提供更多的帮助。"意图检测"可以从顾客的表达中识别与理解顾客的意图，自动对顾客查询按意向进行分类，从而使企业可以据此发起个性化的营销活动。"对象检测"让企业可以通过训练模型来识别图像中物体的大小、位置及数量，从而自动完成库存管理。

（2）营销自动化软件开发商HubSpot在人工智能的应用中快速跟进，发布了应用于营销领域的应答机器人GrowthBot，让用户可以不用搜索引擎进行搜索就能直接获得与品牌有关的信息。它通过一个对话界面提供对相关数据和服务的访问权限，从而帮助营销人员和销售人员提高工作效率。借助GrowthBot，营销人员可以在内容创建、竞争对手研究和数据分析方面获得帮助。

（3）美国的汽车网站Edmunds通过并购建成了即时通信导购机器人，并将其提供给超过7 000家经销商。当顾客向Edmunds发起询问时，机器人会为不同的顾客提供个性化的建议，顾客几乎感知不到自己是在跟一个机器而非真人对话。机器人经过与顾客的多轮对话，可以掌握顾客的需求，然后根据 Edmunds 的库存情况为顾客推荐合适的车辆和附近的经销商。

（4）小米发布 4M 智能营销体系，其目的就是要通过场景的感知捕获消费者需求，通过大数据技术实现精准的匹配，用最优的媒体表现，在最佳时刻触达顾客，最后带来更可靠的实效衡量。

通过上述四个例子可以看出，在营销领域运用人工智能技术将成为新的趋势，其不仅可以节约人力和物力成本，还可以提高营销的精准度，优化营销效果。

人工智能的应用将解决相关性、即时性和个性化的问题。数据挖掘和神经网络能帮助企业了解顾客并研发产品，算法和机器人能帮助企业即时投放广告，自然语言处理和语音交互能帮助企业有针对性地服务顾客。

过去的几年中，数字营销的每一次重大突破都被人工智能影响甚至主导。未来，人工智能在营销中的应用将涉及销售数据收集、营销优化、顾客洞察、售后服务、内容生产、智能搜索界面和品牌建设等方面。

据此，我们可以设想，未来的营销中人工智能将取代媒体和社交网络作为企业和顾客之间的媒介，企业和顾客的互动将真正实现一对一的沟通和个性化的服务，具体体现在以下几个方面：

（1）人工智能视觉检测系统助推场景化营销。现在已进入读图时代，顾客在发布图像信息时，并不总是直接提及品牌和产品的名字。醒目的 Logo（标志）和产品造型更易于识别，且有助于消除图像信息产生的歧义。同时，图像中还经常有意无意地展现出消费场景，如包含了消费场所、消费情景、与其他产品的关联消费等信息。因此，图像已经成为企业信息传播、情感表达、品牌曝光等互联网营销最重要的形式。视觉检测系统应用于数字营销领域能够为企业带来真实的商业价值。视觉检测系统通过采集全网图片数据，经过人工标注和神经网络训练，建立精准的图像识别模型，从而自动识别互联网上所有涉及特定产品、品牌或企业的视觉内容。基于这些图像检测结果和后续数据分析，系统能够构建出与产品高度匹配的消费场景，为营销决策提供数据支持。一方面，视觉检测系统通过分析顾客的购买场景，能帮助企业挖掘图像中的潜在商业机会和顾客的消费意愿，加深企业对顾客的理解；另一方面，视觉检测系统能通过图像识别找到众多 KOL 发布的图片，这些图片中包含了品牌信息，从而使企业快速找到线索，通过转发、评论、合作等多种形式吸引更大规模的消费者群体。同时，日益崛起的 AIGC 技术也将帮助企业和品牌迅速地生成大量的营销素材，例如图片、文案、音乐甚至视频。

（2）人工智能助力广告效果评估。传统的采用人力进行广告投放效果测评的方式，具有监测效率低、人力成本高、监测维度单一、数据价值没有获得充分挖掘的缺点。而使用人工智能技术则无须大量人力的投入，能够进行实时监测，充分挖掘数据，且通过深度学习模型分析数据，能得到更好的营销效果。

（3）人工智能精准预测广告点击率（Click-Through-Rate，CTR）。很多在线广告在用户点击的情况下才会向平台付费，预测CTR成为人工智能应用的一个重要方向，CTR精准度的测量对于广告决策和效果评估十分重要。谷歌和微软在利用人工智能预测CTR方面深耕已久，可以较为精准地预测顾客的想法和点击行为。这将带来两方面的结果：对于顾客来说，可以在更短的时间内找到合适的产品；对于企业来说，可以更快地接近目标用户群体，更好地向其推销产品。微软必应搜索部门发布的一项研究报告指出，某种产品提高0.1%的CTR预测精准度，就能产生数亿美元的额外收入。目前，微软、谷歌、阿里巴巴都利用深度学习来预测CTR，收获颇丰，这自然也吸引了资本对人工智能领域的投资兴趣。谷歌CEO桑达尔·皮查伊曾对企业战略进行了重大调整，即从"移动优先"转向"AI优先"。谷歌纽约办事处的研究人员曾发表一篇论文，称其成功开发了一个新的深度学习系统，该系统可用于预测CTR，从而进一步增加广告营收。作者在这篇论文中指出，一家拥有大规模用户基础的企业，只需"一个小的改进"就能大大增加收入，同时，该系统还能够击败其他系统，减轻开发和运算的压力，而这背后正是人工智能技术在起推动作用。

（4）人工智能定制个性化营销。个性化营销需要做到名单具体到个人、需求精准到个人、产品吸引力针对个人，以及打动人心的营销创意针对个人。目前，企业想要依靠人力做到这些尚有些困难，但未来依靠人工智能则有望达到这些要求，对人工智能进行运用的能力将成为新的竞争门槛。

目前的人工智能还处于感知阶段，未来将达到认知阶段，比如微软小冰写的诗集，机器人写的小说，沃森为丰田做的文案广告，虽然创意是人类区别于其他生物的特质，但是人工智能闯入营销创意领域不见得就是一件坏事。未来人工智能有望写出更多的营销文案，伴随着算法模型的逐渐精准化，以后人工智能是否可以设计出更优化的投放方案也未可知。而且，人工智能创作营销方案还有一个重要的优点，那就是可以根据每个顾客的特质创造出符合其个人品位的文案策划作品，实现个性化制作，即对于同一个产品，每个人看到的营销方案都不同。

另外，人工智能具有一定的学习能力，可以通过采集的数据对顾客可能产生的反应作出预测评估，进而个性化地选取会让顾客产生最积极反应的方式，自动生成广告，并对广告进行个性化定向投放，从而大大提高营销的精准度。

14.1.2　VR 技术丰富产品体验

未来的智慧营销将更加注重以人为本和个体的深度体验，这意味着营销策略将更加关注消费者的需求、偏好和情感，通过数据分析和个性化推荐来提供定制化的产品或服务。随着技术的进步，如 AR 技术、VR 技术和物联网等，企业将能够创造更具互动性和沉浸感的体验，使消费者能够更深入地参与并感受到品牌的价值。这种以消费者为中心的营销方式不仅能够提高客户满意度和忠诚度，还能够提升品牌形象和竞争力。以下以 VR 技术为例，说明其带来的丰富产品体验。

VR 技术又称灵境技术，是 20 世纪发展起来的一项全新的实用技术。VR 技术集计算机、电子信息、仿真技术于一体，其基本实现方式是计算机模拟虚拟环境为人们带来沉浸式体验。

艾瑞咨询发布的《中国虚拟现实（VR）行业研究报告》显示，2016 年中国 VR 市场规模为 34.6 亿元，2019 年是消费级内容市场的一个转折点，行业内主要的内容制作商开始盈利。据 IDC 统计，2021 年全球 AR/VR 总投资规模接近 146.7 亿美元，并有望在 2026 年增至 747.3 亿美元，五年复合增长率（CAGR）将达到 38.5%。

VR 技术发展得越来越成熟，已经逐渐从应用较为广泛的游戏领域发展到更广泛的生活应用领域，为广告营销、网上购物、艺术展览、教育、旅游、医疗等行业的顾客带来全新的互动体验。

VR 技术的应用将颠覆传统的营销，用更高效和互动性更强的方式呈现产品，优化购物体验。例如，当顾客想要试穿一件衣服时，只要站在试衣镜前，商家便可利用 VR 技术自动收集顾客尺寸等信息，并将顾客选定的衣服模拟穿在顾客身上，这样就使顾客省去了排队试衣的时间和换衣服的麻烦，商家也可以获取顾客更细致的数据以便更精准地营销。这种轻松简单的购物模式，实现了顾客与商家的双赢，必然会得到市场的青睐。

VR 技术可以为虚拟购物提供有力的支持。在澳大利亚，eBay 于 2016 年与当地的零售商 Myer 合作，推出了"世界上第一个 VR 百货商店"——购物者戴上 VR 头盔进入虚拟商店，便可浏览数千种产品。此外，未来房地产开发商和室内设计师可以通过 VR 技术创建虚拟的空间模型，顾客可以根据此模型来辅助作出决策。买家佩戴 VR 设备后可以立即看到每个房间的布局、风格和室内设计，甚至还可以看到每个房间里陈列的家具。VR、AR 和其他新技术的出现，为想要摆脱过去的商业模式的零售商提供了改变的策略和全新的与潜在顾客沟通的方式。以前只有在科幻电影中才可能出现的场景成为现实，让顾客获得了更加真切的购物体验。

黑晶为海尔空调制订 VR 虚拟方案

海尔是世界白色家电第一品牌、中国最具价值品牌。截至2024年1月，海尔在全球设立了 10 个研发中心、71 个研究院、35 个工业园、138 个制造中心和 23 万个销售网络。黑晶是国内一家专注于 AR、VR 及体感互动技术研发应用的公司。

黑晶曾为海尔定制了"海尔空调 VR 虚拟方案"。体验者戴上 VR 头盔，将以时间为轴开启"海尔全屋的一天"虚拟之旅，在 250 平方米的虚拟生活场景中，用户可以自由漫游，了解场景中海尔空调的功能和技术点，同时参与到空调的调控操作中，在互动娱乐的过程中了解海尔空调的各项功能。以其中 5 个场景为例。

厨房场景：黑晶利用 3D 建模技术还原了一个真实的厨房环境，并模拟了烹饪过程中产生的油烟问题。用户可以通过手柄操作来模拟炒菜动作，而空调则释放出形象化的"蓝风"，直观地展示其多重油烟隔离和自动清洁功能，有效解决厨房油烟问题。这种交互方式使用户能够轻松理解并感受海尔空调所带来的生活便利。

卧室场景：在此场景中，海尔空调的"新风自洁净"和"热交换预处理"技术得到充分应用。黑晶模拟了早晨起床时室内二氧化碳浓度过高的情况。用户可以在 VR 中看到具象化的二氧化碳被绿色光带代表的清新空气所替代，从而直观地感受到空调新风系统的效果。

婴儿房场景：用户可以全方位查看婴儿房，并通过 UI（用户界面）交互启动空调组件，监控室内温度。通过语音提示，用户可以了解到海尔空调提供的"凉而不冷，轻柔如羽毛"的舒适体验。

客厅场景：通过 3D 建模和 UI 设计，该场景全面展示了海尔空调的外观和功能，特别是其独有的"3D 送风"功能和"自清洁系统"。用户可以从第一视角观察和体验海尔空调的各项功能，辅以智能语音讲解，直观感受新功能的优势。

衣帽间场景：通过蓝色光圈 UI 交互和语音提示，用户可以详细了解空调的"除湿不降温"功能，保护衣物和箱包不受潮湿影响。

为了确保用户对产品的兴趣和注意力，黑晶采用了一种创新的互动方式——"海尔 VR 游戏"。用户戴上 VR 头盔后，进入健康生活馆，在虚拟助手"小海"的指导下，如同在玩一款端游或手游一般体验海尔家用空调的各项性能。通过完成各种任务和收集徽章，用户不仅能够享受 VR 带来的沉浸式乐趣，还能更加集中地关注海尔空调的功能和技术。每个场景中的交互点都独具特色，增加了游戏的趣味性，激发了用户的探索欲望，并引导他们按照设计的逻辑完成一系列体验。在完成任务的同时，用户也在不知不觉中深入了解了海尔空调的各种功能、技术和优势。

这种虚拟的场景化体验和趣味互动的 VR 沉浸式营销策略，不仅刺激了用户的感官，调动了他们的情绪，而且赋予了其主动权。通过提供富有体验性、互动性和沉浸感的体验，海尔极大地提升了用户对产品的信任度和好感度。

资料来源：海尔空调 VR 营销方案，看 VR 技术如何让产品"活起来"？［EB/OL］．（2024-04-15）［2025-03-31］．https：//baijiahao．baidu．com/s？id＝1645219519053874478&wfr＝spider&for＝pc．

14.1.3　AR 与全息技术助力产品展示

1. AR 技术

AR 技术是一种将虚拟信息与真实世界巧妙融合的技术，广泛运用了多媒体、三维建模、实时跟踪及注册、智能交互、传感等多种技术手段，将计算机生成的文字、图像、三维模型、音乐、视频等虚拟信息模拟仿真后，应用到真实世界中，两种信息互为补充，从而实现对真实世界的"增强"。

从 20 世纪初 AR 这一概念被提出，到后来被应用到军事、医疗领域，再到近年来该技术逐渐融入大众生活的方方面面，人们对这一技术逐渐熟知。时装与零售行业都曾尝试使用此项技术突破传统的营销战略，吸引更多的顾客，减少虚拟与现实间的隔阂。

服装企业 Gap 与谷歌及时尚软件企业 Avametric 合作发布虚拟试衣程序；宜家利用 AR 技术辨别产品的款式和价格；华润万象城使用 AR 技术进行室内导航，提升地图辨识度，减轻用户的认知负担。

在美妆行业，AR 技术也获得了广泛应用。顾客可以根据实景画面自主选择心仪的彩妆产品，然后自拍或上传一张自己的照片，AR 技术会自动识别顾客的眼唇位置和轮廓并为其虚拟上妆，顾客也可以随意调试产品，这不仅提高了购买效率，还能使顾客避免在公开场合卸妆、试妆的尴尬，以及对于试用产品的清洁度的担忧，所以，AR 试妆在美妆行业有十分广阔的应用前景。AR 技术将真实世界和虚拟世界的信息无缝衔接起来，不仅为美妆爱好者带来真实的试妆体验，为他们提供了更加高效的购买方式，而且促进了品牌的升级，增强企业与顾客的互动，引领了营销思路的转变。

市场咨询公司英德知（Intage）曾花费一年的时间，调研了日本 2.5 万名 15～69 岁的女性顾客的购物行为和购物历史。该公司据此生成的报告显示，体验过 AR 技术的受访者的购买转化率是没有体验过 AR 技术受访者的 1.6 倍；同时，前者在美妆上的花费是后者的 2.7 倍。AR 试用功能在一定程度上增强了顾客的购买欲望，能更好地驱动他们作出购买决策。

早在 2014 年，法国美妆零售商丝芙兰便与加拿大 AR 创业企业 Modi Face 合作，利用 AR 技术开发出了一款试妆 App。2016 年，丝芙兰首次在上海南京西路的旗舰店内推出具有一键试妆功能的"魔镜"虚拟试妆区。"魔镜"AR 设备上有带前置摄像头的屏幕，顾客只需点击屏幕挑选自己想要试用的唇部彩妆，屏幕便会播放化妆视频教程并为顾客在相应的上妆区域上色。丝芙兰计划将店内的虚拟试妆体验逐渐延伸到其他的彩妆系列，如粉底、眼线和眉妆等，同时为顾客提供更多品牌及种类的产品试用平台。

目前，AR 技术在美妆行业中的应用仍有一定的局限性，顾客的体验仅限于色彩在皮肤上的整体效果呈现，无法感受到产品的质地、持久度等。对于日常使用的护肤品，顾客也无法通过 AR 技术获得真实的使用感受，因此，AR 营销还有很大的发展空间。

2. 全息技术

全息技术利用光的物理原理再现物体立体影像，运用投影设备，实现影像与实物的结合。全息图记录了物体各点的光信息，所以从理论上来说，物体的每个部分都能实现再现。通过多重曝光技术，同一张底片可分层记录多个不同的图像，而且能互不干扰地分别显示出来。

目前，全息技术较多应用于高科技节目和科幻电影，未来，它也可以广泛应用于营销领域。例如，商店周围可以立起数字展板，向顾客展示 3D 产品图像和广告。全息图能从不同角度向顾客展示产品，让人们能够看到产品的正面、背面和侧面。

14.1.4　数字+虚拟提升购物体验

未来的营销将提供全方位、跨平台的营销体验。Brauz 是澳大利亚的一家初创企业，该企业致力于打造全球第一个"多维购物体验"平台，将实体购物、数字购物和虚拟购物结合在一起。Brauz 推出的 App，允许顾客根据自己的兴趣、喜好、行为方式和所处的人生阶段选择想要浏览的商品。当顾客路过一家商店时，如果该商店有他收藏在 App 里的商品，他将会收到一条通知。更加人性化的是如果顾客"喜欢"某品牌的黑色靴子，当他路过的商店里有类似款式的靴子时，顾客也会收到贴心提醒。

14.1.5　物联网丰富营销渠道

个人电脑（互联网，1.0 时代）、智能手机（移动互联网，2.0 时代）两代硬件产品的革新带来了"软件+硬件+商业模式"的变革。如今，人机交互、万物互联硬件（物联网，3.0时代）作为增量数据流量的导入口将引发新一轮的革命。互联网3.0不再局限于人与人之间的连接，而是扩大为"万物互联"，在此基础上生成更大规模的数据、带来更强大的人工智能，进而推动社会生产力的发展。随着算法、硬件、数据三大要素的成熟，互联网3.0进入高速增长的拐点。物联网是人与人、人与物、物与物的互联互动，一切物体都可以发送和接收信息。在万物互联的趋势下，接入网络的终端数量正在迎来一轮高速增长的大潮。通过布局物联网（尤其是人机交互端）硬件，把握增量数据流量入口，同时，利用云计算、大数据深度挖掘数据价值，并借助强大的人工智能技术打造服务闭环，新的营销方式将会出现。

据物联网研究机构 IoT Analytics 预测，2022年至2027年，全球物联网市场规模将以19.4%的年复合增长率增长，并在2027年达到4 830亿美元，同时将从消费物联网连接主导向产业物联网连接主导转变。[①] 物联网的到来将实现"万物皆屏"，万物皆屏时代的营销渠道必将更加丰富，全面实现多场景和多形式的营销。

14.2　智慧营销发展趋势

近年来，技术的演进经历了几大形态：IT、互联网、移动互联网、人工智能、6G、物联网。目前我们正处于人工智能、6G、物联网三浪叠加的时代。

技术的发展是产业进步的重要推动力，随着全球技术的加速迭代，营销产业的发展也迎来了巨大突破。在人工智能、6G、物联网三浪叠加的技术背景下，营销产业有望被颠覆。伴随着数据量的上涨、运算力的提升和深度学习算法的出现，人工智能技术将赋予机器一定的视听感知和思考的能力，这不仅会极大地促进生产力的发展，还会对经济与社会的运作方式产生积极作用。

如果说哥伦布的地理大发现为人类拓展了物理空间，那么这一次的技术变革拓展的就是人们的数字空间。若将云计算、大数据、物联网和区块链比作进入这个数字空间的船，人工智能无疑是船上的帆，将带领人们建立新的商业文明，发现新的创富模式，为人类社会带来新的财富空间。

有了技术的助力，未来的营销将具有万物皆屏（智能驾驶、可穿戴设备、智能家

---

① 物联网跑出发展加速度［EB/OL］．（2024-01-26）［2025-03-31］．http://www.news.cn/tech/20240126/0bdf9c065db349938e0efa76a6acfc9c/c.html.

居、机器人、物联网等实现无缝交互)、实时交互(实时推送、实时反馈)、体验变革(VR、AR)、私人定制(个性化信息、社群化组织)的特点。

随着人工智能时代的到来,万物都能通过屏幕实现交互,营销内容的生产方式将被颠覆。信息被采集后,机器人对信息进行编辑,再通过 VR/AR 技术使其在终端设备的屏幕上产生交互,比如,智能手机、智能可穿戴设备等。而整个过程中,大数据技术都发挥着重要的作用,例如,大数据的分析能帮助机器人对新闻内容进行编辑,并选择合适的媒体和终端设备进行推送。另外,内容创造者创造内容并将其通过相应的智能终端设备推送给用户也离不开大数据分析。大数据为我们这个时代的营销发展提供了新的方向,未来的营销将呈现新的趋势。

"为更多人提供价值"的新理念将是未来最重要的战略。未来的商业将不再需要中间环节,取而代之的是移动互联网平台制定的基于全球化的营销方案。未来一切皆营销!

14.2.1　从标准化到定制化

定制化是指根据个人的需求和喜好来研发一种产品或服务。定制化是为了解决消费者需求多样化、个性化的问题而诞生的。前文提到过的耐克销售定制球鞋就是一个很好的例子。顾客可以到耐克的网站上根据自己喜爱的颜色和款式定制一双鞋,鞋上还可以印上自己的名字。

定制化商业模式的成本其实并不高。企业可以通过互联网找到顾客,然后将订单直接发给供应商或工厂,供应商或工厂会使用灵活的生产系统制造这些定制产品,再以合理的价格销售给顾客。个性化也是如此,其理念就是通过数字技术满足不同顾客的需求,为顾客提供更多的选择。试想一下,如果你走进超市购买写着自己名字的商品,打开电脑收看关于自己的广告视频,整理邮箱发现专属于自己的广告卡片,是不是会觉得赏心悦目、非常惬意呢?

14.2.2　供需双方的价值共创

价值共创是一种战略,它建立在企业社会性软件的基础上,将价值链上的不同部门,包括创意的生产、资源的分配、收入的创造、产品的配送等结合在一起,从而使顾客和企业共同受益。这种价值共创模式不仅能够产生新的生产力、新的互动,还能为创新、研发和规范生产创造开放的空间并提供丰富的学习经验,增强与顾客的交互,提升顾客的满意度。

例如，可口可乐通过价值共创，设计出了有创意的广告。可口可乐的一家广告代理商做营销简报时发现创意殆尽，便决定尝试通过线上社区号召广大网民提供创意，这一举措得到了网民的积极响应。通过这种共同创造的形式，可口可乐在一家国际创意社区收集到数千条来自社区成员的新创意，而这些创意为可口可乐未来的营销活动提供了大量的内容支持。价值共创在打破无创意的尴尬局面的同时，增强了与消费者的互动，也促进了产品的销售。

14.2.3 分享型营销

"分享"这一理念在汽车行业已经付诸实践，并且很多人都已参与其中。共享出行包括出租车、网约车、共享单车、共享汽车等，按交易额统计，2017—2020 年，中国共享出行行业市场规模从 2 010 亿元增长至 2 276 亿元，年均复合增长率为 4%。2021 年，中国共享出行行业市场规模为 2 344 亿元，同比增长近 3%。

共享单车将"分享"这一理念发挥得淋漓尽致，并取得了很好的商业效果。共享单车受到大量年轻人的喜爱，地铁站、公交站随处可见的"哈啰单车""美团单车"等为广大市民带来了出行便利，同时也响应了"低碳出行"的号召，挽救了衰颓的自行车生产厂家。哈啰作为"双轮出行"企业代表受邀参加了 2019 世界人工智能大会，表示将持续在人工智能方面进行投入，不断提升自主研发创新能力，以期在城市智慧交通建设中发挥更大作用。

14.2.4 "免费+付费"的商业模式

"免费+付费"指的是商家免费提供一种产品或服务，但一些升级的性能、优惠和功能则需要顾客付费后才可以体验到。20 年前，这种商业模式就已经在软件行业萌芽。随着互联网的快速发展，人们只需要轻轻点击一下鼠标就可以分享更多的信息和服务。受惠于互联网的发展，这一模式现在正扩展到其他更多领域。

京东适时地利用了这一商业模式。顾客能以普通用户和 Plus 会员用户两种不同的身份购物，普通用户无须付费便可购买京东平台的所有商品，而 Plus 会员在支付一定的入会费用后，可以享受部分商品低价、每月定额的优惠券、免运费、购物返利等优惠政策。顾客可以自由选择免费还是付费使用京东购物。

14.2.5 零售业实现精准营销

传统的线下门店主要靠经验营销，效率有待提高。由于相关数据不足且分析能力有限，店员只能凭借经验识别顾客、推测顾客的喜好。这种模式有很大的弊端，销售业绩很大程度上依赖于店员的个人素质和对顾客的把握程度，个性化推荐准确度较低，营销效率低下。

随着新零售的发展，商家有望综合线上线下的数据得到更准确的用户画像，实现精准化营销。以 Amazon Go 无人便利店为例，顾客扫码进入实体店的同时，其个人账户的信息就被实时传输到数据库中，商家根据上传的数据可完成个性化推荐，顾客的反馈及新的购买行为也会被及时记录下来。线上线下数据被打通，数据库里与顾客相关的信息越多，个性化推荐就越精准，从而使线上的"人"和线下的"人"连为一体。未来，线上线下数据彻底打通将是必然趋势。

案例14-2

"四不像"的盒马鲜生：生鲜超市+便利店+餐饮店+网购 App

2016 年 1 月，盒马鲜生在上海金桥广场开出首店。截至 2019 年，其已在北京、上海、广州、宁波、成都等多个城市开设逾百家门店，其门店均选址在人流密集的中心地带，临近盒马鲜生的住宅甚至被戏称为"盒区房"。盒马鲜生的成功有以下几个方面的因素：

1. 提升用户线下体验，增强用户黏性，节约线上交易成本、提高坪效

盒马鲜生是新零售的典型代表，它成功打造了线上线下的消费闭环，线下体验增强用户黏性，线上交易节约成本、提高坪效。开设 1.5 年以上的门店单店坪效超过 5 万元，单店日均销售额超过 80 万元，线上销售占比超过 60%，均远超传统超市。盒马鲜生的线下门店装潢考究、商品陈列人性化，仅 1.5 米高的货架、超宽的货架间隔，一切都是为了打造极致的购物体验。独一无二的线下体验助力了盒马鲜生增强用户黏性、提高线下顾客向线上转化的概率。

2. 多维清晰用户画像，精准切中生鲜消费新需求

阿里巴巴拥有海量的线上数据，盒马鲜生合理利用这些数据，并以支付宝为桥梁，描绘多维而清晰的用户画像，使线上线下的"人"连成一体。只要顾客使用支付宝在盒马鲜生门店或 App 上进行支付，他们的消费数据就会被记录下来。

在大数据技术的支持下，盒马鲜生围绕家庭、办公室、大型商业中心三大生鲜消费场景，为顾客提供原材料、半成品及成品等多种生鲜产品，精准切中年轻人对生鲜产品的消费新需求。盒马鲜生瞄准的是 25~35 岁的互联网用户，他们的典型生活轨迹是白天上班，晚上下班回家，周末出去逛逛。

针对在家做饭的场景，盒马鲜生推出了丰富的半成品配菜，丰富多样的菜品能在家里轻松完成，让一些烹饪技巧欠佳的年轻人也能亲手做出美味的饭菜，收获成就感。"80后""90后"对生鲜产品的消费习惯和上一代人截然不同，呈现出"重品质"的特点，并且新增了社交等高层次需求。他们并不愿意像上一代人那样每天早起买菜，因此，购买时间随意、方便快捷是其核心需求，他们更看重食材的品质，而把价格作为较为次要的考量因素。

3. 线上线下完美融合，全链路数字化解决生鲜配送难题

区别于传统超市和电商，盒马鲜生并没有专门的仓库，门店即仓库。门店商品与App上的商品一一对应，货架上的每件商品都配有特制的电子价签并印有专属的二维码，顾客在门店打开盒马App扫一扫即可把商品加入App的购物车里，方便从线上直接购买。

盒马鲜生在线下购物场景融入线上元素，通过灵活结算、小份量包装，迎合年轻顾客的购物习惯。区别于传统超市统一结算的方式，盒马鲜生的结算方式更为灵活，顾客可以随时结算。另外，商品的标准化重量与较小的分量完美贴合了年轻人精致生活的需求。

此外，全链路数字化系统解决了生鲜产品配送痛点，悬挂链、电子价签、智能分拨等技术提高了商品在店内的流转速度。凭借全链路数字化系统的支持，盒马鲜生的自有物流实现了30分钟极速送达。

资料来源：作者根据相关资料整理。

14.2.6 科技赋能银行业营销

随着互联网银行的兴起，传统模式的银行逐渐式微，人们习惯于在支付宝、微信支付上随时随地完成支付、转账等业务。同时，存入支付宝的现金可以享受利息收入，通过蚂蚁花呗、蚂蚁借呗可以实现信用卡和贷款的功能，这些都可以通过互联网一键完成，省下了去实体银行网点的烦琐流程和时间成本。

中关村互联网金融研究院首席研究员董希淼认为，随着人们金融消费行为的改变，银行需要不断以智慧化手段和最新的思维模式来重新审视消费者需求，并利用创新科技创造新服务、新产品、新运营和新业务模式，达成规模扩大、效率提升和成本降低的目标。

德勤在其发布的报告《"Bank3.0"时代，银行网点将何去何从？》中称，未来中国银行业网点渠道发展趋势之一是围绕目标消费者需求构建特色"泛金融"服务功能。

网点作为银行最"昂贵"的渠道资源,能否实现有效回报将决定银行整体的绩效水平。此外,网点租金和人工成本上涨,硬件维护和设备更新成本也在竞争的压力下大幅度"被动"上升,如何提升网点渠道整体ROI及网点的经营效率已经成为各家银行经营管理的核心问题。银行只有主动迎接金融科技带来的机遇、加大金融科技的投入比重,力争转型升级才能重获新生。网点转型成为众多银行的选择,轻型化、社交化、智能化、多元化成为业界普遍认可的国内银行网点转型方向,银行也可选择门店化或精简化以迎合不同消费者的不同需求。

(1)轻型化:银行网点采取撤销现金柜台、缩减网点面积、减少员工及增配智能化设备等手段,构建"资产轻、人员轻、成本轻"的轻型化网点。

(2)社交化:把银行网点打造成一个社交中心,减少柜台,促使银行工作人员和顾客之间可以进行面对面的零距离沟通,不再有一层玻璃的阻隔。银行可提供更有温度和亲和力的服务,让顾客与工作人员的沟通不仅仅是单纯的金融交易,还是一种以朋友身份进行的沟通,用社交的心态留住顾客。

(3)智能化:银行可以让智能机器人为顾客提供咨询服务,顾客可以在智能柜员机上办理存款、取款、转账、办卡等业务。同时,银行设有专门的工作人员为不会使用智能柜员机的顾客提供指导。银行的智能化将提升业务办理的效率及服务的品质,为顾客带来更好的体验。

(4)多元化:银行物理网点可设置阅读休息专区,供顾客读书看报,专区内可提供免费的水果和饮料,供顾客享用,还可以提供电脑供人们上网浏览网页。银行所提供的金融产品可以像零售店那样进行陈列,给予顾客购物式体验。同时,若顾客对所阅读的书籍尤其财经类读物感兴趣,可选择购买后带走。这对银行而言,也不失为一种业务创新。银行还可以在周末为顾客提供茶艺、插花、烹饪等培训,拉近与顾客的距离。这些服务的提供就是站在顾客立场进行思考的表现。首先设立一个吸引人们停留的场景,让顾客进入银行网点不仅是为了办理银行业务,还可以得到休息并获取知识。顾客到银行网点也不一定必须办理银行业务,他们可以把银行网点作为享受生活的地方,还可以在那里交流商业问题。银行只有通过提供多元化的服务,方能吸引顾客,实现转型。

(5)门店化:在银行网点内开设一些其他的门店,比如咖啡厅,提供桌椅、网络、插座等设施,人们可以在线使用银行App,线下享受咖啡,同时还可以在里面办公。咖啡店的店员可以是银行员工,也可以是与银行合作的咖啡店的店员,线下网点高额的店面费用由银行网点和咖啡店共同承担,同时为顾客创造更好的服务体验。

2017年,交通银行在深圳的一家支行网点打造了花园式银行及市民共享图书馆,深圳市民可自由到该网点阅读、捐书、换书、赏花、购花。通过开设共享图书馆、举办文化活动，交通银行希望能够提高市场美誉度，通过这种提供增值服务的方式获客并增强客户黏性，这一举措与银行网点急需向多元化、社交化转型的大方向相契合。又比如，交通银行的智能机器人"娇娇"、平安银行的智能机器人"安安"、农业银行的智能机器人"花花"等都是从顾客体验出发，使用人工智能技术，集轻资产、高科技、针对性、场景化为一体的新型网点转型案例，这也逐渐成为银行网点营销和发展的新趋势。

课后思考题

1. VR技术可以提供沉浸式的产品体验。从本章介绍VR技术丰富产品体验的部分选择一个行业，如房地产业或旅游业，阐释VR技术如何丰富客户的产品体验，以及如何影响用户购买决策。

2. 解释供需双方共同创造价值的概念，并提供一个实际的案例，展示供应商和消费者如何在某个行业中共同创造价值，并推动智慧营销的成功。

3. 科技如何赋能银行业营销？举例说明移动支付、智能客服等应用场景。

参 考 文 献

[1] 李阳阳, 田英, 陈荣群. 移动互联网时代网络营销概念及特点解析 [J]. 人力资源管理, 2017 (10): 22-23.

[2] 符家辉. 互联网+时代中小企业营销策略选择 [J]. 现代营销（下旬刊）, 2017 (9): 65.

[3] 李雁函. 网络经济时代下的市场营销思维转变 [J]. 商场现代化, 2017 (10): 50-51.

[4] 黄升民, 刘珊. "大数据"背景下营销体系的解构与重构 [J]. 现代传播（中国传媒大学学报）, 2012 (11): 13-20.

[5] 郭国庆, 刘凤军, 王晓东. 市场营销理论 [M]. 北京: 中国人民大学出版社, 1999.

[6] BORDEN N H. The concept of the marketing mix [J]. Journal of advertising research, 1984, 2: 7-12.

[7] 史亚光, 袁毅. 基于社交网络的信息传播模式探微 [J]. 图书馆论坛, 2009 (6): 220-223.

[8] 杨学成, 钱明辉. 网上口碑对消费者决策的影响及启示 [J]. 当代经济管理, 2006 (3): 27-31.

[9] 夏雨禾. 微博互动的结构与机制：基于对新浪微博的实证研究 [J]. 新闻与传播研究, 2010 (4): 60-69.

[10] 刘博. 网络零售与居民消费："需求创造"与"需求转移"之争 [J]. 商业经济研究, 2022 (21): 41-45.

[11] 迈尔-舍恩伯格, 库克耶. 大数据时代：生活、工作与思维的大变革 [M]. 盛杨燕, 周涛, 译. 杭州: 浙江人民出版社, 2013.

[12] YINGHAO Y, MEILIN W, SHUHONG Y, JARVIS N J, QING L. Big data processing framework for manufacturing [J]. Procedia CIRP, 2019, 83: 661-664.

[13] 陈启斐, 田真真. 大数据与产业赋能：基于国家级大数据试验区的分析 [J]. 南开经济研究, 2023 (7): 90-107.

[14] 张淑宁. 顾客价值沟通与传递策略研究 [D]. 哈尔滨: 哈尔滨工业大学, 2005.

[15] 科特勒, 阿姆斯特朗, 洪瑞云, 等. 市场营销原理：亚洲版 [M]. 何志毅, 等, 译. 北京: 机械工业出版社, 2006.

[16] 李蔚, 牛永革. 创业市场营销 [M]. 北京: 清华大学出版社, 2005.

[17] 彭晓佳. 科技型企业成长的传播需求 [J]. 机电信息, 2008 (17): 56-59.

[18] 张辉锋, 金韶. 投放精准及理念转型：大数据时代互联网广告的传播逻辑重构 [J]. 当代传播, 2013 (6): 41-43.

[19] 夏超群. 移动互联网广告发展现状、问题及对策 [J]. 中国广告, 2016 (9): 117-119.